LOUISE ALLEN

Petits secrets et grand mariage

Roman

H&

Titre original :
THE DISGRACEFUL MR RAVENHURST

Traduction de l'américain par JEAN-LOUIS LASSERE

® est une marque déposée par le groupe Harlequin

Illustration de couverture : DP.COM

83-85 boulevard Vincent-Auriol, 75646 PARIS CEDEX 13.
Service Lectrices — Tél. : 01 45 82 47 47
www.harlequin.fr

ISBN 978-2-2803-1511-1

Chapitre 1

Août 1816 — Vézelay, Bourgogne.

Dansant dans l'abandon de son éternelle sensualité, une femme nue se délectait de ses attitudes lascives. Un mélange de concupiscence et de désespoir se lisait sur le visage sculpté du malheureux pécheur qui la regardait en tendant la main vers elle.

Il était bien difficile de distinguer les détails de la sculpture dans la pénombre de la basilique, de sorte qu'Elinor devait tendre le cou pour mieux voir. En tout cas, le sens de cet épisode biblique représenté sur cette colonne revêtait à ses yeux un caractère outrageant.

— Ah vraiment, les hommes ! soupira-t-elle

Scandalisée, elle recula d'un pas tout en serrant son ombrelle sous un bras et son chevalet et sa sacoche sous l'autre. Autant d'accessoires encombrants.

— Aïe !

Cette exclamation retentit derrière elle alors qu'elle venait de heurter quelque chose, un corps robuste, grand, et à l'évidence masculin.

— Oh, je vous demande pardon !

La voix grave émit une autre plainte tandis qu'elle se retournait pour administrer à l'inconnu, bien malgré elle, le coup de grâce avec son chevalet.

— Pardon, répéta le visiteur.

— Je vous ai bousculé, monsieur, et c'est à moi de m'excuser.

Un rai de lumière pénétra alors par le vitrail brisé d'une fenêtre de la nef, révélant une chevelure rousse auprès de laquelle les boucles acajou d'Elinor paraissaient ternes.

— Vous exprimiez votre aversion pour le genre masculin, madame, aussi je m'excusais pour mes frères et pour tous les péchés dont nous sommes coupables.

Le ton de l'inconnu était plutôt humble et doux, cependant il y avait de la virilité dans cette voix grave et aussi un soupçon de malice.

Enfin un homme, un vrai ! pensa Elinor.

Eblouie par le soleil, elle cligna des yeux. Tout en se demandant quelle idiotie lui passait par la tête, elle observa plus attentivement le visiteur.

L'homme lui décocha un sourire de conspirateur qui donnait à son visage aux traits lourds, sans réelle distinction, un aspect étrangement séduisant.

Sous le charme, Elinor lui sourit à son tour.

Pourtant, il n'était pas dans ses habitudes de sourire à des inconnus, mais elle devait être victime de quelque étrange phénomène. Peut-être l'écho caverneux de leurs voix en ce lieu sacré de la Bourgogne ?

— Je faisais allusion à ce chapiteau, précisa-t-elle en désignant le haut de la colonne.

Les bras chargés d'accessoires divers : son ombrelle,

son chevalet et son carton à dessin, elle se sentait un peu empruntée, aussi elle déposa le tout sur un banc voisin. Elle reprit toutefois son ombrelle, estimant qu'elle pourrait lui servir d'arme en cas de danger.

Sa mère ne cessait de lui répéter que tous les hommes étaient des bêtes, y compris les gentilshommes anglais les mieux éduqués. Ainsi, elle entendait bien ne pas prendre de risques avec celui-ci.

Elle pointa le bout de son ombrelle sur le chapiteau qui portait le numéro 6B sur son carnet de croquis.

— C'est un chapiteau roman, c'est-à-dire…

— Qu'il a été sculpté entre 1120 et 1150, interrompit l'inconnu. Il est l'un des plus beaux de cet ensemble qui fait de la basilique de Vézelay l'un des plus prestigieux monuments de l'art religieux du XIIe siècle.

Il parlait comme un livre, un véritable spécialiste de cette période.

— Pardonnez-moi, monsieur, j'aurais dû me douter que votre présence en ce lieu n'était pas un hasard. Je vois que j'ai affaire à un connaisseur. Peut-être êtes-vous un homme d'Eglise ?

— En ai-je l'air ? répliqua-t-il, visiblement indisposé par cette question.

— Euh… non.

Elinor savait cependant que les hommes de robe étaient souvent roux, tout comme ce visiteur. Certains d'entre eux allaient même jusqu'à sourire pour vous inviter à savourer quelque plaisanterie irrévérencieuse. Assurément, la silhouette athlétique de cet inconnu aurait fait merveille en chaire !

— Dieu soit loué, vous n'êtes pas prêtre ! reprit-elle bien qu'il n'ait donné aucune précision quant à son état.

— Il y a une chose que j'aimerais savoir, madame…

— Laquelle ?

— En quoi la scène que représente ce chapiteau a-t-elle éveillé en vous une telle fureur ?

— Elle montre, comme toujours, un homme en proie à ses plus vils instincts en présence d'une femme !

— Je gage que vous avez une vue excellente pour déceler de tels détails dans la pénombre qui règne ici.

— Je viens de passer une semaine à observer tous ces chapiteaux à l'aide de mes jumelles de théâtre, monsieur. Ainsi, rien n'a pu m'échapper.

Elle parcourut du regard les gravats qui encombraient la nef en ajoutant :

— Et dans des conditions difficiles, comme vous le voyez. Que de fois ai-je escaladé toutes ces pierres pour examiner ces sculptures à la lumière du jour… quand elle était favorable ! Il faut aller vite avant que toutes ces merveilles tombent en ruine. Regardez les trous dans la voûte. Bientôt, il pleuvra dans cette basilique, comme dehors, et ces sculptures en seront gravement endommagées, croyez-moi.

— Vous êtes très érudite, me semble-t-il, remarqua l'inconnu tout en parcourant des yeux les chapiteaux les plus proches. Dois-je comprendre que vous faites une étude sur les turpitudes de l'homme et la condition de la femme au Moyen Age ?

— L'érudite, c'est ma mère. Moi, je me borne à croquer toutes ces scènes afin qu'elle puisse les étudier en détail.

Mère est une spécialiste de l'art roman en France et en Angleterre.

Elinor fut tentée d'ajouter que les turpitudes du mâle moderne ne différaient guère de celles de l'homme du XIIe siècle, mais elle se ravisa. A vrai dire, elle n'avait pas une once d'expérience dans ce domaine pour affirmer pareille chose.

— Vraiment ? fit-il en lui décochant un sourire insolent.

Elle remarqua ses yeux d'un vert clair comme l'eau d'un torrent courant sur les pierres. Auprès d'eux, ses propres yeux noisette que lui renvoyait le miroir quand elle rajustait son chapeau lui paraissaient bien banals.

— Il me plairait de faire la connaissance de votre mère qui me semble être une femme fort intéressante. Me permettez-vous de vous rendre visite un de ces jours ?

— Seriez-vous érudit vous aussi ? s'enquit Elinor tout en rassemblant ses affaires. Il est l'heure de rentrer pour moi. Vous pouvez me raccompagner si vous n'avez rien d'autre à faire. Ainsi, vous pourrez vous entretenir avec ma mère.

— En fait, je m'intéresse aux antiquités, confessa-t-il tout en saisissant son chevalet pour alléger son fardeau.

Il le glissa sous son bras et s'enquit :

— Vous êtes installées à Vézelay, je suppose ?

— Oui. Depuis une semaine environ. Nous parcourons la France et visitons les plus beaux édifices religieux du Moyen Age. Ainsi, mère a l'intention de passer quelques semaines à Vézelay où la sculpture romane est d'une richesse exceptionnelle.

Elinor fit un petit signe amical au bedeau qui balayait le sol en soulevant un nuage de poussière.

— Ce pauvre homme perd son temps, dit-elle. Il s'échine à faire le ménage alors qu'il serait plus utile de disposer une bâche sur la toiture.

Elle déposa une pièce dans la main du mendiant assis devant la porte, puis traversa le parvis de la basilique en diagonale.

— Nous habitons juste au pied de la colline, précisa-t-elle à l'intention de l'inconnu.

Curieusement, elle avait l'impression de déjà connaître cet homme, sans qu'elle puisse vraiment dire pourquoi. Elle trouvait sa conversation agréable et appréciait son humour.

D'habitude, quand elle rencontrait un inconnu, miss Ravenhurst se contentait de le saluer poliment d'un signe de tête et de murmurer un simple *bonjour*. Jamais il ne lui serait venu à l'esprit d'entretenir une conversation avec lui, et moins encore de l'inviter à venir chez elle.

Peut-être était-ce sa chevelure rousse qui la rassurait ? Elle était rousse elle-même, comme la plupart des Ravenhurst. C'était considéré comme un handicap chez une femme, même si le roux qu'elle arborait était proche de l'acajou. Par ailleurs cet homme ne portait pas de taches de rousseur sur le visage, contrairement à elle.

— Nous y sommes presque, dit-elle comme ils arrivaient au bas de la rue principale. Dans ce village il est plus facile de descendre que de monter. Le spectacle de la basilique doit se mériter !

Elle poussa la porte de la petite maison et appela :

— Mère ? Etes-vous là ? Nous avons un invité.

— Je suis dans le salon, Elinor.

Elle déposa ses affaires sur la banquette de l'entrée, puis s'avança dans la pièce en faisant signe à son ami de rencontre de la suivre.

En voyant entrer le visiteur, Lady James Ravenhurst posa sa plume et se leva.

— Mère, ce monsieur est un amateur d'art éclairé, un spécialiste d'antiquités qui souhaitait vous…

— Theophilus ! s'exclama la maîtresse des lieux en ajustant son face-à-main.

Tout aussi désarçonnée que sa mère, Elinor se tourna vers son cousin.

— Cousin Theo ? Est-ce possible ?

Oui ! C'était bien son ignoble cousin Theo, désavoué par toute la famille.

— Nous ne nous sommes pas vus depuis des années, mon cher.

— Notre dernière rencontre remonte à quinze ans si j'ai bonne mémoire, cousine. Je n'avais alors que douze ans et vous en aviez sept. Quand je vous ai vue dans la basilique, je me suis justement demandé si vous n'étiez pas ma cousine Elinor…

— La couleur des cheveux, sans doute, soupira-t-elle, l'air résigné. En fait j'avais dix ans quand nous nous sommes vus pour la dernière fois.

Elle se sentit flattée que Theo lui donne à peine vingt-deux ans, et non vingt-six comme c'était pourtant le cas.

— Mais… que fais-tu ici, Theophilus ? interrogea Lady James, véritablement stupéfaite. Si j'en crois ta mère, tu devais entreprendre un grand voyage autour du monde pour parfaire ton éducation.

Elle lui indiqua un siège et ajouta :

— Assieds-toi, s'il te plaît.

— Avouez, tante Louisa, que j'ai passé l'âge de faire le tour du monde avec un précepteur pendu à mes basques.

Il s'installa alors sur la chaise, croisa ses longues jambes, puis joignit les mains à la façon d'un prélat.

Elinor l'observa du coin de l'œil. Elle avait imaginé son cousin comme un débauché et se trouvait en présence d'un homme plutôt raffiné, serein et pondéré.

— Mère entend par « tour du monde » un bannissement pour les jeunes gens en disgrâce, reprit le cousin Theo. En fait, je gagne ma vie, j'évite les touristes anglais, et je m'arrange pour que mon saint papa ne sache rien de mes activités.

— Bien qu'il soit évêque du Wessex, ton père n'a rien d'un saint, mon neveu, rectifia sa mère. Il est vrai qu'il est à plaindre car tu as mis sa patience à rude épreuve ces dernières années. Puis-je te demander où tu étais quand le tyran corse est rentré d'exil l'année dernière ?

— Oh, j'étais ici, en France, tante Louisa. En cette période tourmentée, je vivais sous l'identité d'un marchand suédois. Dieu merci, mon commerce n'a pas eu à souffrir des troubles politiques et je m'en félicite.

Elinor comprit qu'elle allait vivre des moments intenses en compagnie de ce cousin surgi du néant. En vérité, elle était très heureuse de le revoir. Les Ravenhurst formaient une grande famille très unie, mais quelque chose — cette petite voix intérieure sans doute — lui disait que sa sérénité naturelle risquait d'être bousculée par Theo. En sa présence, son estomac se nouait d'une étrange manière.

— Pourquoi fronces-tu ainsi les sourcils, Elinor ? s'enquit sa mère. Tu sais bien que cela creuse prématurément les rides.

— Un peu de migraine, mère, rien de grave.

En fait, Elinor venait de rencontrer un homme intéressant et séduisant, et en était toute troublée. Et celui qu'elle prenait tout à l'heure pour un aventurier de passage était en fait un membre du clan Ravenhurst. Son cousin !

Il n'y avait pas de quoi en être désolée, en dehors du fait que Theo la prenait sans doute pour un bas-bleu au service d'une mère autoritaire. Une heure plus tôt, elle aurait dit qu'elle ne souhaitait pas plus parler à un homme qu'elle n'avait envie de rentrer à Londres pour faire tapisserie auprès de son chaperon.

Quelles que fussent les activités du cousin Theo, celles-ci semblaient florissantes. Elinor n'entendait rien à la mode masculine, mais elle savait reconnaître des vêtements de qualité. Ainsi, ces culottes de laine fine, cette redingote de cavalier coupée à la perfection et ces bottes de cuir souple ne trompaient pas. L'homme était riche en dépit de son élégance discrète.

— Tu as parlé de *marchand suédois*, Theophilus, intervint la tante. Tu n'es pas dans le commerce, j'espère ?

— Il faut bien vivre, tante Louisa, soupira-t-il avec un vague sourire. Mes parents pensent, à juste raison, qu'à l'âge de vingt-sept ans je devrais gagner ma vie depuis longtemps et ne plus dépendre de la pension qu'ils m'allouent.

— Mais enfin, Theo, le commerce ! s'indigna-t-elle en levant les yeux au ciel. Il y a tout de même mille autres professions plus honorables pour le petit-fils du duc d'Allington.

— Papa m'a fait savoir que je devrais lui passer sur le corps avant d'endosser l'habit ecclésiastique. En outre, il est d'avis que je suis né pour être pendu et que, de ce fait, une carrière de juge ou d'avocat n'est pas envisageable. Par ailleurs, comme je répugne à tuer mes semblables, sauf nécessité absolue, je ferais un médiocre officier !

— Et la politique ? Le gouvernement ? suggéra Elinor pour mettre un terme à cette litanie de dérobades.

— Je suis aussi allergique aux charlatans.

Ignorant délibérément cette nouvelle pirouette, Lady James insista :

— Mais dis-moi, mon neveu, à quelle sorte de commerce te livres-tu ?

— Celui des arts et des antiquités. Il me semble que j'ai un coup d'œil très sûr. Bien entendu, j'ai une préférence pour les petits objets.

— Pourquoi, bien entendu ? questionna Elinor en le regardant bien en face.

— Parce qu'il est plus facile de passer la douane avec un collier d'émeraude ou un reliquaire en émail qu'avec une toile de trois mètres sur deux ou une statue de marbre grandeur nature.

— Est-ce à dire que tu fais de la contrebande ? bondit la tante.

— Dans les périodes d'après guerre, quantités d'objets circulent sous l'appellation d'objets d'art sans que l'on puisse de façon certaine leur attribuer ce titre, répondit calmement Theo. Or, les pièces qui ont une réelle valeur sont très convoitées par les membres du gouvernement, aussi, je préfère les vendre moi-même ou travailler comme agent pour un collectionneur.

— Et vous vivez vraiment de cette activité ? persista Elinor, sous le regard réprobateur de sa mère.

Celle-ci l'avait pourtant mise en garde : une jeune fille bien élevée ne devait jamais parler d'argent, de commerce, et encore moins de contrebande.

— Oui. Tout au moins, mon banquier en est convaincu, c'est l'essentiel.

— Tu ne m'as toujours pas dit ce que tu faisais ici, lui rappela sa tante. Cantonnier ? Eboueur ?

— Je crois qu'il existe dans les environs quelques objets dignes d'intérêt.

Il affecta un air mystérieux et ajouta :

— Je mène l'enquête.

Hum ! Il y avait forcément autre chose là-dessous.

En effet, le sourire s'était effacé sur les lèvres de Theo et sa voix nonchalante, à peine perceptible, éveillait ses soupçons.

Elle brûlait de curiosité et se sentait prête à tout pour découvrir ce que manigançait ce parent tombé du ciel.

— Où êtes-vous installé, cher cousin ? questionna-t-elle tout à trac.

— J'ai loué un logement à Saint-Père-sous-Vézelay.

Justement, Elinor rêvait de visiter ce village blotti au pied de la Colline éternelle. En outre, une promenade le long de la rivière qui courait dans la vallée verdoyante la tentait depuis leur arrivée dans la région. Hélas, Lady James avait décrété que l'église de Saint-Père ne présentait guère d'intérêt en comparaison avec la basilique de la Madeleine, principal sujet de son étude.

— En fait, j'habite au-dessus de l'atelier de couture, précisa Theo, et je prends mes repas à l'auberge du village. Je dois dire que la cuisine y est convenable.

Elinor estima qu'il en disait trop, maintenant. Comme elle levait les yeux vers lui, Theo lui décocha un clin d'œil complice qui la laissa perplexe.

Peut-être était-ce là une connivence habituelle entre cousins ?

— Bien. Puisque tu es là, Theophilus, tu vas pouvoir te rendre utile, intervint la tante. J'ai confié une lourde tâche à Elinor et je souhaiterais que tu l'assistes dans ses travaux.

— Mais enfin, mère, cousin Theo a ses propres occupations, s'indigna Elinor. Je peux fort bien me débrouiller sans lui.

— Ce serait un plaisir pour moi, déclara-t-il dans un élan de courtoisie. Que puis-je faire pour vous ?

— Tu peux commencer par lui montrer l'église de Saint-Père dont elle pourra faire quelques croquis, suggéra la tante qui ne manifestait jusque-là aucun attrait pour cet édifice. Dès demain, j'examinerai tes premiers dessins des chapiteaux de la basilique, Elinor. Je doute que Saint-Père présente un grand intérêt, mais si c'est le cas mieux vaut le savoir au plus vite.

— Bien, mère.

Theo observait Elinor d'un œil perplexe. Où était donc la jeune femme au discours péremptoire rencontrée dans la basilique ? Il semblait que la présence de sa mère lui ôtait toute personnalité.

Assise sur sa chaise, les mains jointes sur son giron dans une attitude de jeune fille sage, elle n'avait plus rien d'étincelant. Dans sa robe gris-ardoise qui ne rehaussait ni son teint ni les attributs de sa féminité, elle faisait songer à un modèle de vieille fille posant pour un peintre médiocre. S'il l'avait flattée tout à l'heure en lui rappelant qu'elle était plus jeune que lui, il lui donnait à présent plus que son âge.

Theo fut tenté de revenir sur son accord de l'accompagner à Saint-Père. Y avait-il là un quelconque danger pour lui ? Non, pas encore. Il estimait qu'il était trop tôt pour que son client s'impatiente de ne pas voir arriver sa marchandise, et à ce jour il ne s'était pas manifesté. Par ailleurs, s'il était surveillé, la compagnie de sa cousine serait un écran de fumée très utile.

— A quelle heure voulez-vous que je passe vous prendre avec votre servante ? s'enquit Theo.

— Une servante ? s'étonna la tante. Je n'en vois pas l'utilité. Nous sommes au fin fond de la campagne française, et ma fille est ta cousine. Elle n'a donc pas besoin de chaperon.

Il remarqua que l'intéressée pinçait les lèvres. Peut-être s'estimait-elle trop laide pour éveiller l'attrait d'un homme tel que lui ?

— A l'heure qui vous conviendra, cousin, murmura-t-elle humblement. Je descendrai seule au village, ne vous donnez pas la peine de remonter pour venir me chercher.

Devant tant de modestie, Theo éprouva le besoin de traiter sa parente avec plus d'égards qu'elle n'en attendait.

— Je viendrai vous prendre à 10 heures demain matin, déclara-t-il, si ce n'est pas trop tôt pour vous, bien sûr. Il fait un temps radieux et je suis sûr que nous pourrons déjeuner à la terrasse de l'auberge. D'ailleurs, la clientèle de la salle ne saurait convenir à une lady.

— Je vous remercie, conclut-elle en souriant.

Son visage s'illumina alors d'un sourire radieux. Ses taches de rousseur sur son petit nez lui allaient à ravir. L'ennui, c'était ce chignon qui lui donnait un air vraiment sévère…

— Mère, vous me permettez de partir pour la journée, n'est-ce pas ? demanda-t-elle en se tournant vers Lady James.

— A ta guise, ma petite. Je ne pense pas avoir besoin de toi demain.

Cette réponse confirma l'impression de Theo : tante Louisa prenait sa fille pour une esclave corvéable à merci. Le frère et la sœur d'Elinor, Simon et Anne, avaient échappé au despotisme de leur mère grâce à des mariages dorés. Quant à Lord James, l'époux défunt de

Louisa, c'était un homme effacé et peu enclin à manifester son autorité. Ainsi, le jour de ses funérailles, le père de Theo — l'évêque — avait déclaré dans son homélie que son frère était déjà mort depuis bien longtemps pour son entourage !

Theo se disait que sa pauvre cousine était sans nul doute vouée au célibat, et à jamais ensevelie dans le Moyen Age par sa mère. Certes, les mères spécialistes d'art roman de renommée internationale étaient rares, mais, l'autre exception, c'était que Louisa était aussi une vieille chouette égoïste !

Toutefois, même si Elinor avait un avis définitif sur les faiblesses de la gent masculine, Theo se félicitait de l'avoir retrouvée. Parfois, il trouvait sa propre vie un peu monotone : personne ne tentait de l'assassiner, de le voler ou de l'escroquer. Aussi, reprendre contact avec sa famille lui réservait sans doute des moments de bonheur insoupçonnés.

— Avez-vous des nouvelles de chez vous, tante Louisa ? questionna-t-il soudain.

— Tu as sans doute entendu parler de Sebastian et de sa Grande Duchesse ? s'enquit Lady James.

Il acquiesça d'un signe de tête. Il était en effet à Venise au moment de leur mariage, occupé à négocier l'achat d'un collier de diamants auprès d'une ravissante comtesse. Mais, même sur le Rialto, la stupéfiante nouvelle du mariage de son cousin Lord Sebastian Ravenhurst et de la Grande Duchesse de Maubourg était déjà éventée. Il les avait vus ensemble à Londres quelque temps auparavant, alors que leur union tempétueuse était encore un secret d'Etat.

— Quant à Belinda, elle vient de se remarier avec Lord Dereham, ajouta la tante.

— Oui, je suis au courant, confirma-t-il. J'ai croisé Gareth à Paris en compagnie de sa nouvelle épouse.

— Tes cousins se casent de la façon la plus satisfaisante, souligna Lady James. Tu devrais suivre leur exemple, Theophilus.

— Ah, si seulement je rencontrais une femme disposée à partager ma façon de vivre, j'en serais ravi, ma tante. Mais jusqu'ici cette perle reste introuvable.

— Vraiment ? Les candidates qui se sont présentées ont peut-être évité le pire ? murmura insolemment Elinor.

Loin de s'en offusquer, Theo apprécia plutôt ce trait d'humour surprenant.

— Vous avez probablement raison, cousine. Et, quand je vous entends donner votre point de vue sur la décadence morale des hommes, je me dis que vous auriez sur moi une influence très bénéfique.

Elinor garda le silence, estimant sûrement qu'elle était allée un peu loin.

Fort heureusement, la tante était alors trop occupée à appeler sa servante pour entendre sa remarque et Theo s'en réjouit.

Il refusa la tasse de thé qu'on lui offrait. Pourtant, le thé venait d'Angleterre, comme chez tous les résidents anglais soucieux d'éviter les produits français de qualité inférieure.

Il se leva et prit congé.

— A demain donc, chère cousine. Au revoir, ma tante. Bonne soirée.

Il sourit en voyant dans l'entrée tout l'attirail de sa cousine négligemment abandonné sur la banquette. Quelques jours avec elle lui permettraient de passer agréablement le temps avant que tout l'enfer ne se déchaîne sur lui !

Chapitre 2

Comme il descendait la colline de Vézelay par la rue principale, Theo prit soudain conscience qu'il était suivi. Celui qui lui emboîtait le pas ne dit mot jusqu'au square où l'attendait un cabriolet.

— Encore à courir les jupons ! lança son acolyte en se pressant un peu pour le rejoindre. Cette poulette mal fagotée n'est pourtant pas votre genre. Vous croyez sans doute qu'elle vous remerciera de l'avoir remarquée ? Elle a quelques breloques à vendre, je suppose ?

— Cette poulette se nomme miss Ravenhurst et elle est ma cousine, aussi je te conseille de tenir ta langue et de ne pas toucher à ses bijoux.

— D'accord, patron. Toutes mes excuses.

Si Theo accordait certaines libertés à Jake Hythe — son valet, factotum, et homme de main — il savait que celui-ci respectait scrupuleusement ses ordres. En effet, il avait sauvé cette crapule de la potence et pouvait compter non seulement sur son obéissance, mais aussi sur son éternelle reconnaissance et son dévouement inconditionnel.

— Et surtout garde un œil sur elle, ajouta Theo.

— Comme je le garde sur vous, patron, assura Hythe.

Il avait déjà tué pour protéger Theo, aussi ce dernier espérait-il qu'aucun gars du pays ne se risquerait à importuner Elinor.

— Je ne *les* ai pas vus à l'endroit habituel sur la colline, reprit Jake sur le ton de la confidence. Je sens que vous allez être invité au château. Comment allez-vous vous débrouiller ?

— Je suis sûr que le comte de Beaumartin consentira à inviter ma tante, la belle-fille du duc d'Allington, répliqua-t-il, non sans quelque fierté. En fait, j'ai l'intention d'organiser leur rencontre, affirma Theo sur un ton enjoué.

Avoir une tante à la fois célèbre et mondaine serait d'une grande aide pour courtiser la noblesse locale.

— Vous êtes un fieffé coquin ! ricana Jake. Vous avez toujours une idée derrière la tête.

Elinor était prête et commençait à s'impatienter. Elle ouvrit la porte au moment où Theo allait actionner le heurtoir.

— Ah, je vous attendais, cousin. Je voulais surtout vous éviter de frapper pour ne pas déranger ma mère. Elle est en train de rédiger une lettre à l'intention de la Société des antiquités à propos du conflit qui l'oppose au révérend Anthony sur le développement de l'arc ogival.

— Juste ciel ! L'arc ogival ? Il y a là de quoi vous saper le moral, ma pauvre cousine.

— Pas vraiment, soupira Elinor en refermant la

porte sans bruit. Quand on a été, comme moi, dame de compagnie d'une vieille pie affublée d'un chien nauséabond, vivre auprès de ma mère est un don du ciel. Ainsi, j'exerce mes talents en dessin, je suis capable de lire en cinq langues, y compris en grec ancien, et je jouis d'une grande liberté. Que demander de plus ? Il est probable que je ne serais pas aussi libre en d'autres circonstances, sauf si j'étais veuve, bien sûr. Mais, pour être veuve, il faut avoir été mariée !

Comme Theo ne répondait rien, Elinor leva les yeux vers lui pour mieux l'examiner. Elle nota qu'il portait un grand chapeau de paille, une culotte de daim et des bottes. Ainsi accoutré, il n'avait rien d'anglais, mais assurément quelque chose de cocasse !

Elle se dit que l'homme désabusé et quelque peu insolent de la veille devait être un parfait comédien. En fait, tous les Ravenhurst l'étaient, et pour Elinor il ne faisait guère de doute que quelque actrice de talent se cachait quelque part dans leur arbre généalogique. A l'évidence, savoir jouer la comédie devait être fort utile à son cousin dans l'exercice de ses activités.

— Mère est une femme très érudite, comme vous le savez, reprit-elle, aussi, le travail que j'accomplis pour elle n'est pas un simple passe-temps. Au fond, c'est préférable au rôle d'épouse effacée auprès d'un homme important qui prendrait sa femme pour une vestale ou une concierge !

— A mon sens ce n'est pas le genre d'union que nos autres cousins ont contracté, observa Theo.

— Non, en effet. Les leurs sont de vrais mariages d'amour. Une chance rarissime !

— Faut-il que vous ayez bien peu foi en l'homme, chère cousine, pour admettre qu'un mariage heureux est une chance rarissime ! C'est bien ce que j'ai cru comprendre hier quand je vous ai surprise dans la basilique.

— Certains hommes sont pourtant dignes d'estime à mon sens, répliqua-t-elle en esquissant un sourire. Je pense qu'ils sont tout aussi victimes des déviances de notre société que les femmes. La différence, c'est qu'ils s'amusent beaucoup plus que nous dans la vie. Ainsi, vous par exemple : vous parcourez la France à la recherche d'antiquités et… d'aventures. Pouvez-vous imaginer ce qui arriverait si j'étais à votre place ?

— Il est vrai que le monde fourmille de dangers, chère cousine. Et je suppose que votre ombrelle, si redoutable soit-elle, ne suffirait pas à vous en protéger.

Elle avait d'autres armes que son ombrelle à bout pointu, mais elle estima imprudent de les révéler. En dépit de son apparent mépris des conventions, son cousin aurait pu s'en offenser.

— Nous y voilà ! dit-il en désignant le cabriolet garé à l'ombre d'un tilleul.

Il rangea le chevalet et tout l'attirail d'Elinor sous le siège, puis proposa :

— Voulez-vous prendre les rênes ?

— Grand Dieu ! Je n'ai jamais osé m'y risquer.

En fait, aucun homme ne lui avait jamais confié pareille responsabilité. Pourtant, Theo paraissait sérieux.

— Je vais vous montrer, dit-il en prenant les rênes puis la main d'Elinor.

Elle nota qu'il gardait le fouet auprès de lui et en fut plutôt rassurée. Elle était en effet bien incapable d'en faire usage.

— Maintenant, dites : en avant !

— En anglais ou en français ?

— Il semble que ce cheval entende les deux langues.

Mais, en entendant l'ordre donné par Theo dont la voix lui était familière, l'animal se mit en mouvement sans plus attendre.

— Oh, mon Dieu ! Mais que dois-je faire ? s'écria Elinor, prise de panique.

— Rien. Tenez les rênes et détendez-vous.

Theo devait être bien insouciant pour oser confier son cheval à une novice. Dieu merci, ni les enfants qui jouaient sur la place ni les chiens errants et autres volailles n'avaient eu à souffrir de ce démarrage en trombe. L'animal poursuivit paisiblement sa route sans intention apparente de les précipiter dans le fossé.

— Cousin, vous ne m'avez toujours pas dit pourquoi vous étiez en disgrâce, questionna-t-elle en affectant un ton léger.

— Pour des péchés inavouables.

— Je ne peux le croire. Allons, dites-moi la vérité.

— Soit ! A l'âge de seize ans, je faisais le mur du collège tous les soirs pour m'adonner à la boisson, aux jeux et aux plaisirs de la chair…

— Et… vous avez ruiné vos parents ?

— Moralement, sans aucun doute. Financièrement,

je n'ai pas perdu un seul penny, ce qui m'a valu les sarcasmes de mon père, d'ailleurs. En vérité, je faisais déjà du commerce en ce temps-là. J'achetais à l'un, je revendais à l'autre… avec bénéfice, bien sûr. Je me suis très vite rendu compte que j'avais un réel talent pour les cartes et j'ai pris l'habitude me faire payer en objets que je revendais ensuite. Plus tard, j'ai quitté l'université pour diriger une école de pharaon où je gagnais honorablement ma vie.

— Je comprends maintenant pourquoi votre évêque de père était si furieux contre vous. Le pharaon est un jeu d'argent très répandu dans les tripots. Ainsi, au lieu de réclamer une pension à vos parents afin de poursuivre vos études, vous…

Elinor s'interrompit brusquement et s'écria :

— Oh, oh ! Mais où va ce cheval ?

— Ne craignez rien, cousine, il connaît les raccourcis, répondit nonchalamment Theo, sans même chercher à reprendre les rênes.

Il poursuivit sans se troubler le récit de ses exploits.

— Bien vite, j'ai annoncé à papa que j'étais financièrement indépendant, et depuis je vis comme je l'entends. A l'occasion je rends visite à mon père pour lui donner le plaisir de me sermonner, tandis que ma mère s'ingénie à dénicher la perle rare qui pourrait devenir ma femme !

— Et cela sans succès, je présume ?

— Je m'empresse d'éviter toutes ces péronnelles tandis que leurs mères, qui me fuient comme la peste, s'emploient à les éloigner de moi. Je suppose que ma déplorable réputation y est pour quelque chose.

— Ne vous sentez-vous jamais seul ?

— Seul ?

La lueur qui animait le regard de Theo s'évanouit brusquement, mais un léger sourire persista sur ses lèvres.

— Certainement pas. Souvenez-vous de toutes ces femmes en mal d'affection dont vous parliez hier. Et vous, ne souffrez-vous pas de solitude ?

— Tous ces colloques d'archéologues sont si passionnants que je n'en ai même pas le temps, répondit Elinor d'un ton léger.

En fait, la façon dont vivait Theo ne la regardait pas et elle se reprocha sa curiosité.

Mais, tandis qu'elle s'interrogeait sur les raisons de sa propre indiscrétion, les rênes qu'elle tenait en main lui échappèrent brusquement. Comme elle cherchait à les rattraper, elle bascula en avant et sentit le bras de Theo l'enlacer par la taille. Quand elle fut hors de danger, son cousin lui rendit les rênes et le cheval repartit au trot.

— On peut être détendu sans relâcher totalement son attention, remarqua-t-il, alors qu'Elinor remettait tant bien que mal son chapeau.

— Vous avez raison, admit-elle. Merci d'être venu à mon secours.

Tandis que l'attelage poursuivait sa route, elle se tourna vers Theo.

— Vous pouvez retirer votre bras, maintenant.

— Oh, pardonnez-moi !

Elle regretta presque qu'il lui obéisse. Pour elle, il y avait quelque chose de rassurant dans la fermeté dont il avait fait preuve en la retenant.

Etait-il aussi vigoureux pour ce qui était des choses de l'amour ? se demanda-t-elle.

Elle sentit ses joues s'embraser à cette idée. Comment de telles pensées pouvaient-elles lui venir à l'esprit en présence d'un homme qu'elle connaissait à peine ?

— Oh, mon Dieu, qu'il fait chaud ! soupira-t-elle en portant la main à son front.

— Il est vrai que ce temps n'est plus de saison, surtout après l'été caniculaire que nous avons eu.

Il désigna un petit chemin qui descendait sur la gauche et ajouta :

— Tournez ici, je vous prie.

— Comment ?

Voyant qu'elle hésitait, il saisit sa main qui tenait les rênes et guida lui-même leur monture.

Aussi proche de lui, elle perçut son parfum d'eau de Cologne qui la troubla profondément.

— Tournez ici, maintenant, ordonna Theo.

Elle hésita devant le virage à angle aigu, mais il la laissa manœuvrer seule.

— J'ai réussi ! s'exclama-t-elle.

Elle tempéra toutefois son triomphe en ajoutant :

— Je suppose que votre cheval aurait pu se débrouiller sans moi ?

— Probablement, mais je trouve que vous le menez d'une main souple et légère. Nous ferons un autre essai sur un chemin plus difficile encore et nous verrons s'il vous obéit.

— Bientôt ?

— Je compte rester quelques jours dans les environs de Vézelay. Une semaine ou deux. Je ne sais pas.

Comme les ruines d'une petite église s'offraient à leurs yeux, Theo ajouta :

— Allez jusqu'au portail, ainsi nous pourrons mieux la voir.

Enthousiasmée par cette découverte qui aurait fort intéressé sa mère, Elinor tendit les rênes à son cousin et sauta à terre pour voir l'édifice de plus près.

— Hélas, il n'en reste pas grand-chose, nota-t-elle en s'avançant parmi les ronces.

— Je ne vous conseille pas d'aller plus loin, dit-il. Vous allez déchirer votre robe.

— Oh, pour la robe ce n'est pas bien grave, mais je crains que la visite ne soit pas d'un grand intérêt. Si nous allions voir de l'autre côté ?

Comme ils s'avançaient vers le vaste porche de l'église, son cousin lui offrit son bras et elle l'accepta volontiers, amusée par leur complicité. A ses yeux, Theo était un savant mélange de galanterie et de pragmatisme, ce qu'elle trouvait à la fois plaisant et déconcertant. D'habitude, les messieurs évitaient le flirt avec elle. Ils la traitaient avec tous les égards, mais gardaient leurs distances et la voyaient comme l'adjointe de sa très savante mère.

Sa cousine Bel avait tenté de la pousser dans les bras d'un certain Patrick Layne. Mais, en fait, ce dernier était épris de Bel et ignorait que celle-ci était en train de vivre une passion secrète avec Ashe Reynard, vicomte de Felsham. Les deux hommes avaient fini par s'affronter en duel pour les beaux yeux de Bel, et M. Layne s'était détourné d'Elinor qu'il considérait comme une vieille fille sans caractère !

Ainsi, Elinor était plus que jamais convaincue que lire le latin et le grec ne suffisait pas à attirer les hommes. Certes, elle ne désirait pas vraiment se marier, mais elle aurait aimé parfois être considérée autrement que comme une ombre ou une simple camarade.

Or Theo, sans véritablement flirter avec elle, la traitait comme une lady, une sensation nouvelle pour elle. En outre, il semblait admettre qu'elle avait un cerveau dont elle savait faire usage, ce qui était plutôt flatteur !

Elle se tourna vers lui et ils échangèrent le plus chaleureux des sourires. Mais, bien vite, le visage de Theo se rembrunit tandis qu'il ouvrait la lourde porte qui grinça sur ses gonds. Elle se demanda à quoi attribuer ce brusque changement d'attitude. A l'effort, peut-être ?

— C'est magnifique ! s'exclama-t-elle en levant les yeux sur les colonnes qui s'élançaient vers la voûte.

L'intérieur de l'église était dans un état de conservation surprenant comparé à l'extérieur. Curieusement, une odeur d'encens flottait dans la nef comme si l'office venait de s'achever.

— Etonnant, n'est-ce pas ? Peut-être voulez-vous faire quelques croquis ? Je vais chercher votre matériel.

Il sortit sans même attendre sa réponse et la laissa seule tandis qu'elle parcourait la nef encombrée de chaises et de prie-Dieu.

Un rai de lumière éclairait une statue de saint abritée dans une niche. Sur une console voisine, quelqu'un avait déposé un vase garni de fleurs des champs, et au pied d'une colonne on voyait des cierges à demi consumés.

Tandis qu'Elinor approchait un tabouret pour se hisser à hauteur de la statue, elle entendit les pas de Theo derrière elle.

— Voilà un beau modèle, commenta-t-il. J'aimerais moi aussi en faire le dessin.

— A votre guise.

Et, tandis qu'elle installait son chevalet puis fouillait dans son sac à la recherche de ses crayons, il s'installa sur un tabouret et ouvrit son carnet à dessin.

Elinor choisit aussi quelques couleurs pour les fleurs : du rouge vif pour les coquelicots et un bleu subtil pour le delphinium sauvage.

Derrière elle, Theo fredonnait tout en dessinant. Il portait un crayon à l'oreille et tenait un petit pinceau entre ses dents à la façon des peintres du dimanche. Elinor le voyait comme un artiste authentique et redoutait déjà qu'il la juge sur la qualité de son travail.

Aux yeux de Theo, s'installer à deux pour dessiner dans une église éloignée de tout était assez inattendu et follement romantique. Il n'avait rien fait de tel depuis la première leçon de dessin de son précepteur dont il gardait le meilleur souvenir.

Il rinça son pinceau, puis il prit un peu de recul pour examiner son travail.

Pas trop mal, songea-t-il. *Peut-être un peu surchargé ?*

Il jeta un coup d'œil en direction d'Elinor qui regardait

sa feuille d'un air pensif. La tête inclinée sur le côté, elle lui montrait son plus charmant profil.

Theo la trouvait plutôt grande et bien faite, mais sous la robe informe qu'elle portait il ne distinguait guère les attributs de sa féminité. Ses beaux cheveux aux tons acajou étaient enfermés dans un filet à hauteur de la nuque, ce qui lui donnait un air un peu sévère. Pourquoi les cachait-elle ainsi ? Peut-être lui avait-on dit dans son enfance qu'une chevelure d'un roux foncé était un handicap. Il se dit que Jane et Augusta — ses propres sœurs — avaient échappé par miracle à la rousseur familiale et il s'en félicita.

Il s'attarda ensuite sur les mains fines d'Elinor, malheureusement tachées d'encre. Des mains d'artiste qui dessinaient et peignaient inlassablement, sans aucun doute. Assurément elle n'était pas habituée à attirer ainsi le regard d'un homme, car elle rougissait souvent. Mais pourquoi diable s'habillait-elle comme un épouvantail ? Pourquoi cette robe gris-ardoise qui semblait avoir été retaillée dans celle d'une femme trois fois plus corpulente ?

— Voilà, c'est fini ! annonça-t-elle en déposant sur le papier l'ultime touche d'aquarelle.

— Puis-je voir ?

— Bien sûr.

Elle tourna alors son chevalet vers Theo qui ne put réprimer une exclamation d'admiration.

— Oh ! C'est incroyable !

— Vraiment ? fit-elle d'un ton léger, visiblement satisfaite de son travail.

— Vous dessinez avec une aisance stupéfiante, chère cousine. Et cette façon que vous avez de disposer ces touches de couleur si subtiles est admirable. Sincèrement, j'envie votre talent, Elinor.

— Je vous remercie.

En fait, elle ne trouva rien d'autre à dire. Elle était si peu habituée aux compliments que ceux de Theo lui semblaient presque déplacés. Elle estimait que son travail était honnête, sans plus.

— Depuis peu de temps, j'expérimente un style plus libre, plus éloigné du figuratif, expliqua-t-elle. Je dois être influencée par M. Turner sans même m'en rendre compte. Il est très controversé, comme vous le savez sans doute. Bien sûr, cela ne convient pas aux croquis que je fais pour ma mère qui exige une exactitude parfaite, et c'est bien normal. Néanmoins, quand je travaille pour mon plaisir, j'aime tenter de nouvelles expériences, et je dois avouer que celle-ci me satisfait.

Elle leva les yeux vers lui et s'enquit :

— Puis-je voir ce que vous avez fait ?

Theo lui tendit son carnet de croquis sans un mot.

Le dessin était précis, enrichi d'une multitude de détails qu'elle n'avait pas jugé utile de souligner. Ainsi, l'ensemble aurait pu paraître très académique, mais il n'en était rien. Theo avait entrelacé les fleurs de telle sorte qu'elles donnaient vie à cette statue de pierre et la paraient d'une émouvante beauté.

— C'est charmant, Theo. Vous avez remarqué des détails qui m'ont totalement échappé.

— Je suis trop précis et trop exigeant parfois, soupira-t-il en haussant les épaules. Que voulez-vous, je n'y peux rien, c'est dans ma nature.

— Précis, certes, mais j'admire la façon dont les fleurs épousent les courbes de cette statue et illuminent le visage du saint.

Elle lui rendit son carnet et ajouta d'un ton quelque peu désenchanté :

— Décidément, mon dessin ne dégage pas autant d'émotion que le vôtre, et pour tout vous dire je ne suis pas très contente de moi.

Elinor regretta aussitôt ces paroles. En effet, les hommes n'aimaient pas être taxés d'émotion, elle le savait. Il lui sembla que Theo rassemblait ses affaires avec un brin de nervosité.

Néanmoins, il lui accorda un sourire en suggérant :

— Peut-être pourrons-nous apprendre l'un de l'autre ? Je suis persuadé que ce serait enrichissant.

En chemin, il lui avait confié qu'il était encore là pour une semaine ou deux, aussi, elle se plut à imaginer qu'ils pourraient renouveler cette expérience.

— Si vous avez un peu de liberté, je me tiens à votre disposition, conclut-elle. Venez me voir à Vézelay de temps à autre.

— J'y compte bien. Malheureusement, mon emploi du temps est assez chargé et plutôt imprévisible.

Il aida Elinor à replier son chevalet, puis proposa avec entrain :

— Si nous prenions le temps d'explorer un peu mieux l'église ? Qu'en dites-vous ?

Ils firent le tour de l'édifice, s'attardant sur les détails architecturaux, admirant les chapiteaux, les croisées d'ogives, et bien d'autres éléments du décor.

— Votre mère s'intéresse-t-elle aussi à l'architecture civile ? questionna-t-il comme ils s'avançaient vers le maître-autel.

— Bien sûr, mais sa véritable passion reste l'art sacré. Pourquoi cette question ?

— Je connais un château intéressant dans le village de Saint-Martin, non loin de Saint-Père. A vrai dire, je suis en affaires avec le comte qui en est propriétaire. Peut-être votre mère accepterait-elle de m'y accompagner lors de ma prochaine visite ? Je ne serais pas surpris que le maître des lieux nous retienne à dîner et même à passer la nuit sous son toit.

— Oh vraiment ? Je ne me souviens pas avoir dormi dans un château. Ce doit être fascinant. Mais pourquoi pensez-vous que le propriétaire nous retiendrait ?

— Le comte Léon a séjourné en Angleterre avec son père pendant la Révolution française. Ils étaient réfugiés. Je suis sûr qu'il accueillera avec plaisir deux ladies venues de Grande-Bretagne.

— Parlez-en à mère. Je suis persuadée qu'elle n'aura aucun scrupule à s'installer dans un château si cela l'intéresse. Avez-vous…

Elle s'interrompit soudain en trébuchant sur une pierre et Theo la recueillit dans ses bras.

— Voilà, ce n'est rien, dit-il en la retenant un peu plus qu'il n'était nécessaire.

— Theo, vous m'avez sauvée encore une fois. Je suis décidément vouée à tomber aujourd'hui !

— Dites-moi, cousine… pourquoi portez-vous des robes aussi disgracieuses ? s'enquit Theo, tout à coup.

Elle sentit ses mains se resserrer sur sa taille.

— Mais… cette robe n'a rien de…, bégaya-t-elle, troublée par cette audacieuse étreinte.

Chapitre 3

— Cette robe est hideuse, reconnaissez-le, insista Theo. Et je ne parle pas de celle que vous portiez hier. Un véritable épouvantail !

— Un épouvantail ? Pourtant, ces robes me vont très bien et je les trouve à mon goût.

— Pour les visiteuses de prison, elles sont assurément parfaites, railla-t-il.

— Elles conviennent à mon mode de vie, voilà tout. En outre, elles sont très pratiques et peu coûteuses puisque je les taille dans d'anciennes robes de ma mère.

— Ah, je comprends tout… Avouez tout de même qu'une couleur plus attrayante vous conviendrait mieux. Du rouge, du vert, du grenat, que sais-je, moi ?

— En quoi le style et la couleur de mes robes vous concernent-ils, cousin ? s'indigna-t-elle.

— Si vous étiez ma sœur, je…

— Je ne suis pas votre sœur, et je m'en félicite.

— Vous êtes ma cousine, et je suis navré de vous voir attifée de la sorte. Vous me faites songer à une pierre précieuse sertie dans un métal vulgaire.

— Dans un métal vulgaire ? reprit-elle d'une voix blanche.

L'indignation d'Elinor fit bientôt place à la résignation. Elle considéra d'un œil triste la robe qu'elle portait et dut admettre que son cousin n'avait pas tout à fait tort. Cette toilette sans âge n'était pas digne d'une jeune femme. D'ailleurs, Bel elle-même le lui avait fait remarquer avec tout le tact dont elle était capable.

— En fait, je possède une toilette plus seyante que je porterai si nous sommes conviés au château, annonça-t-elle. Je ne voudrais en aucun cas vous mettre dans l'embarras devant vos amis.

— A vrai dire cela m'est égal, Elinor, et je suis confus d'avoir porté un tel jugement sur votre façon de vous vêtir. J'espère que vous me pardonnez.

Il lui tendit les mains d'un geste amical et ajouta :

— Je vous ai parlé sans détour, comme je l'aurais fait avec une amie de longue date. J'avoue que j'étais contrarié de voir une jolie femme comme vous refuser de se mettre en valeur. Vous m'avez fait justement remarquer que ce n'était pas mon affaire et je reconnais qu'un cousin rencontré par hasard n'a pas à commenter votre toilette. Mon intention n'était pas de vous offenser, croyez-moi.

— Je le sais, cousin, conclut-elle avec un sourire suave. Maintenant, si nous allions déjeuner ? Qu'en pensez-vous ? Je meurs de faim.

— Très volontiers. Auparavant, si vous le voulez bien, nous allons faire une halte chez moi pour déposer notre matériel de dessin. C'est sur le chemin.

Theo prit les rênes, et quelques minutes plus tard ils

s'arrêtèrent devant une maison de village cossue. Elinor attendit dehors pendant que son cousin prenait leur attirail et ouvrait la porte. Il échangea quelques mots avec la propriétaire qui sortit bientôt sur le seuil, une pièce de tissu sous le bras et une paire de ciseaux en main.

— Bonjour, madame, dit-elle en français.

Elinor la salua d'un signe de tête auquel la couturière répondit par un sourire avenant.

La propriétaire de Theo était une belle femme aux environs de la quarantaine, aux longs cheveux bruns coiffés en chignon et à la silhouette svelte. Elinor se dit que son cousin avait bien de la chance. Etait-ce ou non le fait du hasard, mais elle pensa que Theo pouvait se louer d'avoir déniché pareille logeuse.

— L'auberge est juste au coin de la rue, Elinor, précisa-t-il en lui offrant galamment le bras. Nous pourrions peut-être déjeuner sur la terrasse à l'ombre d'un arbre, si le cœur vous en dit.

— Bien volontiers.

La cuisine était rustique mais excellente, et le service assuré par une jeune servante charmante, très attentive aux exigences des clients.

— Est-ce vous qui tenez la maison chez tante Louisa ? s'enquit incidemment Theo tout en coupant une tranche de pain.

— Moi ? Certainement pas ! Je n'ai aucune disposition pour le ménage. Pas plus que pour la couture, d'ailleurs, comme vous l'avez déjà remarqué.

— Au fond, vous avez raison. Pourquoi forcer son talent, n'est-ce pas ?

Il prit une gorgée de vin en ajoutant :

— Je n'ai moi-même aucun goût pour administrer une propriété et mon intérêt pour la politique se limite à m'informer de temps à autre de la situation internationale. Il y a des années que je n'ai pas…

— Mais moi je suis une femme, interrompit Elinor, et ne pas savoir tenir une maison est assurément un sérieux handicap. Vous les hommes, vous pouvez vivre sans vous préoccuper de ces choses-là. Vivre comme bon vous semble, en fait.

— Exact. Et c'est un avantage considérable. Je m'en souviendrai la prochaine fois que tante Louisa me traitera de mauvais sujet ou que mon cher papa m'assenera un de ces sermons dont il a le secret.

Il offrit du vin à sa cousine et reprit :

— Montez-vous à cheval ?

— Papa m'a mise en selle dès mon plus jeune âge, mais je n'ai jamais réussi à monter en amazone. Ainsi, comme j'ai passé l'âge de monter à califourchon, j'ai dû renoncer à ce plaisir.

Elle soupira en ajoutant :

— Peut-être compenserai-je un jour cette frustration en apprenant à mener un attelage ?

— Je connais une lady qui monte à califourchon, déclara Theo. Elle a d'ailleurs inventé à cet effet une jupe-culotte qui ressemble à une jupe plissée classique quand elle se tient debout. Cela lui donne une grande liberté de mouvements, comme vous l'imaginez. Une telle jupe serait d'ailleurs tout à fait adaptée pour escalader les pierres des églises en ruine. Vous devriez y songer, cousine.

Elinor réprima un sourire.

La lady en question avait certainement plus de goût pour « la liberté » que pour les jupes-culottes, et son cher cousin avait dû en profiter largement.

— Voilà qui me semble une bonne idée, en effet, admit-elle. Pensez-vous que votre logeuse pourrait me confectionner une telle jupe si vous en faisiez le croquis ?

— Oh, certainement ! Elle travaille beaucoup pour les dames des environs et aussi pour celles du château de Beaumartin.

Theo fouilla alors dans sa poche et en sortit un petit carnet de croquis dont il ne se séparait sans doute jamais.

— Voyons si je me souviens du modèle…, fit-il tout en mordillant son crayon.

Il en exécuta le dessin sans la moindre hésitation. A l'évidence, il avait un souvenir très précis de la jupe et de celle qui la portait !

— Quel talent, cher cousin ! remarqua-t-elle. J'admire la façon dont vous saisissez d'un coup d'œil les détails d'un vêtement féminin !

— Très juste, chère cousine, admit-il en posant son crayon. Je viens de vous révéler sans y prendre garde un secret que je n'oserais partager avec mes sœurs. Je ne sais trop comment ma langue se délie aussi aisément en votre présence.

— Cette femme était-elle l'une de vos « complaisantes

ladies » auxquelles je faisais allusion hier ? s'enquit Elinor avec malice.

— Oui, je le crains, concéda-t-il, un rien blasé. Une relation quelque peu dangereuse, d'ailleurs. Cette lady était un peu trop déterminée à mon sens.

— Ce n'est pas un défaut, il me semble, remarqua Elinor.

Elle pensait en effet qu'imposer ses conditions à un homme était une situation plutôt enviable !

— Puis-je vous emprunter ce dessin ? dit-elle en tendant la main vers le carnet.

— A une condition seulement, répondit Theo en le subtilisant.

Comme elle l'interrogeait du regard, il ajouta :

— Que je choisisse moi-même la couleur.

— Il n'en est pas question ! Je ne peux concevoir qu'un homme m'impose ses goûts. Pourquoi n'assisteriez-vous pas aux essayages tant que vous y êtes ?

— Ne me tentez pas ! ricana-t-il. Bonté divine, vous êtes ma cousine, Elinor, et cette couturière est ma logeuse. Tout ce que je souhaite, c'est vous aider à choisir la couleur de cette jupe, et peut-être des suivantes.

— Ou plutôt me l'imposer, rectifia-t-elle.

En vérité, Elinor était plus tentée qu'indignée par cette proposition. Il y avait longtemps qu'elle n'avait pas songé à de nouvelles toilettes, hormis ces tristes robes grises taillées dans celles de sa mère.

— Soit ! admit-elle enfin. Va pour cette jupe et pour d'autres si cela peut me dispenser de vos sarcasmes sur ma façon de m'habiller.

— Suis-je pardonné d'avoir été trop direct dans mes propos, cousine ? s'enquit Theo en lui tendant le carnet.

— En ce qui concerne mes robes ou votre ancienne maîtresse ?

— Vos robes, bien sûr. En fait cette femme n'a jamais été ma maîtresse, attendu que ce terme implique une sorte de connivence. Je suis beaucoup trop prudent de nature pour me laisser prendre par les artifices d'une sirène aussi perfide.

— Parlez-moi d'elle, le pria Elinor tout en glissant le carnet dans sa poche.

— Non ! Ah, vous les femmes ! Vous rendez-vous compte que tante Louisa m'écorcherait si elle nous entendait ? Je ne sais pas ce qui m'a pris de…

— Theo, je crois que nous commençons à devenir amis, suggéra-t-elle d'une voix très douce. J'aime bavarder avec vous. Peut-être est-ce tout simplement parce que nous sommes parents et que je ne suis pas le genre de femme que vous fréquentez d'habitude ?

— C'est… c'est probablement vrai, admit-il. Désirez-vous un dessert ?

— Non, merci.

— Alors, allons vite consulter Mme Dubois sur les couleurs de ses tissus !

Dès les cinq premières minutes passées avec la couturière française, Theo remarqua qu'Elinor n'était plus gênée par sa présence. Elle l'invitait au contraire à donner son avis sur toutes sortes de détails.

— Theo, aidez-moi, je vous en prie. Je ne connais pas assez le français pour parler chiffons.

— Qui vous dit que j'entends quelque chose à ce langage ?

Avec toutes les modistes qu'il avait dû connaître en France ! songea-t-elle.

Ils finirent par se faire comprendre de Mme Dubois qui saisit enfin les caractéristiques de la jupe-culotte dessinée par son locataire.

— Je suis certaine que vous allez lancer une mode, mademoiselle, confia la couturière à Elinor. Les tailleurs anglais disent que nous, les Français, sommes incapables de confectionner des tenues de cavalière. A mon sens, cela reste à prouver.

Elinor arrêta son choix sur la jupe-culotte de cavalière assortie d'une chemise, et ajouta deux robes de jour à ses achats.

— Maintenant, nous allons choisir les couleurs, intervint Theo en fouillant dans les échantillons.

— Oust ! interrompit la couturière en se tournant vers lui. C'est à mademoiselle de choisir, pas à vous.

— Je fais confiance au goût de M. Ravenhurst, déclara Elinor, magnanime.

— Je vous remercie, cousine. Ceci devrait convenir pour la jupe de cavalière, reprit-il en montrant une étoffe croisée de couleur vert mousse. Et… je pense que ce rouge est parfait pour les robes de jour.

Comme Elinor ne semblait guère convaincue, il prit le rouleau de tissu, le déploya et l'essaya sur elle.

— Regardez, n'est-ce pas le ton qui vous convient le

mieux ? dit-il en l'enroulant plus étroitement autour du buste de sa cousine.

— Theo, veuillez ôter votre main de mon sein, je vous prie !

— Euh… pardonnez-moi, bredouilla-t-il en repliant la pièce de tissu.

— J'aimerais que vous vous décidiez sur la couleur, insista Mme Dubois. Je dispose aussi d'une belle pièce de soie ambre.

— Non. Je préférerais ce violet, déclara Theo en pointant son doigt sur un autre rouleau.

— A mon avis il n'ira pas avec mes cheveux acajou, objecta Elinor.

— Je vous en prie, mettez-vous d'accord, supplia la couturière, agacée par leurs tergiversations.

— Soit, ce sera le violet, soupira Elinor à bout d'arguments.

Ils se mirent d'accord sur le prix et sur la date de livraison, puis les deux cousins quittèrent l'atelier de Mme Dubois.

— Je vous ai suivi pour visiter une église, observa Elinor, puis vous m'avez confié les rênes de votre cabriolet et vous vous êtes moqué de ma robe. Et voilà que je finis dans un atelier de couture !

— Je suis sûr que vous me remercierez quand vous verrez vos nouvelles toilettes, repartit Theo, visiblement content de lui.

Il la prit par le bras et s'enquit :

— Que diriez-vous d'une petite promenade le long de la rivière avant de rentrer ?

— Je n'ai pas dit que j'étais d'accord avec les couleurs que vous avez choisies, protesta-t-elle en se dégageant brusquement.

— Avouez que cette visite chez Mme Dubois vous a un peu changée des chapiteaux ou des statues que vous dessinez à longueur de journée.

— C'était… différent, voilà tout, corrigea-t-elle.

Comme le sentier s'éloignait un peu de la rivière, Theo indiqua un espace d'herbe grasse parmi les arbustes.

— Reposons-nous ici un moment, voulez-vous ? suggéra-t-il.

— Volontiers. D'ailleurs, je me sens un peu lasse et je ne crois pas pouvoir aller plus loin.

Comme Elinor s'avançait sous les frondaisons, le filet qui retenait son chignon se prit dans une branche basse.

— Oh, laissez-moi vous aider, cousine.

Theo tira de telle sorte sur le filet que celui-ci se déchira, libérant les longs cheveux d'Elinor sur ses épaules.

— Zut ! Mon filet est fichu, gémit-elle.

— Irréparable, je le crains, renchérit Theo en le ramassant pour le jeter dans la rivière.

— Pourquoi l'avez-vous jeté ? Je l'aimais bien, ce filet. Il allait avec mes robes.

— Je préfère vos cheveux épars. Ils sont si beaux !

— Menteur !

— Je n'ai jamais été aussi sincère, Elinor. Voulez-vous boire quelque chose ?

— Je n'ai aucun goût pour l'eau des rivières, et je suis

très fâchée contre vous. Vous avez fait exprès de jeter mon filet à l'eau.

— Je l'avoue. Mais qu'auriez-vous fait si je vous avais demandé de lâcher vos cheveux ? riposta-t-il avant de se mettre à fouiller dans le sac qu'il transportait.

— J'aurais refusé, sans doute, confessa-t-elle en s'asseyant sur l'herbe. Dites-moi, Theo, est-ce une habitude chez vous d'obtenir tout ce que vous désirez ?

Il lui tendit un gobelet qu'elle prit avec réticence, puis sortit une bouteille de vin qu'il lui servit.

— Je fais en sorte que personne ne me refuse rien, confessa-t-il avec un sourire malicieux. C'est différent.

Cette escapade au bord de la rivière avec un inconnu était pour Elinor la plus romantique depuis son adolescence.

Paisible et plutôt bon compagnon, Theo Ravenhurst était un brin insolent, mais rien en lui ne l'indisposait vraiment.

— Si vous tenez absolument à attacher vos cheveux, j'ai un lacet de cuir dans ma mallette.

— Et un peigne aussi, je suppose ? Et on prétend que les femmes ont quantités d'objets inutiles dans leur réticule !

Comme il fouillait dans son bagage, elle remarqua :

— Vous pourriez survivre une quinzaine de jours dans les bois avec ce que vous avez là-dedans.

— C'est une idée, admit Theo en réprimant un bâillement. J'y songerai.

Sa mallette ne contenait pas seulement des carnets de croquis, des crayons et des pinceaux, mais aussi une bouteille de vin, un vieux croûton de pain, un canif et quantités de papiers gras.

— Avez-vous trouvé ce que vous cherchiez ?

— Oui. Tenez, voici le lacet de cuir et le peigne. Cela vous convient-il ?

— Il faudra bien.

Elinor commença à se coiffer, mais ses cheveux étaient si emmêlés que l'opération prit un certain temps.

— Je prendrais volontiers un peu plus de vin, dit-elle en lui tendant son gobelet.

Il faisait encore chaud en cette fin d'après-midi et le vin de Bourgogne coulait comme du feu dans ses veines. Aussi, après la seconde gorgée, vida-t-elle son gobelet dans l'herbe.

Alors, elle entreprit de lisser ses cheveux.

— Puis-je vous aider ? proposa galamment son cousin.

Elle lui tendit le peigne sans un mot, joignit les mains sur ses genoux et le laissa faire. Il semblait habile à cette tâche, et elle sentait ses mains glisser agréablement dans sa chevelure.

En cette douce fin de journée, le murmure de la rivière, le bavardage des oiseaux et la caresse de ces mains d'homme, tout invitait Elinor à s'abandonner.

Mais son émoi était tel que son cœur battait à tout rompre.

Chapitre 4

— Il est temps de rentrer, cousine.

Elinor se réveilla en sursaut alors que l'ombre gagnait le carré d'herbe sur lequel elle s'était assoupie.

Theo était déjà debout et s'étirait.

— Ai-je dormi longtemps ? questionna-t-elle.

— Une demi-heure environ. Comme moi.

En tournant la tête, Elinor sentit sa chevelure effleurer ses épaules et sa joue, une sensation dont elle avait perdu l'habitude.

— Qu'avez-vous fait à mes cheveux ?

Elle découvrit que Theo lui avait fait des tresses tout en laissant de longues mèches en liberté le long de ses joues et sur son front.

— Je vous ai coiffée à ma façon. Vous n'aimez pas ? C'est ainsi que je coiffe la queue de mon cheval !

Elle lui décocha un coup d'œil furibond et regretta de ne pas disposer d'un miroir pour juger du résultat. Alors, elle passa la main dans sa chevelure pour s'assurer qu'il n'avait pas poussé la fantaisie jusqu'à piquer des boutons-d'or dans les tresses.

Tandis que Theo s'affairait à ranger ses affaires dans

sa mallette, Elinor l'observait. Elle devait admettre qu'il y avait une certaine élégance dans ses gestes. Pourvu de longues jambes, de larges épaules et d'une taille mince, son cousin réunissait les proportions de la statuaire classique. Certes, il n'était pas sculpté dans le marbre, mais elle ne pouvait s'empêcher de l'admirer.

En fait, elle avait passé ces derniers mois entourée des hommes les plus distingués de la société anglaise et, parmi eux, certains de ses cousins. Cependant, elle reconnaissait en toute honnêteté que seule leur conversation avait éveillé son intérêt. Hormis cela, ces messieurs n'avaient aucun charme. Mais pourquoi diable regardait-elle Theo de cette façon, alors qu'il n'était pas précisément beau ?

C'était là un mystère qu'elle ne s'expliquait pas !

Elinor se leva, brossa sa jupe du revers de la main, puis observa de nouveau son cousin comme pour inventorier ses principaux défauts. Ainsi, son nez, proéminent et très masculin, n'était pas son meilleur atout. Sa mâchoire inférieure était robuste, mais son menton dépourvu d'autorité. Quant à ses sourcils, ils étaient beaucoup plus foncés que ses cheveux, et quand il les haussait cela donnait à son visage un aspect menaçant. Sa bouche trop grande semblait avoir plus de dispositions pour l'éclat de rire que pour le sourire à peine esquissé.

Maintenant, elle comprenait pourquoi Theo Ravenhurst n'avait aucune aptitude pour s'intégrer à la société londonienne.

Comme il l'aidait à franchir un passage difficile sous les branches, il garda sa main dans la sienne et elle ne fit rien pour se dégager. Il y avait quelque chose de rassurant et d'amical dans la tiédeur de ses doigts.

Alors qu'il la reconduisait chez elle, Theo crut bon de préciser :

— Je viendrai demain matin vers 10 heures et nous verrons si tante Louisa consent à se rendre avec nous chez le comte.

— Demain, ma mère va passer sa journée à écrire, aussi, je crains qu'il faille remettre votre visite au château à plus tard, cher cousin.

— Il faut absolument que je voie le comte dès demain, alors, pour une fois, tante Louisa devra se plier à mon emploi du temps.

Ce ton péremptoire surprit Elinor. Ce n'était pas ainsi qu'il obtiendrait l'adhésion de sa mère.

— D'ailleurs, je vais le lui dire ce soir même, ajouta-t-il.

— Non, non, ne vous donnez pas cette peine, cousin Theo. Je lui transmettrai moi-même le message en précisant que nous avons demain une chance unique de visiter le château de Beaumartin. Cela devrait suffire à la convaincre.

Theo fronça les sourcils et commenta :

— Je me demande si vous n'êtes pas un peu trop soumise à votre mère, chère Elinor.

— Non, pas du tout, je vous assure.

Elle n'en dit pas plus. En fait, elle savait bien que, si elle vivait en bonne intelligence avec cette femme au caractère bien trempé, c'était uniquement parce qu'elle ne s'opposait jamais à elle. En outre, Elinor n'était pas décidée à prendre son envol, aussi, elle n'avait plus qu'à se soumettre. Elle n’osait imaginer quelle serait la réaction de Lady James si elle se rebellait un jour.

— Nous approchons de chez vous et vous feriez mieux de remettre votre chapeau, conseilla Theo. Il vous va si bien que nous lui éviterons le feu de joie.

— Quel feu de joie ?

— Celui dans lequel nous allons brûler vos vieilles robes couleur de ciel d’hiver, pardi !

— Vous êtes décidément aussi despotique que mère ! s’insurgea-t-elle en montant dans le cabriolet.

— Vraiment ? Pourtant j’avais cru comprendre que ma tante n’avait aucun pouvoir sur vous ?

— En voilà assez ! Je ne brûlerai pas mes robes, un point c’est tout.

— Mais alors, qu’allez-vous en faire ?

— Je les donnerai à la servante, qui d’ailleurs les vendra probablement.

— Très bonne idée ! Personnellement, je serai ravi de les voir disparaître.

— En fait, vous êtes un homme conciliant, pétri de douceur et de raison, n’est-ce pas ?

— C’est assez juste.

Tandis que le cheval grimpait la longue côte vers la basilique, Elinor chercha dans sa tête la réplique qui ferait mouche. Sans succès, hélas !

Comme son cousin allait garer son cabriolet au plus près de la maison, elle s’empressa de l’en dissuader.

— Vous pouvez me déposer ici.

— Et votre attirail ?

Il fit signe à un vagabond assis sous un arbre et lui cria en lui lançant une pièce :

— Eh, vous ! Prenez les affaires de cette dame et portez-les chez elle.

Tandis que l'homme s'exécutait, Theo aida Elinor à descendre de voiture.

— Donc, à demain 10 heures, lui rappela-t-il.

— Merci pour cette journée, murmura-t-elle.

— Et pour les nouvelles robes ?

— A ce propos, je réserve encore mon jugement, conclut-elle en emboîtant le pas à son porteur.

Theo vit son complice Hythe sortir d'un recoin et d'un signe de tête l'invita à suivre Elinor. Alors, il rabattit son chapeau sur ses yeux et s'adossa au siège du cabriolet en faisant mine de s'assoupir. Un stratagème qui lui avait toujours réussi !

Il se félicitait de la journée passée en compagnie de sa cousine. Une journée particulière, certes, mais très plaisante. En vérité, la compagnie d'Elinor lui avait donné envie de contribuer avec elle aux travaux de recherche de tante Louisa. Ainsi, il la verrait plus souvent.

Eprouvait-il un tendre sentiment pour elle ?

Non. C'était autre chose.

Il trouvait Elinor intelligente, lui reconnaissait des talents d'artiste et… l'estimait assez séduisante. Mais s'en rendait-elle vraiment compte ? En fait, elle avait si peu conscience de son charme que c'en était touchant.

Sans doute n'avait-elle guère reçu d'hommages masculins jusque-là car elle n'avait aucune méfiance à l'égard des hommes. Avec lui, tout au moins, elle était détendue et confiante. En réalité elle se cachait volontiers derrière le masque d'un bas-bleu et il respectait cette attitude.

Theo songea à toutes les libertés qu'il aurait pu prendre avec elle en cette journée. La sensation de sa taille si mince sous ses mains, celle de ses longs cheveux sous ses doigts, et sa façon de s'abandonner dans l'herbe. Tout cela le troublait encore, tout comme le contact de sa petite main dans la sienne sur le chemin du retour.

Tandis que ces images défilaient dans sa tête, il aperçut son compère Hythe qui venait vers lui.

— C'est la même cousine, patron ? s'enquit celui-ci.

— La même ? Que veux-tu dire ?

— Hier je la trouvais un peu triste, et aujourd'hui il y a comme une étincelle dans ses yeux.

— Elle avait besoin de prendre l'air et de recevoir quelques compliments, c'est tout. Changement d'herbage réjouit les veaux ! Je suis persuadé qu'elle va plaire au comte Léon. Cette visite au château va la distraire un peu de ses dessins.

Theo se demanda soudain s'il n'était pas risqué, voire dangereux, d'emmener sa tante et sa cousine à Beaumartin. Il balaya aussitôt cette crainte. Même en supposant que le comte lui ait volé cet… *objet* qu'il n'osait même pas nommer, il n'y avait aucun risque pour Elinor et sa mère. Après tout, le comte Léon était un gentilhomme. Bien sûr, ce n'était pas un ange…

Theo n'arrivait toujours pas à croire cet aristocrate au-dessus de tout soupçon capable de tuer son propre père ! Et de l'assommer, lui ! Quoi qu'il en soit, si le comte Léon était innocent, le danger surviendrait lorsque le voleur du fameux objet, source de toutes les convoitises, tenterait de le revendre au comte.

Il s'assura que son pistolet était toujours là, bien au chaud dans sa ceinture, puis vérifia que les deux couteaux étaient à leur place dans ses bottes. Armé de la sorte, Theo ne craignait rien ni personne. Cette idée le fit sourire.

— Bonsoir, ma fille, marmonna Lady James sans quitter son texte des yeux.

Un vase garni de roses en main, Elinor chercha un endroit où le poser et finit par opter pour la cheminée.

— Bonsoir, mère. Avez-vous passé une bonne journée ?

— Assez bonne, ma foi. Tes croquis sont acceptables, et je ne pense pas qu'ils seront à refaire. Comment as-tu trouvé l'église de Saint-Père ?

— Elle est moins ancienne que vous ne le pensiez. Tout près de là on voit encore les ruines de la première église, mais il n'en subsiste rien d'intéressant.

— Tu y as passé beaucoup de temps, il me semble.

— J'ai fait une petite promenade avec le cousin Theo, et je dois dire que cela m'a fait grand bien après deux heures passées à dessiner.

— Je comprends. Donc, dans l'ensemble, tu es contente de ta journée ?

Lady James posa sa plume, visiblement satisfaite du paragraphe qu'elle venait d'achever.

— Mais qu'as-tu fait à tes cheveux ? questionna-t-elle en écarquillant les yeux.

— Oh, mon filet s'est pris dans une branche basse, et comme je n'avais pas d'épingles sous la main je me suis fait des tresses.

Soucieuse de ne rien cacher à sa mère, elle s'empressa d'ajouter :

— J'ai aussi commandé deux robes chez la couturière du village. C'est la logeuse de Theo, une femme charmante.

— Rien d'extravagant, j'espère ? Tu as pourtant de quoi te vêtir, pour le moment.

De l'avis de Lady James, la mode était non seulement un caprice de jeune femme, mais une véritable drogue et une source de dépenses inutiles.

— Elles sont tout à fait dans mes moyens, mère, et de plus elles conviennent en toutes circonstances. Sincèrement, je crois avoir fait une affaire.

Déjà, Lady James ne l'écoutait plus, absorbée qu'elle était par un nouveau texte à rédiger. D'habitude, en pareil cas, Elinor quittait les lieux et laissait sa mère travailler en paix. Mais aujourd'hui c'était différent. Après sa longue conversation avec son cousin, elle avait envie d'échanger des idées. Aussi ce silence l'indisposait-elle.

— Vous savez, mère, cousin Theo m'a confié qu'il y avait un très beau château à Saint-Martin, le village voisin de Saint-Père. Theo est souvent reçu chez le comte qui l'habite, et il m'a assuré que nous pourrions l'accompagner dès demain si nous le souhaitons.

— Hum ! fit Lady James en posant de nouveau sa plume.

S'il s'agit du château de Beaumartin, comme je le pense, j'en ai déjà entendu parler. Je crois qu'il renferme une chapelle qui est le seul vestige de l'ancienne forteresse. De toute façon, demain je ne suis pas libre.

— Zut ! C'est précisément demain que Theo doit rendre visite au comte. Il dit que l'occasion ne se représentera pas de sitôt et que, si nous voulons voir ce château, il va bien falloir nous rendre libres.

— Décidément, Theo n'a aucune idée de ce qu'est mon travail ni de la discipline qu'il exige, gronda Lady James avec humeur. Eh bien, soit ! Nous irons voir ce château. Je n'aurais jamais imaginé devoir m'accommoder de l'emploi du temps de mon scélérat de neveu.

— Je ne pense pas que Theo rende visite au comte par plaisir, mère. J'ai cru comprendre qu'ils étaient en affaires. Vous savez, j'ai pu constater aujourd'hui que notre cousin était un véritable artiste…

Elinor s'interrompit en se disant que ce n'était pas là le meilleur argument pour attirer à son cousin l'estime de sa tante. En outre, Theo se moquait joliment de ce que Lady James pensait de lui.

— Theo passera nous prendre demain à 10 heures, conclut-elle.

— Vraiment ? C'est un peu tôt. Alors, puisque nous devons passer la journée de demain au château, il faut nous mettre au travail, ma fille. Les épreuves de mon texte ne peuvent attendre, d'autant que je ne fais guère confiance au service postal français. Même si, et c'est regrettable à dire, depuis que le tyran corse dirige ce pays, l'acheminement du courrier s'améliore !

— Bien. Je vais juste me laver les mains et je vous rejoins, mère.

Elinor aurait volontiers passé un moment à retoucher les croquis qu'elle avait faits dans la journée, mais il fallait obéir. Elle pensa au portrait qu'elle avait fait de son cousin en train de dessiner, par exemple, ou à cet autre où il était allongé près de la rivière, son chapeau rabattu sur le nez. Elle était assez contente du résultat.

Peu importe, se dit-elle en ouvrant la porte de sa petite chambre, à l'étage.

Après tout, ces dessins seraient toujours là, dans son carnet de croquis, et elle gardait à la mémoire toutes les images de cette journée passée avec son cousin. Une exception, toutefois : le moment où elle s'était assoupie tandis qu'il la coiffait. Une somnolence semblable à celle qui s'emparait d'elle parfois à la pointe du jour, quelques instants d'abandon, comme une parenthèse dans sa vie.

Elinor fit une rapide toilette à l'eau froide et ne songea même pas à se regarder dans la glace, ce qu'elle faisait rarement, d'ailleurs. Pourtant, au moment de prendre sa serviette, elle osa un rapide coup d'œil dans le miroir et ce qu'elle y vit la surprit : elle avait un coup de soleil disgracieux sur le nez et les joues en feu ! Quant à sa coiffure… Elle eut soudain l'impression d'avoir rajeuni de deux ans, au moins. Peut-être parce qu'elle souriait en se mirant, ce qui n'était pas dans ses habitudes. Ou bien était-ce parce que…

Elinor redevint grave, mais curieusement cela ne changea rien à son expression. Elle était comme… embellie. Pourquoi ? Peut-être à cause de ces mèches cocasses qui pendaient le long de ses joues et de ces boucles folles sur son front ?

En fait la beauté n'était pas le premier souci des filles trop studieuses constamment plongées dans les vieux grimoires. En revanche, Elinor constatait avec plaisir que ses cheveux acajou qu'elle n'aimait guère avaient pris un aspect assez plaisant. Par ailleurs, ce léger hâle sur son visage avait au moins l'avantage de faire oublier ses taches de rousseur.

Comment l'aurait-on accueillie cinq ans auparavant pour sa première et regrettable apparition en société si elle avait été coiffée de la sorte ? Qu'importe. Elle savait déjà à l'époque qu'elle serait la cadette vouée à passer sa vie auprès de sa mère. D'ailleurs, Elinor avait en ce temps-là une telle passion pour les études que cela suffisait à éloigner les garçons. Elle ignorait alors que, pour plaire, elle aurait dû s'effacer devant tous ces aristocrates dont la conversation était le plus souvent d'une banalité affligeante. En fait, elle n'avait jamais pu accepter de se montrer inférieure à ces arrogants, et ce n'était pas plus mal car elle ne se voyait pas dans le rôle d'une épouse soumise.

Elinor renonça à mettre son tablier de travail, estimant que sa robe grise ferait l'affaire, et descendit rejoindre sa mère en fredonnant.

Tout en descendant l'escalier, elle se dit qu'après tout ce traité de « Comparaison entre les deux périodes de l'architecture des églises d'Angleterre au XIe siècle » ne l'intimidait pas vraiment.

*
* *

— Des roses roses ! s'exclama Lady James en examinant de plus près les fleurs qui ornaient le chapeau de paille de sa fille.

— Oui, mère.

— Et des rubans rouge vif ! Y songes-tu, ma petite ?

— Ces rubans sont assortis à ma robe, mère, fit remarquer Elinor, et ces roses sont charmantes, n'est-ce pas ? Souvenez-vous que j'ai fait faire cette toilette sur les conseils de cousine Belinda, et il m'a semblé qu'elle conviendrait à notre première visite au château.

— Hum ! Je me demande quelle idée ce vaurien de Theo peut bien avoir derrière la tête ? soupira Lady James, alors que 10 heures sonnaient au clocher de la basilique.

— Ah, le voici justement, mère ! annonça Elinor en se penchant à la fenêtre. Bonjour, cousin Theo. Comme vous êtes élégant ce matin !

— Que dire de vous, chère cousine ? Vous êtes rayonnante.

Il ôta son chapeau et exécuta une sorte de révérence sous le regard moqueur des jeunes filles qui passaient dans la rue. Avec son pantalon couleur fauve, son gilet de soie jaune et sa redingote bleu nuit, Theo ne passait pas inaperçu. Nul n'avait jamais rien vu de tel dans les rues du village de Vézelay un jour de semaine.

— Avez-vous allumé ce feu de joie ? questionna-t-il en riant.

Au même instant, Jeanie, la servante écossaise de Lady James, sortit de la maison en serrant sous son bras un balluchon.

— Ce n'était pas nécessaire, comme je vous l'ai dit, répondit Elinor. Voyez vous-même : Jeanie va porter mes vieilles robes chez le fripier.

— Elinor, as-tu l'intention de converser avec ton cousin par la fenêtre comme une servante ? Crois-tu que tout Vézelay doit savoir ce que tu fais de tes robes ?

— Si vous êtes prête, nous pouvons partir, mère.

— Bien sûr que je suis prête, et depuis longtemps.

Comme elles retrouvaient Theo sur le pas de la porte, Lady James s'enquit d'un ton peu amène :

— Qui sont ces amis auxquels tu comptes nous présenter, Theophilus ?

— Bonjour, ma tante. Ce ne sont pas précisément des amis. A vrai dire je ne connais pas la famille du comte. J'étais en affaires avec son père, juste avant sa disparition. Il est mort au début de cette année, et il y a de ce fait quelques complications dont j'aimerais m'entretenir avec son fils.

La tante ouvrit son ombrelle, prit le bras que Theo lui offrait, puis ils s'engagèrent dans la rue tandis qu'Elinor fermait la porte.

— Le comte Léon est à peu près de mon âge, indiqua le cousin, et il vit le plus souvent en Angleterre.

— Il semble que son père ait eu le bon goût de mourir à temps ! observa tante Louisa.

— Un pressentiment, je suppose. Il a transféré sa fortune dans une banque anglaise et tous ses objets de valeur sont en sécurité quelque part en France. Bien sûr, les terres et les châteaux de la famille ont été saisis pendant la Révolution et la plupart des meubles et objets d'art qu'ils contenaient, dispersés.

— Et en quoi consistent tes *affaires* avec le comte ?

— Mère ! soupira Elinor, exaspérée par le ton inquisiteur de sa mère.

— Eh bien… je dois l'aider à retrouver ces biens dispersés, précisément. J'ai déjà obtenu de bons résultats. Surtout pour les tableaux. Ils sont évidemment plus faciles à identifier que les meubles.

— Ah ! Donc, tu sais où aller dénicher toutes ces œuvres d'art ? s'enquit la tante, tout heureuse d'épingler son neveu sur la nature de ses activités.

Theo ne répondit rien, ce qui ne fit que renforcer les doutes d'Elinor sur l'intégrité du personnage.

La berline de Theo les attendait au pied de la colline. Elinor s'interrogea : cette voiture lui appartenait-elle ou l'avait-il louée ? Bien résolue à ne pas poser de questions indiscrètes, elle accepta la main de Theo qui l'aidait à monter.

L'intérieur du véhicule était richement capitonné et le sol recouvert d'un épais tapis. Il y avait des pochettes à rabat sur les contre-portes, ainsi que des tiroirs destinés à recevoir des pistolets.

Elinor en conclut que cet équipage ne pouvait qu'appartenir à son cousin, tant ce dernier avait le goût du luxe. Mais quelle existence menait-il donc pour posséder une pareille voiture ?

En levant les yeux, elle croisa le regard soupçonneux

de Theo. L'artiste nonchalant d'hier s'était soudain mué en gentilhomme, un rôle qu'il tenait avec un brio exceptionnel.

— J'admirais le décor de votre voiture, cousin, précisa-t-elle en réponse à son regard interrogateur.

— Vous aviez deviné que cette luxueuse berline m'appartenait, n'est-ce pas ?

— Je commence à connaître votre goût pour les belles choses, mon cher.

Il sourit à ce compliment.

— Sommes-nous encore loin du château, Theophilus ? s'enquit Lady James, visiblement impatiente d'arriver à destination.

— Encore cinq miles, environ, ma tante. Oserais-je vous demander de m'appeler simplement Theo ?

— Certainement pas ! Je n'aime pas les diminutifs, c'est d'un vulgaire.

Il fit un clin d'œil si comique à Elinor que celle-ci réprima de justesse un éclat de rire.

— Parlez-nous de cette chapelle, mère, dit-elle dans l'espoir de détendre un peu l'atmosphère. Nous ne pourrons en apprécier vraiment les richesses que sous votre conduite, vous le savez.

Cette fois, Theo fit une telle grimace qu'elle dut porter la main à ses lèvres pour dissimuler son sourire. Dieu merci, Lady James ne remarqua rien dans la pénombre de l'habitacle.

***

Theo fit en sorte de recouvrer tout son sérieux comme la voiture franchissait le grand portail et pénétrait dans la cour du château.

— Je les ai fait prévenir hier de notre visite, précisa-t-il. En principe, nous sommes attendus.

A peine venait-il d'achever sa phrase que la grande porte d'entrée à deux battants s'ouvrit. Un jeune homme apparut, immédiatement suivi de deux femmes en habits de deuil.

C'est quand elle fut en haut des marches du perron qu'Elinor découvrit le visage de leur hôte. Le comte Léon de Beaumartin était le plus bel homme qu'elle ait jamais vu.

Chapitre 5

Un peu stupéfié par la fascination de sa cousine pour le maître de maison, Theo se souvint tout à coup qu'il était temps pour lui de faire les présentations.

— Tante Louisa, puis-je vous présenter le comte Léon de Beaumartin. Monsieur, voici ma tante, Lady James Ravenhurst, et miss Ravenhurst, ma cousine.

— Monsieur Ravenhurst, répondit leur hôte, je suis ravi de faire enfin votre connaissance. Hélas, mon père n'a guère eu le temps de me parler de vous.

Theo remarqua que le regard du jeune comte s'attardait volontiers sur Elinor, alors que Lady James n'avait droit qu'à une légère inclination de la tête.

Pourquoi diable était-elle si rayonnante ce matin ?

— Lady James, miss Ravenhurst, reprit le comte, permettez-moi de vous présenter ma mère, la comtesse Christine, et Mlle Julie de Falaise.

Theo s'inclina devant les dames, tandis que tante Louisa et sa fille esquissaient une révérence. Tout cela était fait dans le plus pur respect des convenances.

Il ne restait plus à Theo qu'à obtenir une invitation à rester sur place de façon à pouvoir inspecter le château de fond en comble. Il était là pour ça après tout, même si, curieusement, son enthousiasme pour cette mission commençait à décliner. Etait-ce en raison de la correction qu'il avait reçue le jour où *l'objet* lui avait été volé ? Ou était-ce parce que sa cousine avait éveillé en lui un intérêt qui le détournait de ses préoccupations ?

— Allons prendre le café, proposa la comtesse en les priant de s'avancer dans le hall dallé de pierre.

— Ma tante est spécialiste des vieilles demeures, crut bon de préciser Theo. Comme je l'ai expliqué au comte dans ma lettre, le but de notre visite est avant tout de voir la chapelle du château.

La comtesse fit halte et souligna avec un large sourire à l'intention de Lady James :

— Cette chapelle est l'orgueil de notre famille, madame, et je serai ravie de vous la montrer.

Elle parlait couramment l'anglais, tout comme son fils, malgré un fort accent français. Celui du comte, en revanche, était plus léger et de nature à mettre deux Anglaises en émoi.

Surtout Elinor ! songea Theo, avec un pincement au cœur.

— Je suis très impatiente de découvrir ce sanctuaire, déclara tante Louisa tout en confiant son ombrelle à un serviteur.

— Avant le café ? s'enquit la comtesse, visiblement surprise par tant de hâte.

— Pourquoi pas ?

— Alors, veuillez me suivre, je vous prie.

Ils franchirent une porte étroite et gravirent les marches

d'un escalier en colimaçon à l'intérieur d'une tour. Theo les suivit, curieux de découvrir la disposition des pièces du château, élément essentiel pour sa mission. En effet, plutôt que de parcourir les couloirs une lanterne en main, il entendait profiter de cette occasion pour repérer les lieux à la lumière du jour.

Plusieurs portes ouvraient sur l'escalier à vis, et quand ils atteignirent ce que Theo estimait être le troisième étage la comtesse s'arrêta. Elle les précéda dans un couloir sombre, puis dans une petite pièce inondée de lumière.

Theo, que rien ne surprenait d'habitude, fut frappé par les vitraux à dominante de rouge et de bleu qui occupaient tout le chœur de la chapelle. De part et d'autre de l'autel se dressaient des colonnes aux chapiteaux sculptés.

— Comme ces chapiteaux ressemblent à ceux de Vézelay ! remarqua Elinor en s'avançant pour mieux les examiner. Et ils sont en parfait état de conservation.

Lady James, quant à elle, en resta muette quelques instants, ce qui n'était pas dans ses habitudes.

— Il faut absolument que je les étudie, déclara-t-elle enfin. Et en détail !

S'approchant discrètement de sa cousine, Theo lui glissa à l'oreille :

— Débrouillez-vous pour faire en sorte que nous passions la nuit ici.

Un peu surprise, tout d'abord, Elinor acquiesça d'un signe de tête.

Le comte s'avança alors vers Theo.

— Etes-vous vraiment intéressé par ces sculptures, Ravenhurst ? questionna-t-il, un brin dubitatif.

Theo se borna à lui sourire, feignant de croire qu'il plaisantait, et poursuivit la visite des lieux.

Il ne remarqua rien dans la disposition des pierres qui puisse indiquer un passage secret, et en fut un peu déçu bien que cette découverte ne soit pas surprenante : seul un mécréant aurait osé pratiquer une ouverture en un lieu sacré.

Theo repéra toutefois une autre porte. Elle était face à celle par laquelle ils étaient entrés dans la chapelle.

Il s'approcha du comte et murmura :

— Si nous laissions ces dames entre elles quelques instants ? Je voudrais vous dire un mot en particulier.

Il indiqua la porte d'un geste et s'enquit :

— Par ici, peut-être ?

Le comte Léon actionna alors le loquet et ils pénétrèrent dans un large couloir. Theo regardait de tous côtés, soucieux de garder à la mémoire le moindre détail.

L'hôte des lieux ouvrit enfin une lourde porte à panneaux de chêne et ils pénétrèrent dans ce qui semblait être un bureau.

Theo se dit que ce devait être celui du comte défunt et que son fils n'y avait probablement rien changé. Il s'assit sur la chaise que lui désignait son hôte qui d'ailleurs ne daigna même pas lui proposer un verre.

— A quoi devons-nous le plaisir de votre visite, monsieur Ravenhurst ? s'enquit Léon de Beaumartin. Votre lettre manquait de détails sur ce point, hormis l'intérêt de votre tante pour l'architecture, bien sûr. Je ne sais si je me trompe, mais j'ai l'impression que votre visite cache quelque chose d'autre…

Le comte s'installa face à lui dans la chaire à haut dossier sculpté aux armes de la famille et croisa les mains sur le bureau.

— Vous savez sans doute que j'ai aidé votre père, le comte défunt, à retrouver quelques meubles et tableaux de votre famille dispersés sous la Révolution ?

— En effet.

— Parmi ceux-ci, il y avait une pièce que je souhaitais acquérir, continua Theo. Un *objet* qui est demeuré caché pendant l'exil des Beaumartin et que j'aimerais récupérer par tous les moyens.

Il observa attentivement son hôte, cherchant à deviner s'il était ou non au courant de cette affaire.

Theo avait effectivement acheté cet objet au père de Léon, mais des voleurs lui étaient tombés dessus alors qu'il faisait route vers l'Angleterre et l'objet lui avait été dérobé. Il n'avait même pas pu voir le visage de son agresseur. Et si c'était l'homme assis en face de lui ?

— Si vous faites allusion à l'objet auquel je pense, monsieur Ravenhurst, il a disparu, l'informa le comte. Mon père a été assassiné le lendemain de son arrivée à Paris. Il était porteur de cette pièce soigneusement dissimulée jusqu'alors dans ce château. Il comptait peut-être la vendre, mais la somme représentant la valeur de l'objet n'a pas été retrouvée sur lui. Pas même dans sa maison de Paris, ni chez notre banquier.

Léon de Beaumartin hocha tristement la tête en ajoutant :

— J'ai du mal à croire que mon père ait pu vendre ce souvenir de famille, tant il y était attaché. Et cependant c'est une réalité : il a disparu.

— Je peux, pour ma part, vous assurer que votre père comptait s'en défaire, objecta Theo.

Il se prit à douter de la sincérité du comte. Ou bien l'homme était excellent comédien, ou il ignorait vraiment que son invité était l'acheteur.

— Quelle est l'utilité d'un bien reçu en héritage si vous ne pouvez en jouir ? reprit-il. Un bien sur lequel les dames de cette maison n'ont jamais eu le droit de poser les yeux, d'après ce que j'ai cru comprendre. Votre père avait l'intention de le vendre parce qu'il avait besoin d'argent et moi je désirais l'acheter pour un collectionneur anglais prêt à le payer au meilleur prix.

Lequel collectionneur a effectivement payé l'objet et attend toujours qu'il lui soit livré, songea Theo.

En fait, personne à part Theo et trois autres amateurs qui convoitaient cette pièce n'était au courant de cette transaction. Et, parmi eux, une femme qui avait partagé son lit. Or, ni celle-ci ni le couple anglais intéressé par cette vente ne savaient qu'il était venu à Paris pour cet achat.

— Peut-être votre père l'avait-il déjà vendu ? suggéra Theo. N'avez-vous pas trouvé de reçu sur lui ou dans son bureau ?

— Nous n'avons trouvé aucun reçu sur mon père ni dans ses affaires, confirma Beaumartin.

— Dans quelles circonstances monsieur le comte est-il mort ?

— Il est mort après avoir reçu un coup très violent à la tête. Nous avons prétendu que sa mort était due à une mauvaise chute pour faire taire les mauvaises langues.

En fait, papa gisait devant la cheminée lorsque nous l'avons retrouvé, le crâne fracassé sur la plaque du foyer. Il a dû mourir sur le coup.

Léon s'interrompit un instant, puis concéda, malgré la douleur que lui causait ce drame :

— Il est vrai que cela aurait pu passer pour un accident. Quoi qu'il en soit, je compte bien retrouver au plus vite le calice des Beaumartin.

Il leva alors les yeux vers Theo et questionna :

— Je sais ce que vous pensez, monsieur Ravenhurst. Vous êtes persuadé que j'ai tué mon propre père, n'est-ce pas ?

C'était exactement ce que pensait Theo, en effet. Pour lui, il ne faisait aucun doute que Léon de Beaumartin s'était violemment querellé avec son père, avait repris possession du fameux calice, et prétendait maintenant que le précieux objet avait disparu.

— Hélas, cela me semble d'une logique implacable, monsieur le comte. Vous avez âprement reproché à votre père d'avoir vendu le calice, et déclaré ensuite qu'un terrible accident s'était produit. C'est une coïncidence on ne peut plus fâcheuse…

Theo se trouva bien audacieux d'évoquer ouvertement l'existence du calice des Beaumartin après l'avoir gardé secret pendant des mois.

Les deux hommes se regardèrent un long moment en silence, puis le comte finit par baisser les yeux.

— Il est vrai que je me suis violemment opposé à mon père à ce sujet, confessa-t-il humblement. Mais cela s'est limité à un échange verbal. Par la suite, il a quitté

Beaumartin et je ne l'ai plus revu vivant. Je ne l'ai pas tué, je vous assure, même pas par accident.

— Bien sûr, bien sûr, murmura Theo, pas vraiment convaincu par cette version des faits. Pourquoi tenez-vous absolument à récupérer ce calice, hormis le fait que vous ne trouvez pas trace de l'argent qu'a rapporté sa vente. En supposant qu'il ait été vendu, et non volé.

— Je n'arrive pas à concevoir que ce souvenir de famille soit dans la nature alors qu'il porte notre nom, monsieur Ravenhurst. Il a fallu des années pour que les rumeurs de scandale qui entachaient la réputation des Beaumartin se taisent. Je ne tiens pas à ce que cet objet tombe entre les mains de gens indélicats. Vous me comprenez, je suppose ?

— Ce calice est une œuvre d'art et, à l'évidence, il ne peut intéresser qu'un grand collectionneur et non pas le premier vaurien venu.

— Cette chose est d'une obscénité révoltante ! s'exclama le comte Léon dans un sursaut de fureur.

— En effet. Et une obscénité de grande valeur ! De trop grande valeur pour se fondre dans la nature. Il est forcément quelque part où il ne tardera pas à resurgir.

— Si je le retrouve un jour, je le mettrai en sécurité dans un coffre de banque. Mon père, et le sien avant lui, l'a gardé ici même, dans ce château, en un lieu tenu secret. Ce n'est qu'après la mort de papa que j'ai constaté la disparition du calice.

Ce serait fort dommage qu'un tel chef-d'œuvre soit confié à une banque ! songea Theo.

En fait, son client, qui lui avait déjà payé le calice, en

était désormais propriétaire, même si le comte n'était pas d'accord avec ce raisonnement. Or, Léon de Beaumartin n'accepterait même pas l'argent de la transaction. Tout ce qu'il réclamait, c'était son bien qui lui revenait par héritage. Et, visiblement, il avait pour habitude d'obtenir ce qu'il voulait !

Ils étaient donc dans une impasse.

Le comte savait pertinemment que son invité n'était pas en possession du calice et que, s'il était venu à Beaumartin, c'était pour tenter de le retrouver. Par ailleurs, Theo était tenté de croire le propriétaire quand celui-ci affirmait que le calice n'était plus au château et qu'il n'avait pas tué son propre père. Toutefois, il avait suffisamment d'expérience dans le commerce des objets d'art pour savoir qu'il ne fallait faire confiance à personne.

Et si Beaumartin l'avait fait assommer dans le but de récupérer ce trésor familial ?

En fait, Theo ne prenait pas le comte au sérieux quand celui-ci affirmait qu'il mettrait le calice dans un coffre de banque. Léon était un traditionaliste, aussi préférerait-il garder l'objet bien caché au château comme il l'avait été pendant des siècles.

Il entendait bien mener l'enquête jusqu'au bout.

— Si nous allions rejoindre ces dames ? proposa-t-il.

— Très volontiers. Votre cousine est vraiment délicieuse, cher monsieur Ravenhurst. Tous les membres de votre famille sont-ils roux ?

Theo fut tenté de lui envoyer son poing sur le nez pour s'intéresser d'un peu trop près à Elinor, mais il se ravisa.

— Non. Certains sont bruns et d'autres d'un noir de

jais, répondit-il. Cependant, je dois admettre que les roux sont les plus nombreux.

— Avec le caractère qui leur est propre, je suppose ?

— Nous avons appris depuis longtemps à nous en accommoder, monsieur !

Mais ne vous avisez pas de tester le mien, songea Theo.

Le comte lui indiqua le chemin à suivre par un couloir tortueux qui débouchait sur le hall d'entrée.

Avec ses innombrables corridors, cette maison faisait vraiment songer à un terrier !

Ces dames étaient installées dans un salon du plus pur style baroque aux lambris blancs rechampis d'or. Il y régnait une vive clarté qui faisait un peu oublier les salles sombres de la partie médiévale du château. De grandes portes-fenêtres s'ouvraient sur la terrasse et les pelouses qui s'étendaient jusqu'à la rivière.

Elinor se retourna comme ils entraient.

— Cousin Theo, savez-vous que Mme de Beaumartin nous invite à assister à la réception qu'elle donne la semaine prochaine. Quelle délicieuse attention, n'est-ce pas ?

— Délicieuse, en effet. En ce qui me concerne, j'accepte avec grand plaisir.

— Ce sera une réception très anglaise, précisa la comtesse. Sir Ian et Lady Tracey se joindront à nous.

Elle se tourna vers Theo et s'enquit :

— Peut-être les connaissez-vous ? Je les ai rencontrés à Paris peu de temps après le décès de mon cher époux. Ils ont été si bons avec moi alors que je me sentais si seule et désemparée dans cette grande ville.

Les Tracey ? Ici ? s'étonna Theo. *Savaient-ils qu'il était là ou allaient-ils avoir la mauvaise surprise de le découvrir parmi les invités ?*

En tout cas, si les Tracey venaient à Beaumartin, c'était parce qu'ils étaient encore à la recherche du précieux calice. Et, si le comte Léon ne l'avait pas récupéré, il n'y avait plus qu'une personne susceptible de le détenir…

Le sang de Theo ne fit qu'un tour.

Il se jura de retrouver Ana et de lui tordre le cou !

— En effet, j'ai déjà rencontré les Tracey une ou deux fois, confessa-t-il.

Theo se souvenait surtout avoir soudoyé leur cocher pour qu'il les perde sur une route au sud de Paris. Là, au milieu de nulle part, le serviteur à sa solde avait provoqué la rupture d'un essieu et les malheureux voyageurs s'étaient retrouvés en panne.

— Je suis même très impatient de les revoir, ajouta-il avec une bonne dose de cynisme.

Elinor lui lança un coup d'œil soupçonneux, certaine qu'il cachait quelque idée perfide sous ces propos en apparence courtois.

— Avez-vous d'autres invités en dehors des Tracey ? questionna-t-elle en se tournant vers le comte.

— Quelques proches parents, répondit-il en prenant place auprès d'elle sur le canapé. La maison est grande, aussi, nous pouvons recevoir beaucoup de monde. C'est toujours un plaisir d'organiser ce genre de réceptions.

Il lança alors un étrange regard à Theo, puis sourit de nouveau à Elinor.

Mlle Julie, qui avait suivi son regard, se mordit la

lèvre et dans son trouble entama une conversation sans intérêt avec Lady James.

Visiblement, elle ne supportait pas que le comte s'intéresse à une autre femme, songea Theo. Lui non plus d'ailleurs, et surtout pas lorsqu'il s'agissait de sa cousine !

Cette pointe de jalousie l'étonna lui-même. Il se dit que c'était sans doute un réflexe habituel chez lui. En effet, il s'était fait un devoir de garder un œil sur ses sœurs quand un homme s'approchait d'elles. Mais Elinor n'était pas sa sœur !

Tante Louisa remit ses gants.

— A lundi, donc ! dit-elle en se levant. Je suis impatiente de vous revoir, madame la comtesse. Viens, Elinor, nous avons mille choses à faire.

— Vos bagages, peut-être ? suggéra Mlle Julie.

— Non, pas du tout, rétorqua Lady James. Je dois achever les travaux sur la basilique de Vézelay.

Un peu intimidée par cette réponse, la jeune fille baissa les yeux, apparemment indifférente au sourire triomphal que lui décochait Elinor.

— Bien, voilà qui est parfait ! déclara Lady James en remontant en voiture. Tout cela va me permettre de prendre une confortable avance dans mes recherches. De plus, ce que j'ai vu dans la chapelle du château devrait enrichir considérablement le chapitre quatre de mon ouvrage.

Elle tira son carnet de son réticule et commença à écrire, à peine dérangée par les soubresauts de l'attelage.

— Eh bien, Elinor, vous n'avez pas perdu de temps pour obtenir une prochaine invitation chez le comte, remarqua Theo d'un ton perfide.

Elinor se tourna vers Theo. Que lui arrivait-il ? Après tout, cette invitation allait dans son sens. La perspective d'une réception au château n'était sûrement pas pour lui déplaire.

— Reconnaissez que c'est grâce à moi que vous avez été convié à cette fête. Ainsi vous pourrez conclure vos mystérieuses affaires avec Léon de Beaumartin.

— Hum… J'en doute. Il ne m'aime pas beaucoup et il sent que c'est réciproque.

— Vraiment ? Il est vrai que j'ai perçu une légère tension entre vous, mais je l'ai attribuée à la teneur de vos transactions.

Le terme « tension » était faible, pensa-t-elle. Elle voyait le comte sous les apparences d'un dragon et Theo sous les traits de l'ange saint Michel soucieux de le terrasser.

— Léon de Beaumartin est un hôte charmant et très séduisant, je dois dire, reprit-elle d'un ton léger.

Theo la foudroya du regard, mais se borna à une seule question.

— Qui est Mlle Julie ?

— Je ne sais pas. Une lointaine parente de la comtesse, je suppose ? Elle semble se comporter en dame de compagnie avec elle.

Tandis que Theo se murait dans le silence, Elinor se souvint d'un détail qu'elle avait noté à l'aller.

— L'homme qui conduisait notre voiture est bien celui

dont vous avez loué les services l'autre jour, n'est-ce pas ? Celui qui a déposé mes affaires chez moi ?

— C'est exact.

— Il vous est très fidèle, semble-t-il.

— Oui.

— Et vous l'employez depuis longtemps, je présume ?

Theo se borna à acquiescer d'un signe de tête.

Sa cousine fut tentée de lui demander pourquoi son acolyte rôdait constamment en ville comme un vagabond, mais elle se ravisa.

Pas devant sa mère, se dit-elle.

Theo lui sourit comme s'il lui savait gré de renoncer à poser d'autres questions.

Et ce sourire était le seul signe encourageant qu'il lui accordait depuis le matin.

— Elinor, vous pourriez faire halte chez la couturière pour essayer vos nouvelles robes ? suggéra Theo alors que leur voiture entrait dans Saint-Père.

Ils savaient pourtant l'un et l'autre que la couturière n'était pas avancée dans son travail au point de procéder au premier essayage. Seule Lady James, bien éloignée de ces préoccupations, ne trouva rien d'anormal à la proposition de son neveu.

— Quelle bonne idée ! s'exclama Elinor avec un enthousiasme surprenant. A condition, bien sûr, que vous acceptiez de me raccompagner ensuite à Vézelay dans votre cabriolet.

— Naturellement, ma chère. Qu'en pensez-vous, tante Louisa ?

— Comment ? Euh... oui, pourvu qu'Elinor ne perde pas trop de temps en futilités.

Ils descendirent donc et Theo regarda s'éloigner la voiture dans laquelle tante Louisa restait seule avant de prendre la clé dans sa poche et d'ouvrir la porte de son logis.

— La couturière n'est pas chez elle, n'est-ce pas ? questionna Elinor, l'air soupçonneux. Allez-vous me dire enfin ce que vous manigancez, Theo ? Vous avez un comportement curieux depuis que nous avons quitté le château.

— Rien d'inavouable, je vous assure. Il s'agit simplement de notre visite à Beaumartin. J'aimerais m'entretenir avec vous au sujet du comte. Je crois que vous devriez garder vos distances avec lui. En fait, je regrette de vous avoir priée de m'accompagner au château.

— Pourquoi ? fit-elle en relevant le menton. Le comte est un homme charmant comme vous avez pu le remarquer et il ne semble pas indifférent à mon charme.

— Si vous êtes une fervente adepte du baisemain, je comprends votre fascination pour lui !

— En outre, il est très séduisant et sa conversation est des plus plaisantes.

— Son accent français, je suppose ? Franchement, cousine, je m'étonne qu'une personne aussi sensée que vous succombe à ces futilités.

— Futilités ? Et qu'y a-t-il de mal à cela, je vous prie ? Je me réjouis que M. de Beaumartin soit un hôte aussi délicieux. Et, si vous ne me donnez pas de raisons sérieuses de m'éloigner de lui, j'en ferai volontiers mon ami.

Elinor observa son cousin qui demeurait muet, comme frappé de stupeur, puis s'enquit :

— Et, d'abord, qu'entendez-vous par « une personne aussi sensée que vous » ?

— J'estime que vous avez passé le stade des niaiseries d'une débutante.

— Vous me trouvez trop vieille, sans doute ? Vous ne voyez en moi qu'une vieille fille acariâtre ? Un bas-bleu qui n'a rien à dire à un jeune homme séduisant et courtois ? En fait, vous pensez que je suis assez stupide pour croire que le comte s'intéresse à moi ?

— Taisez-vous ! s'écria Theo, à mi-chemin entre la frustration et la colère.

— Restez courtois, je vous prie, rétorqua Elinor en haussant le ton.

Et, pour jeter un peu d'huile sur le feu, elle crut bon d'ajouter :

— Je suis sûre que le comte Léon ne se permettrait pas de me parler ainsi.

— Peut-être, mais il ferait ceci…

Et, sur ces mots, il l'attira brusquement à lui et prit furieusement ses lèvres.

Chapitre 6

Désarçonnée par cet assaut, Elinor ne trouva d'autre parade que de mordre cette langue qui tentait de se frayer un chemin entre ses lèvres. Et, pour achever de décourager Theo, elle lui écrasa le pied et le saisit par les cheveux.

— Si le comte Léon m'assaillait de la sorte, voilà ce que je lui ferais ! dit-elle en le repoussant.

Aussitôt, elle se précipita vers la porte, l'ouvrit et s'enfuit en courant dans la rue.

Deux fillettes qui jouaient à la poupée sur le trottoir l'observèrent avec stupéfaction alors qu'il partait à la poursuite de cette furie.

Une voisine qui secouait son tapis à sa fenêtre s'interrompit, voyant que la fugitive allait se heurter à une cavalière qui descendait la rue.

— Oh, pardonnez-moi ! s'excusa Elinor, désemparée.

— Ce n'est rien, madame, assura l'amazone avec un fort accent espagnol.

Mais, en apercevant Theo lancé à la poursuite de la jeune femme, la cavalière s'écria :

— Oh, Theo ! *Mi amor !*

— Ana ?

Il fallut à Theo quelques instants pour reprendre ses esprits. En effet, s'entendre appeler « Mi amor » par une passante après avoir subi les foudres d'Elinor était plutôt désarmant.

— Ana ? Mais… que fais-tu ici ? questionna-t-il enfin.

— Je suis sur tes traces depuis que tu as quitté la Picardie, Theo chéri. Ah, ça n'a pas été facile de te retrouver, crois-moi. As-tu revendu ce précieux objet au jeune comte de Beaumartin ?

— Je n'ai pas cet objet, et s'il était en ma possession je ne le vendrais pas, comme tu le sais fort bien.

Elinor qui suivait cette étrange conversation commençait à comprendre pourquoi son cousin était si mystérieux à propos de ses *affaires* avec Beaumartin.

— Comment cela, tu n'as pas cet objet ? s'étonna la cavalière.

— Je te répète qu'il n'est pas en ma possession, rétorqua Theo, agacé par son insistance. Est-ce bien clair ?

— Alors c'est que quelqu'un te l'a volé, mon pauvre chéri, repartit la femme dans un éclat de rire. J'espère que tu t'en es remis, mon amour ?

— J'ai le crâne assez solide, merci, répondit-il en songeant au coup qu'il avait reçu alors.

— S'il te plaît, Theo, serait-ce trop te demander que de me présenter cette personne ? intervint Elinor qui s'était approchée.

— Oh oui, mon amour, présente-nous ! renchérit la sémillante Espagnole que cette situation insolite semblait réjouir.

Elinor prit le temps d'observer la femme. Celle-ci était mince comme un fouet de cocher, avec de longs cheveux blonds et bouclés sous un chapeau à large bord. Elle était à l'évidence plus âgée que Theo, peut-être trente-cinq ans. Ou plus ?

Après tout, les hommes prenaient bien de jeunes maîtresses. Dès lors pourquoi cette femme se priverait-elle de prendre un jeune amant ?

— *Marquesa*, je vous présente miss Ravenhurst, ma cousine, déclara-t-il enfin. Elinor, voici la *Marquesa* Ana de Cordovilla.

— *Marquesa !* répéta Elinor en haussant les sourcils.

Certes, rencontrer une marquise à cheval, espagnole de surcroît, dans un village de Bourgogne avait quelque chose d'insolite. Avec Theo, il fallait décidément s'attendre à tout. Et même au pire !

— Charmante ! murmura la marquise en saluant à son tour. Une réunion de famille, en somme !

— Et vous venez juste de manquer ma mère, Lady James Ravenhurst, souligna Elinor.

Elle ajouta aussitôt :

— Nous habitons Vézelay avec notre personnel.

Theo ne put s'empêcher de sourire à cette dernière précision. En fait de « personnel », il s'agissait d'une unique servante. D'ailleurs, il n'y avait pas là de quoi impressionner la cavalière qui, visiblement, voyageait seule.

— Et vous, Theo, où habitez-vous ? s'enquit la *Marquesa*, l'œil brillant.

— A Vézelay, moi aussi, chez ma tante, mentit

Ravenhurst avec une aisance déconcertante. En fait, nous étions sur le point de rentrer, attendu que la couturière de miss Ravenhurst est absente.

Comme il prenait Elinor par le bras, celle-ci se crispa au contact de sa main. Tout d'abord tentée de se libérer, elle se ravisa.

— Et vous, *Marquesa*, où demeurez-vous ? questionna-t-elle en affectant un ton patelin.

— A Beaumartin, bien sûr !

— Vous êtes donc invitée par le comte, vous aussi ?

— Pas encore, mais cela ne saurait tarder, assura la *Marquesa*. J'ai sur moi une lettre d'introduction.

L'amazone releva le menton en concluant :

— Donc, nous nous verrons au château ?

Elle considéra Elinor du haut de sa monture en ajoutant :

— Je suppose que vous êtes une parente de Lord Sebastian Ravenhurst, bien sûr ? Quel homme fascinant !

Elle piqua sa monture de ses deux éperons et acheva dans un geste d'une ampleur magnifique :

— *Hasta luego !*

— Hum ! fit Elinor en suivant des yeux la cavalière qui s'éloignait au galop. Theo, pensez-vous que Sebastian et cette femme… ?

— C'est probable, répondit-il, encore ébranlé par cette rencontre inattendue. Je dois dire que Sebastian a mené joyeuse vie avant de connaître Eva. Cependant, Ana ne m'a jamais parlé de lui quand nous étions… Enfin, je veux dire qu'elle n'a jamais mentionné son nom devant moi.

— Nous ? Cette femme a bien dix ans de plus que vous ! remarqua-t-elle avec un brin de perfidie.

— Et alors ?

Elinor se crispa. Ses émotions se mélangeaient sans qu'elle puisse se dominer : elle était furieuse qu'il l'ait embrassée, intriguée par cette marquise et curieuse de découvrir ce que tramait véritablement Theo. Bizarrement, il lui semblait que la colère qu'elle ressentait était un peu liée à cette femme. Leur baiser l'avait troublée tout en la mettant hors d'elle.

— Alors, c'est tout simplement indécent ! finit-elle par objecter.

— Fariboles ! répliqua Theo en riant. Je vous trouve bien prude tout à coup, chère cousine.

— Prude ? reprit-elle, piquée au vif.

Il devait la trouver prude parce qu'elle avait refusé son baiser sauvage… Dans ce cas, le mot était tout à fait adapté.

Comme Theo s'avançait vers l'écurie, elle lui emboîta le pas.

— Non seulement la *Marquesa* a été la maîtresse de Sebastian et la vôtre, mais elle est mêlée aux affaires que vous menez avec le comte, je présume ?

Sans se troubler, Theo prit les harnais et entreprit d'atteler le cheval au cabriolet.

Il régnait dans l'écurie une bonne odeur de paille qui avait quelque chose d'étrangement apaisant. Hélas, ce n'était pas suffisant pour calmer Elinor.

— Ainsi, vous refusez d'admettre que vous avez aimé cette femme ?

— *L'amour* n'est pas seulement une affaire de cœur, Elinor.

— Donc, votre relation était uniquement sexuelle ?

— Elinor !

— Comment ? Vous m'accusez de pruderie et ce terme vous offense ?

— Disons qu'avec la *Marquesa* ce fut une expérience… palpitante. Je suppose que vous avez entendu parler de ces araignées femelles qui dévorent leur partenaire ? Ainsi, les mâles renoncent à prolonger leur liaison avec elles s'ils ont un brin de bon sens.

Theo n'en dit pas plus et se borna à boucler le harnais.

— Allons, venez, dit-il en prenant le cheval par la bride pour sortir l'attelage. Je crois que nous avons des choses à nous dire.

— Je le crois aussi. Toutes sortes de choses, ajouta-t-elle avec une pointe d'aigreur.

Mais, une fois assise auprès de lui dans le cabriolet, Elinor eut l'idée de feindre l'évanouissement pour échapper à une éventuelle conversation avec Theo.

Elle s'interrogea, cependant… Etait-elle ou non responsable du baiser dévastateur qu'il lui avait donné ? Avait-il interprété le regard qu'elle posait sur lui comme une invitation à prendre ses lèvres ? Certainement pas, puisqu'ils étaient simplement amis. En tout cas, ils ne l'étaient plus désormais !

En réalité, elle cherchait seulement à comprendre pourquoi il l'avait embrassée de la sorte et, surtout, pourquoi ce baiser lui avait fait horreur tout en la troublant profondément ?

***

Theo laissait filer son cheval sans chercher à ralentir l'allure. Auprès de lui, sur le siège du cabriolet, sa cousine semblait étrangement sereine, et il ne comprenait pas pourquoi. En fait, elle aurait dû le détester pour le baiser qu'il lui avait volé.

Il se souvint brusquement qu'elle était vierge, et qu'il y avait de quoi s'effaroucher pour un baiser quand on était de surcroît une jeune fille bien élevée. Toutefois, Theo n'était pas prêt à s'expliquer sur son comportement, pas avant de savoir précisément pourquoi il avait cédé à cette étrange pulsion. Il restait donc silencieux car, en dehors de ce sujet bien trop délicat à aborder, il n'avait pas grand-chose d'autre à dire à Elinor. Pour tout dire, la question de ce baiser pesait sur eux comme un gros nuage noir sur le point d'éclater !

Il remarqua que sa lèvre inférieure était enflée.

Diable ! Est-ce ma faute ? s'interrogea-t-il.

Sans doute. Il avait pris ses lèvres dans un élan si fougueux qu'elle avait dû en être toute meurtrie. Mais pourquoi avait-il agi avec une telle brutalité ? N'était-ce pas parce que cette coquette avait un peu trop minaudé devant le comte de Beaumartin ?

En fait, il s'en rendait compte, il était épris de son bas-bleu de cousine et il refusait simplement de l'admettre. Ce n'était pas vraiment du désir qu'il éprouvait pour elle, c'était… autre chose.

Il l'observa de nouveau à la dérobée. Elle se tenait très droite sur son siège, le front légèrement plissé, le regard perdu au loin.

Alors, une évidence s'imposa brusquement à lui : ce baiser avait été le premier pour Elinor !

Avait-elle choisi la chasteté pour se consacrer entièrement à sa mère après trois saisons passées à Londres sans dénicher un mari ? Non. Elinor n'était jamais « sortie » au sens où l'entendaient ses sœurs qui fréquentaient le monde dans le but de se marier. Le clan Ravenhurst dans son entier avait fini par admettre que « cette pauvre Elinor » avec sa chevelure acajou et ses taches de rousseur était vouée au célibat. Par ailleurs, sa redoutable culture et son intelligence la condamnaient à finir ses jours au milieu des vieux grimoires que comptait la bibliothèque de Lady James.

Avait-elle seulement flirté avec un homme une fois dans sa vie ?

Telle était la question qui occupait Theo en cet instant.

— Elinor, je n'aurais pas dû vous embrasser, confessa-t-il enfin alors qu'ils abordaient la montée vers Vézelay.

— C'est aussi mon avis, répondit-elle calmement sans même le regarder.

Comment pouvait-elle se montrer à présent aussi indifférente alors qu'elle l'avait repoussé avec une telle violence ?

— Je veux dire que je n'aurais pas dû vous embrasser… comme je l'ai fait, corrigea-t-il. En fait, j'étais furieux contre le comte, et surtout frustré de ne pas avoir été capable de résoudre le problème qu'il me pose.

Theo aperçut alors son compère Hythe qui sortait du café de la place des Tilleuls et s'avançait vers eux.

— Bien sûr, ce n'est pas une excuse valable, reprit-il. Vous me comprenez, n'est-ce pas ?

— Non, ce n'est pas une excuse, confirma Elinor, toujours aussi impassible tandis qu'ils approchaient du domicile de Lady James.

Mais soudain, au lieu de faire halte, Theo relança son cheval au galop et fit signe à Hythe de s'éloigner. Ainsi, l'attelage traversa le square à un train d'enfer et aborda bientôt la descente sur l'autre versant de la colline.

Ils traversèrent un bosquet, puis la campagne, avec ses fermes, ses champs et ses prés d'herbe grasse, s'ouvrit devant eux. Le cabriolet pénétra ensuite dans un vaste terrain entouré de gradins et s'immobilisa.

Cet endroit tranquille, éloigné de toute habitation, faisait songer à un théâtre de verdure. Seul le chant d'une alouette troublait le silence.

Les mains croisées sur son giron, Elinor ne disait mot et ne semblait nullement décidée à descendre de voiture.

— Est-ce qu'un homme vous avait embrassée avant moi ? questionna brusquement Theo.

— Non. Jamais. Et, si vous considérez que votre baiser était un modèle du genre, je ne suis pas pressée de recommencer !

L'acidité du ton le fit sourire, dissipant un instant le sentiment de culpabilité qu'il éprouvait.

Il comprit que sa cousine n'était pas prête à succomber à l'hystérie qui s'empare des jeunes filles éprises de sensations nouvelles.

— J'avoue que ma prestation était assez pitoyable,

avoua-t-il humblement. D'habitude, je suis meilleur à ce jeu-là. Du moins, je me plais à le croire.

Elinor demeurait muette, et Theo comprenait le sens de son silence…

— Voulez-vous que nous descendions de voiture pour bavarder un peu ? Vous n'êtes pas pressée de rentrer, n'est-ce pas ?

— L'endroit est charmant, concéda-t-elle en sautant à terre sans plus attendre.

Elle fit quelques pas et s'assit sur un carré d'herbe grasse émaillé de pâquerettes. Elle croisa alors les mains sur ses genoux relevés à hauteur du menton et regarda son cousin venir à elle.

— Je crois avoir deviné vos intentions, Theo. Au lieu de prendre mes lèvres, vous auriez préféré me donner une gifle, n'est-ce pas ?

— Oui, c'est cela. Mais en même temps… j'avais envie de vous embrasser. J'étais animé d'un curieux sentiment, et je ne pouvais supporter l'idée qu'*il* vous embrasse un jour. Me comprenez-vous ?

— Qui, *il* ?

— Beaumartin, bien sûr.

— En somme, vous étiez comme le chien du jardinier qui ne veut pas de sa pâtée, mais n'admet pas qu'un autre y touche ! C'est bien cela, n'est-ce pas ?

— En quelque sorte, admit-il. Certainement une question de territoire. Tous les hommes ont tendance à réagir ainsi quand une femme est en jeu. Si vous étiez ma sœur, j'empêcherais les garçons de vous approcher, mais…

— Mais je ne suis pas votre sœur et d'autres pulsions vous animent ?

Theo se dit qu'Elinor était sans doute curieuse de savoir pourquoi il était si jaloux de Beaumartin.

— Et, comme je n'étais pas disposée à céder à vos désirs, vous vous êtes comporté comme un adolescent capricieux !

Maintenant, elle se moquait de lui, cela ne faisait aucun doute.

— Votre jugement n'est guère flatteur, cousine, commenta-t-il avec aigreur.

— De deux choses l'une, mon cher Theo : soit vous m'avez amenée ici pour me présenter vos excuses, soit vous avez l'intention de me montrer ce qu'est un *vrai* baiser.

Un peu surpris, Theo hésita tout d'abord à se prononcer sur une telle alternative.

— Vous voulez vraiment… que je vous montre…

— Je pensais que vous n'oseriez pas me le proposer, interrompit-elle avec un naturel désarmant.

Stupéfié par la spontanéité de sa cousine, Theo ne put réprimer un éclat de rire.

— Pour ne rien vous cacher, je suis dévorée de curiosité, avoua-t-elle avec un léger sourire. Et puis cessez de rire ainsi. On ne saurait embrasser correctement une femme et rire en même temps !

— Vous vous trompez, cousine. J'en suis tout à fait capable, assura-t-il en jetant son chapeau sur l'herbe avant de s'asseoir auprès d'elle. Toutefois, embrasser en riant n'est pas la première leçon. Cela vient plus tard dans le programme !

En soutenant le regard d'Elinor, il remarqua ses pupilles dilatées. Pourtant, elle ne semblait nullement appréhender ce qui allait se produire.

Il la prit doucement par les épaules, s'émerveillant de ce corps de femme à la fois vigoureux et fragile. Enivré par le parfum qui émanait d'elle, il sentit soudain le désir de l'embrasser monter en lui. Alors, il inclina la tête et posa délicatement ses lèvres sur celles d'Elinor dont il savourait déjà la douceur exquise.

Elle s'abandonna sans la moindre résistance tout en s'agrippant aux bras de son « professeur » pour assurer son équilibre. Ils s'inclinèrent tous deux et s'allongèrent tout naturellement dans l'herbe, les yeux fermés et les lèvres unies dans la communion du plaisir.

Theo sentait sous ses mains les courbes de ce corps qui éveillaient en lui d'indicibles sensations et envoyaient à son cerveau d'étranges messages !

Mais, pour le moment, il se bornait à goûter aux lèvres que sa jolie cousine lui offrait si généreusement.

Si Elinor avait souvent rêvé de baisers, elle n'avait fait qu'imaginer la sensation qu'ils procuraient : une pression légère, une chaleur intense, un vertige singulier, rien de très plaisant en somme. Or, ce qu'elle découvrait en cet instant dans les bras de son cousin mettait tout son corps en émoi, même si leurs lèvres seules étaient en contact.

Le chant des oiseaux lui paraissait étrangement lointain, comme estompé par les battements de son propre cœur. Elle respirait un curieux mélange d'odeurs d'herbe tendre et de parfum d'homme. Theo sentait le linge propre, une subtile fragrance où se mêlaient le cuir et l'odeur indéfinissable de sa peau.

Certes, ses lèvres étaient un peu humides, mais elles savouraient les siennes avec une telle gourmandise que c'en était un délice.

Soudain, la langue de Theo se fit plus exigeante. A l'évidence, il invitait sa partenaire à s'ouvrir à lui.

Pourquoi ? Elinor ne comprenait pas cet empressement.

Pourtant, il n'était pas brutal comme la dernière fois. A présent, le contact de sa langue n'était plus un assaut guerrier, mais une caresse.

Et, quand elle entrouvrit docilement ses lèvres, elle éprouva la même surprise qu'auparavant à le recevoir en elle. Seule différence : au lieu de mordre Theo, elle titilla sa langue avec une complicité qui la surprit elle-même.

Elle le suçait, le butinait comme une abeille gourmande, et le premier soupir convulsif qu'elle avait émis sous l'effet de la surprise se muait en murmures de plaisir. Elle s'arc-boutait pour mieux s'offrir à ses caresses, un peu effrayée toutefois par sa propre audace et par la lascivité qui sommeillait en elle !

— Eh bien, Nell ? dit-il en desserrant lentement son étreinte. Etait-ce là un *vrai* baiser, à votre avis ?

Elinor détourna les yeux, incapable d'affronter le regard de Theo.

Derrière ses paupières closes, elle tenta de recouvrer ses esprits et d'apaiser son corps que cette étreinte soudaine et interrompue avait perturbé. La pointe de ses seins, encore dressée sous l'effet du désir qu'il avait éveillé en elle, n'était que douleur. Et, à la naissance des cuisses, cette étrange brûlure témoignait d'un plaisir dont on l'avait injustement privée jusqu'alors.

Elle rouvrit les yeux sous le soleil ardent et s'appuya sur ses coudes. Face à elle, les yeux de Theo étaient si sombres sous les paupières lourdes qu'elle n'osait imaginer ce qui se passait dans sa tête.

Elle l'avait invité à renouveler son baiser par simple curiosité, et aussi parce qu'elle n'aurait jamais d'autre occasion de goûter aux lèvres d'un homme. En outre, Theo était son cousin et ami, le seul auquel elle pouvait demander pareille chose.

Hélas ! maintenant, il lui semblait avoir engagé un processus irréversible. Impossible pour elle d'oublier le contact de ces lèvres sur les siennes et les caresses de ces mains sur son corps en éveil. Impossible de ne pas se souvenir de l'odeur de cet homme et de la chaleur qui émanait de lui. Dans le secret de son cœur, elle savait que la curiosité n'avait pas été la seule raison qui l'avait poussée à réclamer un autre baiser. Oui, elle avait ardemment désiré que Theo l'embrasse parce que…

— C'était très intéressant, déclara-t-elle enfin en se relevant.

A aucun prix elle ne lui aurait laissé deviner qu'elle avait éprouvé un tel plaisir.

— Je comprends maintenant pourquoi les jeunes filles n'ont pas le droit d'embrasser les garçons, ajouta-t-elle avec malice.

Elle leva les yeux vers son cousin et fut surprise de constater qu'il était toujours le même, rien n'avait changé en lui.

Pourtant, rien n'était plus comme avant, se dit-elle. Lui, il n'avait certes pas changé, mais, elle, elle n'était plus la même ! Etait-ce possible de se sentir changée par un simple baiser ?

— Je vous remercie, Theo, murmura-t-elle en s'efforçant de dissimuler son émoi.

— Votre plaisir était aussi le mien, confessa-t-il, et je suis heureux qu'il en soit ainsi.

Il parlait d'un ton neutre, comme si elle l'avait remercié d'avoir transporté son chevalet !

— J'ai dit que c'était *très intéressant*, souligna-t-elle d'un ton ferme, tout en craignant qu'il recommence. Sachez toutefois que je ne permettrai pas au comte Léon de vous imiter.

— Je l'espère bien, répliqua-t-il. Ce serait une offense à mon enseignement !

Il reprit, soudain plus sérieux :

— Elinor, vous savez maintenant pourquoi je suis en Bourgogne, et ma mission comporte assurément un danger pour nous deux. Aussi, vous comprendrez que je ne peux plus rien vous cacher.

Elle retint son souffle.

Enfin, il allait se confier…

Chapitre 7

— Je vous ai dit que je gagnais ma vie en faisant commerce d'antiquités…

— En effet, confirma Elinor, encore troublée par ce qui venait de se passer entre eux.

— Je travaille souvent à la commission pour des collectionneurs. Parfois pour dénicher un objet spécifique, des tableaux de primitifs italiens, des céramiques romaines, ou toutes sortes de pièces susceptibles d'intéresser mes clients. Dans le cas du comte de Beaumartin, il s'agissait pour moi de retrouver la trace de meubles et de tableaux de famille. Ceux-ci se trouvaient autrefois dans leur château et leur maison de Paris.

— Des meubles dispersés au moment de la Révolution, n'est-ce pas ?

— Oui, pour la plupart d'entre eux. Ainsi, j'ai rapidement gagné la confiance de Léon de Beaumartin en retrouvant quelques objets qui lui étaient chers. Par la suite, il m'a laissé entendre qu'il était en possession d'une pièce de grande valeur qu'il souhaitait vendre. Mais cette merveille était, selon lui, destinée à un marché très particulier.

— Qu'entendait-il par là ?

— Ecoutez la suite et vous allez comprendre. A force de cuisiner le comte, j'ai fini par apprendre qu'il s'agissait d'un objet métallique du XVIIe siècle, de nature érotique. Je n'irai pas plus loin dans sa description…

— Allons, Theo ! Je ne suis plus une innocente jeune fille et je peux tout entendre sans rougir.

Elinor mesurait l'inconvenance de sa remarque, mais le baiser qu'ils venaient d'échanger avait attisé sa hardiesse. Elle se demandait à quoi pouvait bien ressembler cet « objet de nature érotique ».

— Soit ! Mais ne venez pas me reprocher ensuite de vous avoir choquée.

— Il n'en sera rien, soyez sans crainte.

— Voici deux cents ans, le comte de Beaumartin d'alors était un personnage fort dissolu, et pour être plus exact totalement dépravé. Avec quelques amis, il avait constitué un club pour assouvir leurs passions inavouables, et…

— Comme le Club des feux de l'enfer, je suppose ? interrompit-elle. Je vois. Quelqu'un du genre de Sir Francis Dashwood ?

Notant que son cousin la dévisageait d'un air stupéfait, elle ajouta :

— Qu'avez-vous à me regarder ainsi, Theo ? Contrairement à ce que vous croyez, mère ne censure pas mes lectures, et il y a dans sa bibliothèque toutes sortes de livres. Nous avons d'ailleurs un ouvrage d'architecture sur Dashwood qui traite du temple et des catacombes de West Wycombe.

— Concernant l'ancêtre du comte actuel et ses amis, c'était bien pire que les polissonneries de Dashwood et de ses complices avec les supposés moines et jeunes nonnes. Si Dashwood employait des prostituées, Beaumartin capturait les femmes qu'il convoitait, et de préférence les plus jeunes et les plus innocentes. Il est mort dans des conditions mystérieuses, mais on raconte que les paysans du voisinage, excédés par les sévices sexuels infligés à leurs filles, l'ont sauvagement assassiné.

Elinor frémit à ces révélations. Ce qui l'amusait jusque-là la choquait soudain profondément. Theo parlait en effet d'un pervers de la pire espèce.

— C'est odieux et révoltant, balbutia-t-elle en baissant les yeux. Ce n'est pas à cause de ce monstre que vous m'avez mise en garde contre le comte Léon, j'espère ?

— Non, rassurez-vous. La famille a fait en sorte de faire oublier les excès de son ancêtre et de ses complices. Toutefois, des rumeurs persistent… On parle chez les Beaumartin d'objets de grande valeur artistique qui auraient été créés tout spécialement pour les rites de ce club de débauchés. Le plus célèbre d'entre eux est un calice, celui-là même que le comte défunt a proposé de me vendre. Il avait besoin d'argent et il avait suffisamment confiance en moi pour m'en parler car cette pièce n'est pas de celles qui se négocient dans une salle des ventes.

— Donc… vous l'avez vu, ce calice ?

— Oui. Je l'ai vu et j'en ai fait le dessin pour le présenter à un collectionneur anglais que nous appellerons Lord X, si vous le voulez bien. Cet homme est un fin connaisseur et recherche des objets de cette nature.

Il possède, en outre, tout un attirail ayant appartenu à Dashwood, mais le calice du comte dépasse en qualité tout ce que l'on peut imaginer.

— Puis-je voir vos dessins ? questionna Elinor, curieuse de savoir à quoi ressemblait ce travail d'orfèvrerie du XVIIe siècle.

— Non, répondit sans détour Theo. Je suis rentré d'Angleterre avec une forte somme en poche et l'autorisation de Lord X de poursuivre les négociations avec le comte aujourd'hui défunt. Ainsi, je lui ai acheté le calice alors qu'il habitait encore sa maison de Paris et il m'a remis un reçu. Ensuite, j'ai repris le bateau pour l'Angleterre et, aux environs de Douvres, j'ai fait halte dans une auberge pour me restaurer. Là, j'ai été attaqué par des voleurs qui m'ont assommé et m'ont délesté du précieux objet et du reçu du comte.

— Et, bien sûr, vous ignorez qui étaient vos agresseurs ?

— J'ai cru tout d'abord que c'était le comte Léon : il est furieux que son père se soit séparé de ce joyau familial en dépit de son caractère scandaleux. Mais quand j'ai appris que le vieux comte avait été trouvé mort le jour suivant — le crâne fracassé au pied de la cheminée — je me suis posé bien des questions. Le comte Léon irait-il jusqu'au crime pour éviter le scandale provoqué par la vente de cet objet ? Certes, il n'aurait pas été le premier à tuer son père. Certains ont tué pour bien d'autres raisons. En outre, la mort du comte pouvait être un fâcheux accident consécutif à une querelle familiale.

— Et c'est pour éclaircir ce mystère que vous êtes ici ?

— J'ai déclaré au comte Léon que je désirais acheter

cet objet sans lui révéler, bien sûr, qu'il m'avait été vendu par son père. Or, il affirme ne pas être en possession du calice et prétend que celui-ci a été volé, mais il ne sait pas que j'étais en possession de l'objet lorsqu'il a été dérobé.

Ebahie par cette histoire, Elinor émit un coup de sifflet strident qui n'était pas digne d'une jeune femme de son rang.

— Eh bien ! fit-elle. Maintenant, je comprends pourquoi l'atmosphère était si tendue au château. Mais alors votre *Marquesa* est peut-être parmi les gens que vous soupçonnez ?

— Je dois vous dire qu'Ana fait le même métier que moi. Qu'elle ait été ou non mariée au marquis de Cordovilla, je l'ignore. Je ne sais même pas si cet homme a réellement existé. J'avoue que je n'ai pas été insensible aux charmes de la *Marquesa* dès notre première rencontre, et je la soupçonne d'avoir découvert mes carnets secrets. Donc, j'ai de fortes raisons de la classer parmi les coupables. Ana a assez de sang-froid pour commettre un vol de cette importance, assommer un homme tel que moi, et même tuer quelqu'un.

— Oh, mon Dieu !

— Il y a aussi ces deux collectionneurs anglais, Sir Ian et Lady Tracey, qui connaissaient peut-être l'existence de ce calice par l'intermédiaire de Lord X ou de ses proches. J'avais cru m'être débarrassé d'eux par un tour à ma façon, mais ils sont toujours là. A ce stade de mon enquête, je ne peux disculper personne.

— Et ils sont invités aux aussi à la réception du comte Léon ? Juste ciel ! Cela nous promet une fête très animée.

Le silence s'abattit sur eux. Encore sous le coup de ces révélations, Elinor tentait de recouvrer ses esprits, tandis que Theo, l'air songeur, effeuillait une pâquerette. Jusque-là, il avait exploré tous les arcanes de cette énigme, mais hélas sans succès.

— Je comprends pourquoi vous regrettez de m'avoir invitée au château avec mère. Mais soyez sans crainte, je suis toute prête à vous aider à résoudre ce mystère.

— Vous ne ferez rien de tel, répliqua Theo d'un ton sans appel. Vous vous comporterez en jeune fille de bonne famille conviée à une réception, et voilà tout.

— Chez un hôte qui est peut-être le meurtrier de son père et en présence d'invités soupçonnés de vol et d'assassinat ! ricana-t-elle. Vous plaisantez ? J'ajoute que l'un d'eux est votre ancienne maîtresse et que les deux Anglais sont de dangereux rivaux, prêts à vous trancher la gorge.

— Exactement, admit Theo, l'air soucieux, tout en passant la main dans ses cheveux. Non, décidément, plus j'y réfléchis, plus il me semble impossible de vous attirer dans ce traquenard. Nous écrirons un mot en expliquant que vous êtes souffrante. Quant à moi, je trouverai un autre moyen d'explorer le château des caves au grenier.

— Je ne suis pas d'accord, s'insurgea Elinor. Il faudrait que je sois mourante pour ne pas venir. D'autre part, mère me laisserait à la garde de Jeanie dont la compagnie m'insupporte.

— C'est ce que j'ai cru remarquer, en effet, commenta

Theo, de plus en plus sombre. J'ai peine à imaginer ma mère abandonnant l'une de mes sœurs malades dans une ville étrangère.

— Mère m'abandonnerait volontiers. En fait, elle est encore moins sensible que je le suis.

Elinor savait cependant qu'il était désormais trop tard pour en souffrir. Sa mère aurait tout simplement déclaré que, si sa fille se sentait mal, sa présence auprès d'elle n'allait pas aider à sa guérison. Elle appellerait le docteur et se rendrait à la réception comme si de rien n'était. C'était à son sens l'approche la plus rationnelle.

— Je veux aller à Beaumartin ! déclara-t-elle tout à trac. Ni moi ni mère ne serons en danger et je suis sûre qu'elle ne remarquera même pas qu'un drame se prépare, trop prise qu'elle sera par son observation de la chapelle. Puisque vous m'avez assez mise en garde, je saurai me tenir à l'écart de tous ces gens et vous laisserai mener tranquillement votre enquête.

Il y eut alors un long silence. Theo semblait réfléchir. Elinor se fit discrète pour ne pas influencer défavorablement son cousin.

— Je suis avertie du danger, Theo, je vous le répète, insista-t-elle, cependant. Je sais que je dois éviter certaines personnes, c'est tout.

— Soit, concéda-t-il comme à regret. Toujours est-il que je vous recommande de ne pas quitter tante Louisa d'une semelle. Vous prendrez le thé avec elle et vous contenterez de dessiner les détails architecturaux les plus remarquables de la chapelle et du château. Promis ?

— C'est compris, assura-t-elle en hochant la tête.

Mais ce n'est pas une promesse ! songea-t-elle en secret.

— Maintenant, il vaut mieux que nous rentrions. Tante Louisa va certainement se dire que vous avez essayé une bonne centaine de robes chez la couturière.

Theo se leva et considéra sa cousine de toute sa hauteur. Enfin, il lui tendit la main pour l'aider à se lever à son tour.

Il semblait si grand, si fort, qu'Elinor en fut soudain troublée. Sa petite main lui semblait si fragile dans la sienne.

Elle eut la tentation de se pencher vers lui, juste pour voir quelle serait sa réaction. Elle y renonça, cependant, sachant que sa curiosité lui avait jusque-là joué bien des tours. Theo regrettait certainement déjà de lui avoir donné ce baiser, même si elle ne pouvait se résoudre à le croire.

Alors, elle se reprit et s'avança résolument vers le cabriolet.

— Vous ne m'avez pas parlé de votre homme de confiance, Theo, celui qui a transporté mes affaires l'autre jour.

— Tout ce que vous devez savoir sur Hythe, c'est que, si je disparais de votre univers, vous pouvez compter sur lui. Il saura prendre soin de vous.

Comme ils arrivaient sur la place, elle aperçut la silhouette de Hythe qui attendait le retour de son maître. Theo confia les rênes à son factotum en lui disant :

— Je raccompagne miss Ravenhurst chez elle. Attends-moi ici.

***

Les jours suivants, Theo ne donna pas signe de vie, si bien qu'Elinor n'eut aucun mal à imaginer à quoi il était occupé. Quant à elle, elle travaillait sans relâche avec Lady James à divers croquis de la basilique de Vézelay et à la mise à jour du courrier. A Lady James revenait la correspondance officielle, tandis qu'Elinor se bornait à écrire aux autres membres de la famille Ravenhurst. Ainsi leur décrivait-elle de la façon la plus captivante leurs découvertes en art religieux et leur visite au château de Beaumartin. Parfois, elle levait la plume et se surprenait à rêver à son aventure avec Theo. Celle-ci n'avait-elle été qu'un rêve ?

Alors, elle sentait un frisson parcourir son corps au souvenir du baiser de Theo, de son parfum et de l'étreinte de ses bras. En vérité, elle ne souhaitait qu'une chose : lui offrir de nouveau ses lèvres.

Dans le silence de son cabinet de travail, Elinor s'adossa à son fauteuil en mordillant son porte-plume. Elle se prit à rêver, songeant tristement qu'elle aurait dû être plus attentive à la légende de Pandora et à sa fameuse boîte !

Le vendredi matin, un jeune messager venu de Saint-Père lui apporta un mot de Mme Dubois. La couturière lui annonçait que ses robes étaient prêtes pour le premier essayage.

— Sais-tu où je pourrais louer une voiture à cheval pour me rendre chez elle ? demanda-t-elle au jeune homme.

— Mais oui, mademoiselle. Adressez-vous à Jean Legrand, il aura certainement un attelage pour vous.

Si vous voulez, je peux aller lui demander de vous le préparer ?

— D'accord. Je te rejoins chez M. Legrand dans un moment, conclut-elle en lui glissant une pièce dans la main. Ah, encore une chose : j'aimerais un cheval docile, si possible.

— Bien, mademoiselle.

— Mère, je vais chez la couturière, lança-t-elle à l'intention de Lady James. Je ne rentrerai qu'en fin d'après-midi.

Elle espérait en secret revoir Theo, peut-être même déjeuner avec lui ou se promener en sa compagnie le long de la rivière.

— Est-ce que tu descends à pied ? s'enquit Lady James en levant un instant les yeux.

— Non, mère. En voiture.

— Bien.

Sa mère se pencha de nouveau sur son texte, et le silence retomba sur la pièce.

Sa mère ne se souvenait même pas qu'elle était incapable de mener une voiture à cheval ! se dit Elinor en haussant les épaules.

Elle prit son chapeau suspendu au portemanteau de l'entrée, son réticule, sans oublier son carnet de croquis, au cas où…

Le jeune homme prénommé Pierre avait tenu parole, si bien qu'à son arrivée chez le loueur elle trouva le cabriolet auquel était attelée une jument grise d'apparence placide.

— Vous ne trouverez pas de bête plus calme que

celle-ci, mademoiselle, assura Pierre en l'aidant à monter en voiture.

— Je te remercie, dit-elle en s'installant confortablement sur le siège.

Il ôta sa casquette et inclina légèrement la tête.

— A votre service, mademoiselle. Quand vous voudrez.

Elinor prit les rênes, mais elle renonça au fouet, s'estimant incapable de tenir les deux en même temps.

— En avant ! dit-elle en se redressant pour se donner de l'assurance et montrer qu'elle n'en était pas à son coup d'essai.

La jument dressa l'oreille, et Dieu merci avança au pas, ce qui laissait espérer un trajet sans incident. Et, en effet, Elinor arriva bientôt à Saint-Père sans encombre, un peu crispée cependant par cette première expérience.

En entrant dans l'écurie de Mme Dubois, elle vit le cabriolet de Theo.

Il était donc chez lui, se dit-elle, le cœur battant.

Elle attacha la jument dans son box, lui donna une brassée de foin pour la récompenser de sa docilité, puis se dirigea vers la boutique de la couturière.

Comme la porte était entrouverte, elle frappa deux petits coups et entra.

Il n'y avait personne. Sur la table de travail de Mme Dubois, elle reconnut ses robes inachevées parmi les pelotes de fils, les boîtes d'épingles et les chutes de tissus.

Le tabouret renversé retint son attention.

— Madame ?

Il n'y eut pas de réponse.

Un peu surprise, Elinor releva le tabouret, se demandant si elle devait s'asseoir et attendre ou bien ressortir pour aller chercher la couturière.

C'est alors qu'elle entendit un bruit à l'étage, comme la chute d'un objet sur le plancher. Il fut suivi d'une voix d'homme, aussitôt interrompue.

Theo ! songea-t-elle en frissonnant.

Peut-être était-il en danger ?

Elinor fouilla dans son réticule, en sortit un pistolet qu'elle serra dans sa main et résolut d'aller voir ce qui se passait là-haut.

Armée de tout son courage, elle ôta ses chaussures, puis s'engagea à pas lents dans l'escalier, le cœur battant à tout rompre.

Comme elle arrivait sur le palier obscur, il y eut un autre bruit, semblable au premier. La porte de la pièce donnant au-dessus de la boutique était entrouverte. Elle hésita, ne sachant trop ce qu'elle allait trouver à l'intérieur.

— Combien de fois faudra-t-il te le dire ? questionna une voix qu'elle reconnut comme celle de Theo. Je ne suis pas en possession de cet objet et je n'ai pas l'argent non plus.

Il parlait d'une voix sourde, comme si le souffle lui manquait.

— Milord en sera très contrarié, j'en suis sûr, répondit en anglais son interlocuteur.

L'homme qui s'exprimait d'un ton cynique ajouta alors :

— Vraiment très contrarié !

— Je suppose que…

La voix de Theo fut brusquement interrompue, de sorte qu'Elinor sursauta.

Il y eut ensuite un long silence, ponctué par la respiration haletante de son cousin.

— Je vais essayer de savoir qui a pris…

Cette nouvelle interruption fut suivie de la chute d'un corps sur le parquet.

Theo !

Elinor savait que son cousin n'était pas homme à recevoir des coups sans répliquer, aussi, elle en conclut que son agresseur était armé et très menaçant.

Il fallait qu'elle sache. Alors, dans un sursaut d'audace insensée, elle se glissa dans l'entrebâillement de la porte.

Un homme tourné de trois quarts se tenait debout au centre de la pièce plongée dans la pénombre. Il avait un pistolet en main. Il était à peu près de la taille de Theo, et sous ses cheveux noirs plaqués sur son crâne on devinait une calvitie naissante. Il était accompagné d'un acolyte d'une stature impressionnante aux pieds duquel gisait un corps : celui de Theo, sans aucun doute.

Son malheureux cousin était recroquevillé sur lui-même, redoutant sans doute le prochain coup de pied de son tourmenteur. Elle distingua des traces de sang sur la chemise de la victime qui tentait de protéger son visage.

Saisie d'une fureur soudaine, Elinor en oublia la frayeur que lui causait la violence de cette scène. Elle pointa le pistolet qu'elle tenait en main dans le dos de l'homme armé, et ordonna :

— Dites-lui d'arrêter !

Sa voix tremblait un peu, mais sa détermination était intacte.

— Quoi ? dit l'homme en amorçant un demi-tour sur lui-même.

Elle lui enfonça alors le canon dans le dos et il s'immobilisa aussitôt.

— Ne bougez plus. C'est un pistolet et il est chargé. Prenez garde, je suis très maladroite et le coup peut partir à tout instant.

— C'est que du bluff, Bill ! ricana son complice. N'aie pas peur, je vais m'occuper d'elle, et ça va délier la langue de notre client !

A ces mots, Theo sursauta, mais il reçut aussitôt un violent coup de pied qui le cloua au sol.

— Ce n'est pas du bluff ! prévint Elinor.

De sa main libre, elle pointa sur la gorge de l'homme le couteau dont elle ne se séparait jamais.

— Choisissez, maintenant, dit-elle. La lame ou la poudre. Les deux si le cœur vous en dit !

Comme il gardait le silence, elle ajouta :

— Alors, posez votre arme calmement et dites à cette brute de s'éloigner de Theo.

— Lâche-le, imbécile ! ordonna l'autre tout en fléchissant les genoux pour poser son pistolet au sol.

Quand ce fut fait, il ajouta à l'intention de son acolyte :

— Cette garce est bien capable de me trancher le cou ou de me faire sauter la cervelle.

Alors, Elinor poussa du pied le pistolet de l'agresseur en direction de Theo en espérant qu'il était encore en état de le saisir.

— Theo, le pistolet ! cria-t-elle.

Comme il levait la tête, elle ne vit tout d'abord que son visage couvert de sang. Il fit l'effort de se relever sur son coude, tenta de se saisir de l'arme, mais soudain ce fut comme si tout l'enfer se déchaînait.

Celui qu'Elinor tenait en respect sous la pointe de son couteau se retourna si brusquement qu'elle perdit l'équilibre. Un coup de feu partit et au même instant elle sentit son couteau pénétrer la chair d'un homme, sans même savoir qui il était ! Alors, elle reçut un violent coup à la tête et tomba à terre.

Dans le silence qui suivit, elle entendit vaguement la voix de Theo.

— Si elle est blessée, vous êtes morts tous les deux ! disait-il

Il était adossé au mur, le pistolet en main, et tenait en joue les deux compères serrés l'un contre l'autre à l'autre bout de la pièce.

— Nell ?

— Tout va bien, Theo, je… je n'ai rien, balbutia Elinor en essayant de se relever.

— Venez ici, près de moi. Ma sacoche est sur le lit. Prenez les lanières de cuir qu'elle contient.

S'adressant aux deux complices, il reprit :

— Vous deux, tournez-vous et mettez-vous à genoux.

Elinor le vit alors s'avancer vers eux et se rendit compte qu'il tenait à peine sur ses jambes.

— Vos mains dans le dos, ordonna-t-il. Cousine, attachez-moi solidement ces deux vauriens.

Elle obéit en nouant les liens de toutes ses forces,

heureuse de tenir enfin ces redoutables gaillards à sa merci.

— Patron ?

Elle se retourna en entendant cette voix qui venait du rez-de-chaussée.

Jake !

C'était lui, sans le moindre doute.

Des pas précipités résonnèrent dans l'escalier, puis l'homme de main de son cousin fit irruption dans la pièce.

— Oh, mon Dieu ! fit-il en voyant son maître en si piteux état.

Il désigna les deux captifs d'un geste vague et s'enquit :

— Qui sont ces deux-là ?

— Les hommes de Milord ? intervint Theo. Je n'ai pas pu les convaincre que je n'étais en possession ni de l'objet ni de l'argent.

— Rien d'étonnant, ricana Jake, ils ont l'air de deux abrutis. Qu'est-ce que je vais faire d'eux ? Les noyer dans la rivière ?

— Va chercher la voiture et conduis-les chez notre ami d'Avallon. Je suis sûr qu'il les mettra à l'abri pour une semaine ou deux.

— Ouais, patron ! fit l'homme de main avec un large sourire. La voiture est devant la porte. Nous partons tout de suite. D'accord, les gars ?

Alors, Elinor prit le pistolet des mains de Theo et le tendit à Hythe. Celui-ci descendit derrière les deux captifs et elle les suivit pour aider à les ligoter à l'arrière de la voiture.

A peine l'attelage venait-il de disparaître au coin de

la rue qu'Elinor remonta à l'étage pour s'occuper de son cousin.

Theo était encore adossé au mur et ne tenait debout que par un violent effort.

— Il faut vous allonger, Theo, suggéra-t-elle en le prenant par le bras.

En le voyant si faible, elle sentit son cœur se serrer. Elle éprouva soudain une rage violente, sauvage, primitive. L'homme qui tenait à peine sur ses jambes était son ami, et bien qu'il soit couvert de sang il faisait preuve d'un courage indicible. Il était fort, il était viril, et elle avait envie de…

— Venez, Theo, dit-elle en le soutenant pour l'emmener vers le lit où il allait pouvoir se reposer.

En l'examinant de plus près, elle vit une entaille au niveau de l'arcade sourcilière. Theo gardait l'œil fermé et le sang coagulé masquait tout son visage. Elle entreprit de lui nettoyer le visage à l'aide d'une lingette humide.

— Et vous, Nell… comment… vous sentez-vous ? questionna-t-il dans un souffle.

— Tout va bien pour moi. Ce n'était qu'un coup de poing, affirma-t-elle en finissant de le nettoyer. Cette brute m'a frappée de biais et m'a fait perdre l'équilibre. Mais vous, Theo…

— Oh, Elinor, ces sauvages auraient pu vous tuer, interrompit-il en la prenant dans ses bras.

Il l'embrassa avec ferveur, comme s'il avait vraiment eu peur de la perdre. Il y avait dans ses baisers une émotion qui se communiqua aussitôt à elle. Elinor songea alors au désespoir qu'elle avait ressenti en le voyant à terre à la merci de ses deux bourreaux.

Même si cette étreinte lui semblait déplacée en un moment pareil, rien ne pouvait mieux traduire ce qu'ils ressentaient l'un et l'autre. Finalement, elle se laissa tomber avec lui sur lit et s'abandonna dans ses bras.

Ils restèrent ainsi enlacés un long moment, puis Elinor ressentit à son tour le besoin de le serrer dans ses bras.

— Theo !

Dans son émoi, elle chercha ses lèvres et lui donna un baiser brûlant. Il était certes un peu maladroit et même un peu sauvage, mais il exprimait bien sa joie de le retrouver. Elinor savourait cet instant comme elle n'en avait jamais savouré d'autres. Sentir le cœur de Theo battre contre le sien lui prouvait qu'ils étaient vivants et c'était là ce qui comptait le plus à ses yeux.

Il était à elle ! répétait en elle cette petite voix comme un écho.

Chapitre 8

Theo laissa retomber sa tête sur l'oreiller et ferma les yeux. Elinor le regarda en silence. Il avait l'air abattu. Il fallait qu'elle le soigne. Même si elle éprouvait pour lui un attrait indéniable, elle ne pouvait se jeter à son cou alors qu'il souffrait tous les maux de la terre !

— Nell… où diable avez-vous trouvé ce pistolet, questionna-t-il en rouvrant soudain les yeux. Quand vous avez dit… que vous étiez armée, j'ai cru que vous bluffiez.

— Mère et moi ne nous déplaçons jamais sans notre arme. Elle prétend qu'un homme n'est d'aucun secours quand on a besoin de lui et qu'on ne doit compter que sur soi-même.

— Je l'entends comme si elle était là devant moi, dit-il en s'efforçant de sourire.

Il referma les yeux et s'enquit :

— Avez-vous déjà fait usage de cette arme ?

— Non, confessa-t-elle après une brève hésitation. Mais je l'aurais fait s'ils avaient continué à vous frapper.

Elle se leva doucement et lui caressa le front d'un geste apaisant.

— Maintenant, restez allongé. Je vais chercher de quoi vous soigner.

Elinor ignorait toujours où se trouvait Mme Dubois. Elle descendit, ouvrit la porte à l'arrière de la boutique et pénétra dans la cuisine. Là, elle appela la logeuse, mais n'obtint pas de réponse. Alors, elle remplit une bassine d'eau froide et reprit la direction de l'escalier.

En passant près de la table de travail, elle prit un morceau de tissu blanc dont la couturière se servait sans doute pour couvrir son travail en cours. Elle le glissa sous son bras, prit aussi une paire de ciseaux et remonta à l'étage.

Theo était assis au bord du lit. Il avait retiré sa chemise et s'en servait comme d'une compresse sur son œil ensanglanté. Il y avait des traces de sang sur son torse nu, et aussi des marques de coups qui allaient se transformer en autant de bleus dans les jours à venir.

— Avez-vous des douleurs au-dessous de la taille ? questionna Elinor. Ce sauvage ne vous a pas frappé dans les reins ou… ailleurs, j'espère ?

Elle était prête à l'examiner de la tête aux pieds s'il le fallait, et à vrai dire… cela n'était pas pour lui déplaire. Mais Theo était avant tout son ami et il avait bien plus besoin de ses soins que de ses caresses.

— Non. J'ai été secouru par une furie avant qu'il en arrive là ! plaisanta-t-il.

Il laissa tomber la chemise à terre, puis ajouta d'un ton las :

— Merci, Nell. Vous avez été très courageuse.

Elle sentit les larmes sourdre sous ses paupières et se mordit la lèvre pour ne pas pleurer.

— Je ne pouvais pas vous abandonner, n'est-ce pas ? Mais pourquoi m'appelez-vous Nell ?

Elle s'agenouilla alors sur le parquet et entreprit de découper le tissu pour en faire des pansements.

— Montrez-moi vos yeux, dit-elle après avoir humecté le linge dans l'eau froide.

— Nell vous va bien, murmura Theo malgré la douleur que lui causaient les premiers soins. Elinor porte des robes grises, passe ses journées le nez dans les grimoires et emprisonne sa chevelure dans un filet. En revanche, Nell lâche ses cheveux, adore rire et se promener le long de la rivière. Voilà ce qui les distingue à mes yeux.

Elle se souvint qu'il l'appelait Nell depuis le jour où il l'avait embrassée pour la première fois, mais se garda bien de le lui rappeler.

— Inclinez la tête, lui dit-elle. Je voudrais voir si vous n'avez pas de blessures sur le cuir chevelu.

Consciente de la sensualité implicite de ce geste, elle glissa ses doigts dans les cheveux roux de son cousin et n'y découvrit aucune plaie. Seules quelques bosses perçaient çà et là sous la peau.

Tandis que Theo se prêtait docilement à cet examen, Elinor remarqua sur sa nuque une cicatrice déjà ancienne. Sûrement le résultat d'une rixe survenue au cours du vol du calice. Comme elle effleurait du doigt la nuque de Theo, son souffle s'accéléra peu à peu sous l'effet d'un désir naissant. Alors, elle résolut sagement de poursuivre les soins.

Elle prit un linge humide et ôta les traces de sang sur la poitrine du blessé.

— C'est moins grave qu'il y paraît, remarqua-t-il d'un ton léger. C'est le sang qui a coulé de ma blessure à l'œil. Je serai vite remis de cette fâcheuse aventure.

— Bien sûr, Theo, confirma-t-elle, soucieuse de le rassurer.

Tout en découpant une nouvelle compresse dans la pièce de tissu, elle songea aux cris étouffés qu'elle avait entendus d'en bas. Nul doute que Theo avait reçu plusieurs coups à l'estomac avant de s'écrouler sur le parquet.

— Bien. Vous n'avez pas d'autres marques sur le corps, conclut-elle en achevant la toilette. Allons, étendez-vous maintenant.

— Non, tout va bien, Elinor, je vous assure. Je me sens beaucoup mieux.

— Menteur ! Si vous refusez de vous reposer, je vais chercher mère. Je ne plaisante pas, Theo, et je suis sûre que cette menace va vous décider à obéir.

Ce fut le cas, en effet. Il finit par s'allonger et décocha à sa cousine un sourire si doux qu'elle en fut émue aux larmes.

— L'ennui avec les femmes intelligentes, c'est qu'elles savent comment faire pression sur un homme, commenta-t-il avec malice.

Comme ils se regardaient en silence, Elinor se demanda s'il allait évoquer le baiser qu'ils avaient échangé.

Non. Il n'en fit rien.

Sans doute n'était-elle à ses yeux qu'une *femme intelligente*, un bas-bleu dépourvu de sensibilité. Ainsi, Theo chasserait de sa mémoire le souvenir de ce baiser, sans même soupçonner la passion qu'il avait fait surgir en elle. Cette étreinte avait éveillé autre chose chez Elinor. Elle en avait conscience, mais elle était incapable de le comprendre et de l'expliquer.

— Theo, retirez votre culotte et mettez-vous sous les draps.

— Comment ? Oter ma culotte devant vous ? se récria-t-il. Et ne me menacez pas d'appeler tante Louisa, car je ne l'ôterai pas plus devant elle. Allez plutôt demander à Mme Dubois de me faire un bon café.

Il réfléchit un instant, puis reprit :

— D'ailleurs, où est-elle passée ?

— Je ne sais pas, Theo. Elle m'a fait parvenir un billet en me priant de passer chez elle pour un essayage. C'est pour cela que je suis venue. Croyez-vous qu'ils auraient pu… la maltraiter ?

Alors qu'il tentait de se relever, elle l'en empêcha.

— Restez couché, je vais voir.

Il fallut à Elinor environ dix minutes pour découvrir la couturière dans la remise à bois. Mme Dubois était solidement ligotée et bâillonnée, visiblement choquée mais saine et sauve.

Elinor la libéra de ses liens, puis la fit asseoir dans la cuisine. Là, elle lui expliqua que son locataire avait été attaqué par deux hommes venus pour le voler, pensant qu'il avait sur lui une forte somme d'argent.

— Ah, les cochons ! s'exclama la couturière avec une moue de dégoût. M. Ravenhurst n'est pas blessé, au moins ?

— Non, un peu meurtri, c'est tout. Dieu merci, son homme de confiance est arrivé à temps pour aider à la capture de ces deux malfaiteurs et les remettre aux autorités.

Elinor désigna la cafetière et s'enquit :

— Puis-je faire un peu de café ?

— Je m'en occupe. Allez plutôt vous assurer que monsieur va bien. Je monterai le café, et ensuite nous essaierons vos robes.

— Mais madame, après l'épreuve que vous venez de vivre…

— Ne vous en faites pas pour moi. Ce ne sont pas ces deux crapules qui vont m'empêcher de vaquer à mes occupations !

Le dimanche, Elinor passa la matinée à rassembler et à classer les notes prises par sa mère. L'absence de temple protestant dans la région ne semblait nullement gêner Lady James qui avait pris depuis longtemps ses distances avec la pratique religieuse. Certes, sa mère aimait entendre un bon sermon et même engager ensuite un vigoureux débat avec le pasteur, mais, à défaut, elle avait volontiers recours aux dieux grecs ! Elinor, quant à elle, avait pris l'habitude de lire elle-même son livre de prières quand il n'y avait pas de congrégation anglicane à proximité. En fait, elle considérait désormais le dimanche comme un jour ordinaire.

Quelqu'un frappa à la porte à cet instant et Jeanie, un plateau de service dans les mains, s'empressa d'aller ouvrir. Elle avait à peine entrouvert la porte qu'elle poussa un cri strident et renversa le contenu du plateau sur le sol. Emergeant de ses pensées, Elinor se dirigea vers l'entrée d'un pas méfiant. Elles recevaient rarement de visites le jour du Seigneur.

Après l'agression du vendredi précédent, elle s'attendait au pire. Elle ne se séparait jamais de son coupe-papier et parcourait la maison dans la crainte d'une attaque éventuelle.

— Bonjour, cousin Theo ! lança-t-elle, modulant soigneusement le ton de sa voix pour ne pas laisser poindre son soulagement.

Elle reprit à l'intention de la servante :

— Jeanie, je t'en prie, cesse de pleurnicher et va chercher un seau d'eau et une brosse pour nettoyer tout ceci. Ensuite, apporte-nous le café dans le salon.

Tandis que Theo refermait la porte, elle lui indiqua le chemin à suivre.

— Mais que diable venez-vous faire ici, cousin ? questionna-t-elle, passablement contrariée. Vous devriez être dans votre lit. J'ai raconté à mère que vous étiez tombé dans l'escalier, et elle croit que vous aviez bu exagérément. Bien sûr, je me suis bien gardée de lui ôter cette idée de la tête !

— Vous n'avez pas daigné venir me voir ce matin, protesta le cousin en affectant un ton pitoyable. Alors, je me suis levé et je suis venu.

— Je présume que Mme Dubois a veillé sur vous comme il convient. Il aurait été très inconvenant de ma part de vous rendre visite dans votre chambre. Vous le comprenez, je suppose ?

Theo haussa les sourcils pour manifester sa surprise en se disant que ce qu'ils avaient fait auparavant était encore moins convenable. Dès lors, comment pourrait-il la regarder comme une amie si pareille scène était susceptible de se reproduire ?

— Puis-je savoir pourquoi vous brandissez ce coupe-papier ? s'enquit le visiteur.

— Je suis un peu nerveuse depuis l'autre jour. Je redoute une visite des acolytes de Lord X. J'aimerais d'ailleurs que vous me parliez un peu de ce personnage.

Elle avait en effet l'intention de lui poser cette question depuis l'attaque des deux malfaiteurs et le moment semblait bien choisi.

Elinor observa attentivement le visage tuméfié de son cousin. Pas étonnant que Jeanie ait lâché le plateau en lui ouvrant la porte. Pourtant, en dépit de ses blessures, Theo se déplaçait avec une aisance surprenante. Elle brûlait d'envie de prétexter un examen de ses blessures pour passer de nouveau ses mains sur son torse. Le souvenir de son corps à moitié nu la troublait bien plus que de raison. Devait-elle pour autant se considérer comme libertine ? Non, elle était simplement une jeune femme sans expérience qui avait eu un contact avec un homme pour la première fois…

— Lord X mérite probablement le fouet, reprit-elle, mais je vous laisse la responsabilité de ce châtiment.

Elle regarda son cousin dans les yeux et s'enquit d'une voix étrangement musicale :

— Voyons, Theo, comment vous sentez-vous ? Je veux dire… comment vous sentez-vous *vraiment* ?

— Vraiment ? reprit-il en lui prenant la main pour la glisser dans sa chemise à hauteur de l'estomac.

S'efforçant de garder toute sa contenance, Elinor retint son souffle au contact de sa peau.

— J'ai très mal, dit-il. Et, en toute franchise, je dois vous avouer que je suis un peu humilié d'avoir été secouru par une femme.

— Je vous rappelle que votre agresseur était armé d'un pistolet. Qu'auriez-vous pu faire ?

— Laissez-moi finir, continua Theo. Ma première réaction quand j'ai vu que nous étions vivants et à peu près entiers a été l'humiliation, en effet. La seconde a été de me reprocher cette pensée. En réalité, j'aurais préféré que Hythe vienne à mon secours, et je n'espérais qu'une chose : qu'il revienne au plus vite de chez le forgeron. Il est vrai que cette brute aurait provoqué un massacre à n'en pas douter, or vous avez agi avec beaucoup d'adresse et de courage, et grâce à vous nous sommes sains et saufs. Je me félicite que vous soyez de mon côté.

Comme elle ne répondait pas, il insista :

— Nell ? Vous êtes de mon côté, n'est-ce pas ?

Elinor baissa les yeux. Theo avait gardé sa main dans la sienne et elle se sentait soudain troublée sous la pression de ses doigts.

Que signifiait son geste ? Que voulait-il ? Et, elle, que voulait-elle vraiment ? Avant que Theo n'entre dans sa vie, tout allait bien pour elle. Depuis, sa tête, son cœur et son corps se trouvaient dans un état de confusion extrême.

— Bien sûr que je suis de votre côté, Theo. Je suis votre amie et votre parente. Vous connaissez la solidarité des Ravenhurst, n'est-ce pas ?

C'était la réponse la plus neutre et la plus sûre qu'elle avait trouvée. Aucune ambiguïté dans ces propos !

— Vous avez un sens aigu du devoir et de la famille, dit-il en examinant la main de sa cousine aux ongles tachés d'encre.

— Pas vraiment, confessa-t-elle. Uniquement envers les membres qui me sont chers.

Il y eut un bref silence, puis elle s'enquit :

— Pourquoi êtes-vous venu, Theo ?

— Parce que ce matin, au réveil, quand ma migraine m'a laissé un peu de répit, je me suis dit que si Lord X m'envoyait d'autres… Comment dites-vous ? D'autres mignons…

— D'autres tueurs, vous voulez dire ?

— Je me demande quelles sont vos lectures, Elinor ? Des romans à sensation, je présume ? Soit. Disons des tueurs, si vous voulez. Toujours est-il que je ne peux pas vous laisser ici avec votre mère. Vous êtes en danger et je me dois de vous protéger. N'oubliez pas que nous portons tous deux le nom de Ravenhurst, ce qui vous implique nécessairement dans cette sombre affaire.

— Je ne pense pas que Lord X nous enverra de nouveau ses sbires, Theo. En fait, je doute qu'il se soucie pour le moment de ces deux crapules qui sont en prison.

Troublée par le contact de sa main, elle retira la sienne et s'assit sur le coin de la table de châtaigner.

Theo demeura silencieux et s'approcha de la fenêtre pour jeter un coup d'œil dans la rue.

— Je me suis demandé si Lord X était celui qui vous avait volé le calice, reprit Elinor. Mais à la réflexion il n'y aurait trouvé aucun avantage, n'est-ce pas ? En fait, il aurait pu faire assassiner le comte pour récupérer son argent, puis attendre patiemment que vous lui apportiez le calice. Ainsi, c'était doublement avantageux pour lui.

— Elinor, vous semblez oublier que vous parlez d'un pair d'Angleterre très respecté, remarqua Theo, plutôt amusé par les théories de sa cousine.

— A mon sens, Lord X est avant tout un pornographe. Rien d'autre.

— Un collectionneur d'objets d'art érotique, rectifia-t-il. Une pièce d'une telle valeur est un objet d'art, croyez-moi.

— Quoi qu'il en soit, dès demain nous serons bien à l'abri derrière les murs du château.

— Le croyez-vous vraiment ? Tous les suspects du meurtre du comte seront là, réunis dans cette forteresse et la herse baissée. Vous avez une idée très singulière de la sécurité, Nell !

La porte s'ouvrit sur Jeanie portant un plateau, suivie de Lady James.

— Theophilus, je suis consternée, soupira sa tante. Que dirait ta pauvre mère si elle te voyait dans cet état ? Je tremble à cette idée. J'espère que l'abus des boissons alcoolisées te servira de leçon.

— Bonjour, tante Louisa, répondit calmement Theo,

nullement troublé par cette attaque. Merci de vous soucier de ma santé. Soyez rassurée, cependant, je souffre beaucoup moins qu'hier.

— Si ce n'est de la gueule de bois ! Qu'es-tu venu faire ici, à part effrayer Jeanie qui en a brisé une partie de mon service de table ?

— Vous proposer de vous conduire à la messe du matin, ma tante.

— Je te remercie, Theophilus, mais je n'appartiens pas à l'Eglise catholique romaine. Néanmoins, je suis à la fois touchée et… surprise par ta délicatesse.

— Je vous ai aussi apporté une copie du plan du château. J'ai pensé qu'il vous serait utile de connaître la disposition des pièces avant d'y être reçue.

Theo sortit alors une enveloppe de sa sacoche et la tendit à Elinor.

— Je ne sais pas si ce plan est très exact, en fait. Il semble dater du milieu du siècle dernier. Je l'ai trouvé chez un libraire d'Avallon.

— Je vais en faire une copie, proposa Elinor en déployant le document sur la table. Je suis sûre qu'elle sera précieuse pour mère qui pourra l'annoter.

Elinor se dit que, si elle en faisait une autre copie, elle pourrait repérer avec Theo l'emplacement de chaque pièce et le tracé des couloirs afin de mieux connaître les lieux. Cela à condition qu'il accepte son aide, bien sûr.

Ce plan montrait le château des caves aux greniers, étage par étage. Les pièces avaient été numérotées par une main maladroite, et dans un coin se trouvait la légende, rédigée dans la même écriture.

Theo s'approcha d'elle tandis qu'elle parcourait la liste des yeux, essayant de déchiffrer cette médiocre calligraphie.

— Cherchez-vous la chambre des orgies, chère cousine ? chuchota-t-il.

— Il doit y avoir là quelques indices très utiles, mumura-t-elle sérieusement. Cette assemblée de débauchés devait avoir un nom, mais comment le découvrir avec cette écriture en pattes de mouches !

— Je vous laisse à vos études, conclut Theo en reprenant son chapeau. A demain, mesdames.

On n'avait pas pour cousins un duc et un comte, pour oncle un évêque et d'innombrables personnages titrés, sans avoir jamais séjourné dans un château ! Cependant, c'était la première fois qu'Elinor pénétrait dans une forteresse avec remparts et tours de guet, et même des oubliettes à en juger par le plan.

Accoudée à la fenêtre de la chambre qui lui avait été attribuée, elle parcourait le paysage des yeux.

Au pied des murailles s'étendait le parc du château de Beaumartin. Au-delà s'étalait une succession de champs limités par une rangée de peupliers bordant la rivière. En cette fin d'après-midi, les ombres des arbres s'étiraient, et une légère brume flottait dans la vallée, ajoutant au mystère des lieux.

De part et d'autre de sa fenêtre s'étendaient les deux ailes du château, formant un U avec le corps de logis principal. Cette bâtisse semblait avoir été modifiée au fil des siècles et au gré des propriétaires successifs qui l'avaient adaptée à leur usage.

Tout comme sa mère, Elinor était logée dans une chambre du XVIIe siècle, lambrissée de chêne et pourvue de poutres de châtaigner. De sa fenêtre, elle apercevait aussi les tourelles de la partie médiévale de l'édifice, ainsi que l'aile du XVIIIe et les jardins à la française assez incongrus dans cet ensemble hétéroclite.

La chambre de Lady James était voisine de la sienne, et celle de Theo, située juste en face. En revanche, Elinor ignorait où était logée la *Marquesa*. Peut-être pas très loin de Theo, compte tenu de leurs relations passées ?

Peu importait ! Après tout, ce n'était pas son affaire, la vie amoureuse de son cousin ne devait pas l'éloigner de ses préoccupations actuelles. Toutefois, elle ne pouvait oublier que Theo l'avait embrassée, et elle ne concevait pas de partager ses faveurs avec la pétulante Espagnole.

Elle fit en sorte de chasser cette idée de son esprit et quitta la fenêtre pour s'installer dans un fauteuil. Hélas ! bien vite, elle reprit le cours de ses pensées auxquelles Theo était naturellement associé…

Elle avait embrassé son cousin pour toutes sortes de raisons qui n'avaient rien à voir avec le désir d'une jeune femme respectable. Par ailleurs, Theo était son ami et elle ne pouvait à ce titre nourrir des rêves romantiques à son égard. Si toutefois le terme romantique était le mieux choisi pour décrire l'étrange sensation de désir qu'elle avait éprouvée lorsqu'elle était dans ses bras. C'était plus fort qu'un simple contact de corps, plus intense que ce qu'elle avait imaginé dans ses rêves de jeune fille. Oui, elle désirait Theo, non seulement physiquement, mais aussi, et surtout, pour la complicité qu'ils partageaient.

Pourtant, elle n'aurait dû songer qu'à une chose : aider son cousin à trouver le moyen de remettre la main sur le calice des Beaumartin. Mais elle ne parvenait pas à chasser ces pensées de son esprit.

Elle rajusta sa robe de soirée devant le miroir, puis quitta sa chambre pour frapper chez sa mère. La porte située en diagonale à l'opposé de la sienne s'ouvrit au même instant et la *Marquesa* apparut.

Bien sûr, l'intrigante avait réussi à se loger tout près de Theo ! Elinor n'en était pas vraiment surprise.

— Madame ! murmura Elinor en inclinant légèrement la tête, soulignant volontiers par ce terme que la *Marquesa* était son aînée.

— Chère miss Ravenhurst ! Oh ! Elinor, n'est-ce pas ? Appelez-moi Ana. Je suis sûre que nous allons devenir les meilleures amies du monde.

— Mais nous le sommes déjà, Ana, renchérit-elle en esquissant un sourire. Et je suis impatiente de découvrir quels intérêts nous avons en commun.

— En plus de ce qui nous lie à Theo, je suppose ? rétorqua la *Marquesa* en haussant les sourcils. En vérité, je suis très impatiente de connaître votre célèbre mère. A plus tard, ma chère !

Elle tourna alors les talons et s'éloigna dans le couloir d'une démarche élégante, tout en balançant avec grâce ses longs cheveux d'or.

Bravo ! Elle avait cru river son clou à la *Marquesa* par quelque trait subtil, mais celle-ci lui avait assené une cinglante réplique. En tout cas, il était clair que la *Marquesa* la considérait comme une rivale — aussi négligeable soit-elle.

— Je viens juste de croiser la *Marquesa* de Cordovilla, annonça-t-elle à sa mère en entrant dans sa chambre.

Elle avait pris un ton léger, se refusant à dévoiler la nature de cet échange à la fois bref et orageux.

Elinor pressentait que la *Marquesa* cachait sa vraie nature sous des mondanités et se conduisait en fait comme un véritable requin. Cela amuserait sans doute sa mère, mais ça pouvait tout aussi bien éveiller sa colère et dans ce cas…

— Vraiment ? fit Lady James tout en ajustant sa nouvelle toque sur ses boucles grises. Et qu'est-ce qui t'amuse tant chez cette femme ?

— Son attitude assez peu conventionnelle, je suppose, mais… elle ne m'aime pas, c'est évident.

— Pourquoi ? Voilà qui est étonnant pour une première rencontre.

— En fait, j'ai déjà rencontré la *Marquesa* à Saint-Père alors que j'étais avec Theo. J'ai bien des raisons de croire que mon cousin lui plaît et qu'elle me considère comme une rivale.

Elinor observa sa mère, attendant une réaction indignée de sa part, mais rien ne vint.

— Encore une des nombreuses maîtresses de Theophilus, si je comprends bien ? nota simplement Lady James.

— Mère !

— Ne fais pas la mijaurée, ma fille ! Theo est un

homme, ma petite, et une jeune personne de ton âge ne devrait rien ignorer de ces choses-là.

Elle s'interrompit un instant, puis reprit :

— Mais à propos… que vient faire la *Marquesa* au château ? Est-elle invitée pour détourner Theophilus de la jeune Julie qui est promise au comte ?

Elinor croyait que sa mère était trop absorbée dans ses recherches pour avoir noté pareil détail, mais il n'en était rien. Le cynisme de sa remarque était à la fois stupéfiant et troublant.

— Je suppose que Lady de Cordovilla n'est que de passage au château, rétorqua Elinor. Nul doute qu'elle a été invitée par le comte en raison de son intérêt pour la beauté des objets d'art et des antiquités. J'ai cru comprendre qu'elle était dans le commerce de l'art, comme Theo.

— Nul doute que tous ces gens ont été rassemblés ici pour les mêmes raisons, commenta Lady James en prenant son éventail et son réticule.

Elle observa sa fille de la tête aux pieds et s'enquit :

— Est-ce là ta nouvelle robe, Elinor ?

— Oui, mère, et je me réjouis de l'excellent travail de Mme Dubois.

— Hum ! Où sont tes perles ?

— Je ne les ai pas prises. Je me suis dit que je n'avais pas besoin de bijoux.

— Jeanie !

La servante apparut, portant sur son bras l'étole de sa maîtresse.

— Jeanie, va me chercher mon coffret à bijoux.

Lady James tira de son corsage une petite clé et ouvrit la boîte que Jeanie venait de déposer sur la table.

— Voyons… ma parure d'améthystes et de diamants devrait convenir, il me semble.

— Je croyais que les jeunes célibataires ne devaient jamais porter d'améthystes ni de diamants, mère, fit remarquer Elinor.

— C'est exact, ma fille, mais tu as passé l'âge de te marier et nul ne s'offusquera de te voir avec de telles pierres, repartit Lady James en étalant la précieuse parure sur la table. Ce collier et ces boucles d'oreilles conviennent tout à fait à un dîner de famille.

— Oui, mère.

En mettant les boucles d'oreilles, Elinor sentit sur sa joue la caresse froide des pierres précieuses. Jeanie fixa la fermeture du collier de diamants et d'améthystes sur sa nuque, puis recula d'un pas pour juger du résultat dans le miroir.

— Vous êtes resplendissante, miss Elinor, commenta-t-elle avec un sourire de madone.

— En effet, admit l'intéressée en jetant un coup d'œil dans le miroir.

Theo avait vraiment bien choisi la couleur de sa robe de soie. Elle révélait à merveille l'éclat de sa peau de nacre. Par ailleurs, la souplesse de sa coiffure flattait les traits de son visage et cette parure scintillante lui donnait pour la première fois confiance en elle-même.

Jamais elle ne s'était sentie aussi bien.

— Il est regrettable que tu aies oublié de coiffer ton chapeau de paille dans tes promenades, ma fille. Ce nez rouge est des plus disgracieux. Enfin, tu n'as pas l'air d'un garçon manqué, c'est déjà ça.

Elinor échangea un sourire complice avec Jeanie et suivit sa mère qui s'avançait vers la porte.

Nez rouge ou pas, Nell se sentait parfaitement capable de rivaliser avec la *Marquesa* !

Chapitre 9

— Enchanté, mademoiselle Ravenhurst !

Le comte Léon s'inclina pour baiser la main qu'Elinor lui tendait et cette fois y apposa fortement ses lèvres.

Surprise, elle sursauta.

Pourquoi le comte l'avait-il choisie pour transgresser les règles de la bienséance ? Quelle passion animait soudain ce hobereau de province ?

En tout cas, il risquait fort d'être déçu. Elle n'avait en effet aucun goût pour les conversations mondaines et n'était pas vraiment sensible à son charme. Bientôt, le comte la regarderait comme l'accompagnatrice de sa mère, et rien de plus.

— Lady James, ravi de vous voir au château, reprit le maître des lieux d'un ton cérémonieux. Puis-je vous présenter à mes amis ? Voici la marquise de Cordovilla qui fait autorité dans le monde de l'art.

Comme la marquise la saluait, Lady James hocha simplement la tête.

Elinor sourit à cette scène. En effet, sa mère était la fille d'un comte et la belle-fille d'un duc, ce qui lui donnait la préséance sur la veuve d'un modeste marquis espagnol.

— Sir Ian et Lady Tracey, poursuivit le comte Léon. Ce sont aussi de grands amateurs d'art.

Une fois de plus, Elinor vit sa mère hocher la tête alors que le couple s'inclinait respectueusement devant elle.

Sir Ian était un bel homme brun d'environ quarante ans, d'allure athlétique. Son regard étrangement inquisiteur intriguait Elinor. Elle l'imaginait difficilement commettre un vol avec la complicité de sa femme, contrairement à la *Marquesa*…

Bien sûr, son antipathie pour l'impétueuse Espagnole influençait un peu trop son jugement.

Ce fut la comtesse de Beaumartin qui continua les présentations en désignant un de ses cousins âgé dont Elinor ne retint pas le nom. Vinrent ensuite M. Castelnau, beau-frère de la comtesse, puis deux jeunes filles que l'hôtesse présenta comme ses nièces.

— Voici Laure et Antoinette, dit-elle en les désignant à Elinor. Miss Ravenhurst, je suis sûre que vous aurez plaisir à bavarder avec ces jeunes personnes de votre âge.

Mlle de Falaise parut satisfaite de prendre place auprès d'Elinor, et celle-ci en fut tout aussi ravie. Elle lui sourit et fit même l'effort de parler français.

Pour le moment, Theo ne donnait pas signe de vie, et cela l'inquiétait quelque peu.

Le grand salon était meublé de canapés placés les uns face aux autres pour faciliter les conversations. Du coin de l'œil, Elinor vit que sa mère bavardait avec Sir Ian, tandis que Lady Tracey devisait gaiement avec M. de Castelnau. Le comte Léon, quant à lui, discutait peinture vénitienne avec la *Marquesa* sous l'œil vigilant de la comtesse mère.

— Oui, j'ai beaucoup voyagé en Europe, répondit Elinor à la question de la plus jeune des nièces. Et, vous, étiez-vous en France avec votre sœur pendant la Révolution française ?

En fait, les nièces de la comtesse avaient passé les années de la Terreur en Ecosse chez des parents, et malgré cela elles ne parlaient guère l'anglais. Estimant que c'était là l'occasion pour elle de perfectionner son français, Elinor poursuivit la conversation dans la langue de Molière.

Elinor remarqua que Julie de Falaise, assise non loin d'elle, ne quittait pas le comte Léon des yeux. Etait-elle sa fiancée ? Sa maîtresse ? Tout semblait indiquer qu'ils n'étaient pas indifférents l'un à l'autre.

Soudain, les portes du salon s'ouvrirent et tous les yeux se fixèrent sur Theo qui entrait.

Il s'avança directement vers la comtesse.

— Madame. Veuillez me pardonner mon retard. Je dois vous avouer que je me suis perdu. Dieu merci, l'un de vos serviteurs m'a remis sur le bon chemin. Quelle merveilleuse maison que la vôtre !

Il se tourna alors vers l'assemblée et continua :

— Je dois aussi m'excuser auprès de ces dames pour mon allure pitoyable. En effet, j'ai fait une chute dans l'escalier voici deux jours.

Elinor nota alors que certains invités échangeaient des regards dubitatifs en voyant paraître son malheureux cousin qu'ils jugeaient sans doute fort maladroit. Par ailleurs, Julie n'avait d'yeux que pour le comte, et sur ses lèvres naissait un étrange sourire. La *Marquesa*, quant à elle, affectait un air langoureux et souriait à Theo avec une évidente complicité.

Sir Ian se leva lentement et s'adressa au nouveau venu.

— Il semble qu'une fois de plus votre sens de l'orientation vous ait fait défaut, Ravenhurst ! Sachez que, lors de notre dernière rencontre, l'itinéraire que vous aviez indiqué à mon cocher nous a éloignés de notre destination.

— Je suis navré de l'apprendre, mentit Theo en s'inclinant devant Lady Tracey. Toutes mes excuses, madame. Pourtant, il m'avait semblé avoir donné à votre cocher des instructions suffisamment claires. Puis-je savoir quelles ont été ses explications.

— Je ne saurais vous le dire puisqu'il s'est enfui dans la campagne après la rupture de l'essieu de notre voiture, nous abandonnant lâchement !

Elinor s'étonna que les Tracey ne menacent pas autrement son cousin après ce fâcheux incident. Ils donnaient plutôt l'impression d'avoir perdu la partie avec panache.

Voilà qui est très anglais ! songea-t-elle. *Après tout, ce ne sont peut-être pas les gredins que Theo imagine.*

Visiblement indifférent aux regards qui se fixaient sur lui, Theo s'avança sur le grand tapis d'Aubusson. Il s'assit auprès d'une dame âgée et lui fit, en français, mille compliments sur sa toilette.

Les jeunes filles affectèrent un air boudeur, Lady Tracey reprit sa conversation avec son voisin tandis que Julie adressait un regard complice à Elinor. Celle-ci surprit incidemment le sourire de sphinx que lui décochait la

Marquesa et en fut très mal à l'aise. Agacée, elle choisit d'aller s'asseoir auprès de Sir Ian.

— J'ignorais que vous connaissiez mon cousin Theophilus, Sir Ian, mentit-elle.

— Oh ! En fait, nous sommes ennemis de longue date, répondit l'Anglais avec un petit rire grinçant. Comme ce scélérat m'a dupé en me perdant dans la campagne, je compte bien prendre ma revanche au plus vite.

Elinor s'informa ensuite des goûts de son interlocuteur dans le domaine de l'art et des collections qu'il possédait. Au fil de la conversation, elle se rendit compte qu'elle avait affaire à un homme sensible et intelligent, pas snob pour un sou.

Theo, quant à lui, était toujours occupé à flatter la vieille dame qui lui décrivait maintenant l'origine des dentelles et colifichets qu'elle portait.

L'image de cet homme à la chevelure de feu et de cette honorable personne aux cheveux d'argent attirait peu à peu tous les regards.

Theo fit un rapide tour de passe-passe, puis ouvrit ses mains et montra un morceau de fine dentelle qu'il rendit à la vieille dame sous les applaudissements.

— Oh, monsieur Ravenhurst, me livrerez-vous votre secret ? minauda la jolie Laure en ouvrant tout grand ses beaux yeux bleus.

— A certaines conditions seulement, plaisanta-t-il en lui décochant un sourire équivoque.

— Theo ! Vous n'avez pas honte ? lui murmura Elinor à l'oreille.

— Dites-moi plutôt ce que vous pensez de Tracey, chère cousine.

— Je ne crois pas qu'il soit en cause dans l'affaire du calice. Certes, il était un peu fâché que vous l'ayez égaré dans la campagne, mais il ne vous en veut pas vraiment.

— Et je suppose qu'il vous fait du charme ? Ne vous pressez pas trop de le disculper, Nell. Pour moi, il est parmi les suspects.

Irritée par cette remarque, Elinor se détourna de son cousin. Elle croisa alors le regard inquisiteur de la *Marquesa* et s'empressa de reprendre sa conversation avec Theo, comme si de rien n'était.

— En fait, vous avez peut-être raison à propos de Sir Ian, cousin, concéda-t-elle en posant la main sur son bras d'un geste familier.

— Je suis heureux de vous l'entendre dire, Nell. Maintenant, nous devrions faire en sorte de nous lier d'amitié avec elle.

— Avec qui ?

— Avec Lady Tracey, pardi ! Pas avec Ana, vous n'êtes pas encore assez forte. Ah, autre chose… vous êtes exquise dans cette robe, et ces bijoux vous vont à ravir.

— Merci.

Ne sachant trop quel démon l'habitait, Elinor tourna lentement la tête vers la *Marquesa*. Soudain, mue par une force mystérieuse, elle éprouva le besoin d'aller s'asseoir auprès d'elle.

— Marquise, puis-je m'asseoir ici ?

— Mais certainement, ma chère, répondit Ana tout

en agitant son éventail d'un geste nerveux. Puis-je savoir ce que vous faites ici, miss Elinor ?

— Miss Ravenhurst, corrigea-t-elle avec un sourire suave. Je suis la fille aînée de la famille, et toujours célibataire.

— Oh, pardonnez-moi.

— Pourquoi suis-je là ? reprit-t-elle, froissée par la question de l'impertinente Espagnole. Tout simplement parce que cette chaise était libre et que j'éprouvais le besoin de m'asseoir !

— Non, je voulais dire : pourquoi êtes-vous ici, au château, avec Theo ? corrigea Ana.

— Je suis venue avec ma mère et, à vrai dire, je ne m'attendais pas à y trouver Theo. Quoi qu'il en soit, je suis ravie d'être là.

— *Por qué ?* insista la *Marquesa*.

— Pardonnez-moi, je parle cinq langues, mais l'espagnol n'en fait pas partie. Voyons, laissez-moi deviner… votre question signifiait « pourquoi », je suppose ?

Comme Ana acquiesçait d'un signe de tête, Elinor poursuivit :

— Nous sommes là parce que Theo nous a présentées au comte Léon afin que mère puisse entreprendre des recherches sur la chapelle du château.

— C'est donc la passion de l'architecture qui vous a attirées ici ?

— Oui, confirma-t-elle, tandis que son regard se fixait sur la silhouette de Theo dans son habit de soirée.

Dieu merci, le maître d'hôtel annonça alors le dîner, ce qui mit fin à cette conversation sulfureuse.

Elinor se réjouit toutefois de cette amusante entrevue avec la *Marquesa*. A n'en pas douter, Ana était convaincue qu'elle cherchait à s'attirer l'attention de Theo. Son jeu avait donc fonctionné, un talent de comédienne qu'elle tenait de famille !

La suite de la soirée ne fut pas aussi riche en divertissements de ce genre. Le dîner était toutefois excellent et Sir Ian et M. Castelnau se révélèrent des convives parfaits dans l'art de la conversation. Le café fut ensuite servi dans le petit salon où régnait une atmosphère sinistre.

Ana annonça qu'elle avait la migraine et se retira aussitôt. Sa démarche féline et son air matois donnaient plutôt l'impression qu'elle avait tout autre chose en tête.

Les jeunes filles bavardaient entre elles, Julie rêvassait dans son coin, et la comtesse conversait avec Lady Tracey et Lady James.

Après avoir fumé leur cigare, les hommes les rejoignirent. Elinor remarqua que Theo parcourait la pièce des yeux, cherchant sans doute quelqu'un… ou quelque chose.

La *Marquesa*, sans l'ombre d'un doute, songea-t-elle avec amertume.

Aussitôt, elle se leva, prit rapidement congé de ces dames et fit un signe discret à sa mère.

— Veuillez me pardonner, mais je crois que je vais me retirer. Bonne nuit, mesdames !

***

Une heure plus tard, Elinor se leva en réprimant un bâillement. Elle s'avança vers la table sur laquelle était déployée une copie du plan du château. Pinceau en main, elle y ajouta diverses couleurs indiquant les différentes époques de cette bâtisse ancestrale. Désormais, il lui serait facile de repérer d'un simple coup d'œil les salles dans lesquelles l'ancien comte de Beaumartin s'adonnait à ses orgies.

Elle s'interrogea toutefois sur l'utilité de cette méthode. Certes, il était probable que le précieux objet licencieux avait été caché à proximité des lieux de débauche, mais ce n'était pas certain. Après tout, les Beaumartin qui avaient succédé à cet ancêtre pervers avaient pu le dissimuler ailleurs. Autre hypothèse, cette partie du château avait été transformée au XVIIIe siècle et il ne restait plus rien de l'époque précédente.

Avait-elle perdu son temps ? Peut-être.

Elle se consola en se disant que sa mère, en revanche, pourrait exploiter son travail avec profit pour ses recherches médiévales.

Tandis qu'elle réfléchissait à la suite de l'enquête, Elinor entendit des bruits de pas dans le couloir, puis une porte s'ouvrir et se refermer.

Peut-être des invités qui regagnaient leurs chambres ?

Tout en rinçant ses pinceaux, elle résolut d'aller voir son cousin pour lui proposer son aide dans l'enquête qu'il menait. Elle se donna une demi-heure, estimant qu'alors tout le monde serait couché.

***

Theo allait et venait dans sa chambre, examinant au passage les meubles et les tableaux d'un œil expert tout en songeant à la soirée écoulée.

Il pensa aux Tracey. Cachaient-ils leur jeu avec une habileté hors du commun ou étaient-ils d'authentiques amateurs d'art ? Nul doute qu'ils étaient assez fortunés pour jouir de leurs collections sans convoiter un objet de valeur tel que le calice des Beaumartin.

Quant à la *Marquesa*, jamais elle n'aurait accepté cette invitation au château si elle avait été en possession de ce trésor. Mais, en même temps, elle était assez rusée pour se mêler à ceux qui le cherchaient, sachant qu'il était bien à l'abri chez elle.

Il s'arrêta un instant devant un grand miroir baroque, surpris par sa nudité. Il avait tellement l'esprit occupé par cet objet qu'il s'était interrompu au beau milieu de sa toilette sans même s'en rendre compte.

Ce miroir était l'une des pièces que Theo convoitait depuis longtemps, mais que le père du comte avait refusé de lui vendre. Il en profita pour examiner les blessures que les acolytes de Lord X lui avaient infligées. Dieu merci, son visage avait un peu désenflé, même si les meurtrissures étaient toujours là et n'ajoutaient rien à son charme. Son corps, en revanche, avait subi moins de dommages, et ses muscles obéissaient à peu près normalement à tous ses mouvements.

Il enfila sa robe de chambre abandonnée sur le lit et ressentit un frisson de plaisir au contact de la soie sur sa peau. Il décida de dormir un peu et se promit de se lever un peu plus tard pour entreprendre ses recherches dans le château endormi.

Si le comte Léon était encore en possession du calice, contrairement à ce qu'il affirmait, il le trouverait. Foi de Ravenhurst !

Il s'allongea sans même éteindre les chandelles, laissa reposer sa tête sur l'oreiller moelleux et ferma les yeux.

Soudain, un craquement se fit entendre dans le couloir, et sans y attacher trop d'importance Theo vérifia tout de même que son pistolet était bien à sa place sous le traversin.

La porte de sa chambre s'ouvrit lentement et, malgré la pénombre, il reconnut immédiatement la silhouette qui s'avançait. Il garda malgré tout la main sur son arme.

— Theo ! Est-ce que vous dormez ?

Le négligé que portait la visiteuse nocturne lui était familier. Et pour cause : c'était lui qui le lui avait offert. Assurément, elle ne pouvait dissimuler un poignard là-dessous.

— Que veux-tu, Ana ?

— Charmant accueil !

La *Marquesa* s'assit au pied du lit et passa la main dans ses cheveux d'un geste langoureux. Pour Theo, ce ne fut pas une surprise de sentir le pied d'Ana caresser le sien pour tenter d'éveiller son désir.

Ana était une très belle femme, et il savait exactement de quoi elle était capable dans un lit. Ce qui était nouveau pour lui, c'était sa propre indifférence à l'égard de ce corps de rêve qui venait s'offrir à lui.

— Mon pauvre Theo…, murmura-t-elle de sa voix suave. Faut-il que tu souffres encore de cette chute au point de ne pas pouvoir honorer une dame !

— Ce n'était pas une chute, Ana, et je n'ai pas envie que tu me laboures le dos avec tes ongles. Ni cette nuit ni une autre.

Elle ne manifesta aucune réaction à cette rebuffade. Au contraire, elle continua à caresser son ancien amant du pied comme si de rien n'était. Mieux encore, elle fit lentement glisser le drap pour découvrir la jambe de Theo et titilla de son orteil le haut de sa cuisse.

— Donc, si ce n'était pas une chute, c'est que ton client est très mécontent de ne pas avoir encore reçu le calice que tu lui as promis ?

— Il n'est pas connu pour sa patience.

Theo fit en sorte de se contrôler pour ne pas donner à la *Marquesa* le plaisir de le voir s'emporter. Tout ce qu'elle attendait, c'était une réaction violente de sa part, indiquant qu'il était humilié par sa remarque. Aucun homme ne se permettait de refuser Ana. C'était elle qui les rejetait !

— Et si tu ne retrouves pas ce calice ?

— Il faudra que je rende à mon client la somme équivalente.

— En as-tu les moyens ?

— Oui.

En réalité, Theo savait qu'il serait ruiné s'il devait débourser pareille somme. Sans doute devrait-il se séparer des pièces les plus précieuses de sa collection et vendre sa voiture. Mais où trouverait-il de l'argent pour reprendre ses voyages et continuer son commerce ?

— Tu es plus riche que je le pensais, remarqua Ana sans interrompre ses caresses. Tout de même, ce serait regrettable de te défaire d'une telle somme. Il vaudrait mieux que tu retrouves le calice et que tu empoches tes honoraires qui doivent être conséquents. Assez conséquents pour être partagés, peut-être ?

— Dois-je comprendre que tu proposes de m'aider ? questionna-t-il d'un filet de voix, tandis que les caresses se faisaient plus intimes.

Theo saisit alors la cheville d'Ana et la repoussa. Il ne voulait pas lui laisser le plaisir d'éveiller chez lui le moindre désir. Pourtant, il était bel et bien sur le point de succomber.

Si Ana convoitait la moitié de ses honoraires, c'était qu'elle n'était pas en possession du calice. Ou alors ce n'était qu'une ruse pour éloigner ses soupçons ? N'était-elle pas en train de négocier avec le comte l'achat d'autres objets de valeur ?

— Pourquoi pas, chéri ? murmura-t-elle en repliant ses jambes. Nous formons à nous deux une excellente équipe. Je peux commencer par séduire Sir Ian qui détient probablement de précieux renseignements. Sait-on jamais ?

— Ana, nous n'avons jamais formé une équipe, objecta Theo, et je n'ai que faire de ta collaboration. Et puis, laisse Sir Ian tranquille. Il aime sa femme et il serait déloyal de ta part de t'immiscer dans leur couple.

— Ils s'aiment ? reprit-elle avec un sourire narquois.

Quelle sottise ! A quoi sert l'amour ? Tu es trop sentimental, mon cher Theo.

Sans lui laisser le temps de réagir, elle se déplia soudain comme un chat bondissant sur sa proie et prit sauvagement ses lèvres.

Theo ne fit rien pour se soustraire à ce baiser, mais demeura parfaitement inerte. Il admettait cependant que les lèvres d'Ana étaient autrement plus ardentes que celles d'Elinor, et ses mains plus expertes.

— Aurais-tu fait vœu de chasteté, mon ami ? s'enquit la *Marquesa* tandis que ses doigts agiles ravivaient son désir d'homme. Comme ce doit être difficile pour un grand séducteur ! Mais j'y pense… peut-être gardes-tu tes ardeurs pour ta virginale cousine ? Je suis sûre que ce bas-bleu apprécierait tes hommages.

Theo demeura de marbre jusqu'à ce qu'Ana finisse par renoncer et quitte la chambre. Une fois la porte refermée, il rabattit sa robe de chambre sur ses jambes, se reprochant d'avoir éprouvé du plaisir aux caresses de cette gourgandine.

Ma virginale cousine ! Pff !

Cette façon de railler Nell n'avait fait que raviver son intérêt pour elle. Au fil des jours, il avait poli sa chère cousine comme une pierre précieuse qui brillait maintenant de tout son éclat. Mais ce n'était pas seulement son charme qui l'attirait. L'humour, l'intelligence d'Elinor, cette lueur qui brillait dans ses yeux quand elle le regardait, la fermeté ave laquelle elle étreignait sa main, la suavité de ses lèvres…

— Theo ?

Il sursauta tout à coup.

Elinor était là, dans sa chambre !

La porte venait de se refermer sur elle, alors qu'il ne l'avait pas entendue s'ouvrir.

Etait-il éveillé ou n'était-ce qu'un rêve ?

Chapitre 10

— Mais que faites-vous ici, Nell ?

Dressé sur son lit, Theo ne parvenait pas à croire que sa cousine était là, devant lui.

— Chut ! fit Elinor en portant son index à ses lèvres. J'ai vu la *Marquesa* sortir de chez vous et j'en ai conclu que vous ne dormiez pas.

Elle s'assit à son tour au pied du lit, à l'endroit même où Ana s'était étendue dans une attitude lascive.

— Croyez-vous qu'il soit bien prudent de vous compromettre de nouveau avec cette femme ? questionna-t-elle en fronçant les sourcils.

Elle rougit un peu et s'empressa de préciser :

— Je veux dire… de lui accorder votre confiance, bien sûr.

— En fait, je…

Il s'interrompit, renonçant à lui expliquer qu'il venait de repousser les avances d'Ana parce qu'il ressentait pour elle un peu plus que de l'amitié.

— D'abord, que faisiez-vous derrière ma porte ? s'insurgea-t-il. Y a-t-il d'autres personnes qui font la queue pour venir me voir ?

— Je suis sûre que Laure et Antoinette viendraient volontiers vous voir si elles osaient ! plaisanta Elinor. A vrai dire, je m'apprêtais à frapper à votre porte pour faire le point avec vous sur la manière de fouiller le château. Et comme vous n'aviez pas fermé à clé…

— Ce n'est ni l'endroit ni le moment ! interrompit vertement Theo. Avez-vous la moindre idée de ce qui arriverait si l'on vous découvrait dans ma chambre ?

— Il n'arriverait rien, mon cher Theophilus. Ne suis-je pas votre cousine ?

Il surprit dans son regard une telle lueur de malice qu'il fut tenté de l'attirer à lui et de lui démontrer que ce lien familial n'était pas un obstacle à la passion.

Mais il se ravisa en se disant que Nell était trop innocente pour se refuser à lui. Soudain il eut honte d'avoir eu ce genre de pensées à son égard.

Que lui arrivait-il donc ? Il venait de repousser les avances d'une amante expérimentée et envisageait de séduire une oie blanche ?

— Je suis un homme, petite sotte ! s'exclama-t-il dans un sursaut de dégoût pour lui-même. Que voulez-vous ? Devenir ma femme ? Moi je ne tiens pas à me retrouver avec la bague au doigt.

Il fut incapable d'interpréter le regard que Nell posait sur lui. Etait-elle choquée par ses propos ? Par sa propre indiscrétion en entrant dans sa chambre sans y avoir été invitée ?

Elle se leva lentement sans un mot et se dirigea vers la porte qu'elle ferma à double tour. Ensuite, elle revint s'asseoir au pied du lit et annonça sereinement :

— Voilà ! Maintenant, personne ne peut nous surprendre. Vous êtes rassuré, j'espère ?

— Nell, on vous donnerait à peine dix-sept ans ! argua-t-il, agacé par l'effronterie de sa cousine.

Il se reprocha aussitôt cet argument, sachant que l'âge n'était pas un obstacle.

Retournez dans votre chambre !

Voilà ce qu'il était tenté de lui dire. Mais…

Mon Dieu, comme elle avait pris de l'assurance en quelques jours ! Il y avait une lueur si espiègle dans le regard candide de ses yeux noisette qu'il se sentait désarmé. Sagement drapée dans sa chemise de nuit de coton, coiffée de ses tresses, elle offrait l'image d'une jeune fille respectable.

Un contraste trop évident avec Ana !

Theo n'en ressentait pas moins un désir intense pour cette jeune vierge, un désir douloureux, inconvenant, embarrassant. Mais comment pouvait-il penser à lui faire l'amour alors que son expérience se limitait à quelques baisers furtifs ?

— Dix-sept ans ! fit-elle en haussant les épaules. Dois-je prendre cette remarque pour un compliment, cher cousin ?

Elle redevint grave tout à coup et poursuivit :

— Ecoutez-moi, Theo. J'ai bien étudié le plan du château. Il faudrait des semaines de recherches à une seule personne pour découvrir ce que nous cherchons. Mais si nous sommes deux…

— Et si l'on nous surprend à fureter dans les couloirs ?

— Nous trouverons une explication. Deux cerveaux valent mieux qu'un, n'est-ce pas ?

Theo secoua la tête pour exprimer ses doutes. Face aux certitudes de Nell, il sentait peu à peu la situation lui échapper.

— Soit ! Dans ce cas, je chercherai seule, dit-elle, ce qui n'est pas la façon la plus rationnelle de procéder.

Il y eut alors un long silence. Theo observait Elinor, bien tenté de la prendre par les épaules pour la secouer. Mais qu'arriverait-il s'il la touchait ? Se bornerait-il à la sermonner, ou…

Il comprenait l'appréhension qu'elle éprouvait à explorer seule le château et ne tenait pas à l'exposer au danger. En effet, au centre de ce mystère, il y avait celui ou celle qui l'avait assommé pour lui dérober le calice !

— Bien. Si vous ne dormez pas encore à 2 heures, habillez-vous et nous entreprendrons les recherches, conclut-il. Nous pourrons commencer par le bureau du comte Léon, par exemple.

— D'accord. Je suppose que le comte défunt y a laissé quelques indices qui nous seront précieux ? Donc, à tout à l'heure, cher cousin.

Elle sortit aussi tranquillement qu'elle était entrée. Theo tendit l'oreille, et nota que le plancher du couloir ne craquait pas sous les pieds d'Elinor. Preuve que, contrairement à la *Marquesa*, elle avait évité la planche disjointe.

Intelligente, la cousine ! se dit-il.

Intelligente, certes, mais source de sérieuses complications !

***

Arrivée dans sa chambre, Elinor s'assit à sa table de travail et examina de nouveau le plan du château. Elle pouvait se féliciter d'avoir obtenu ce qu'elle voulait avec Theo.

Cependant, en entrant dans la chambre de son cousin, elle avait compris soudain le risque qu'il y avait à pénétrer en un tel lieu, alors que l'ancienne maîtresse venait d'en sortir. En effet, elle aurait pu surprendre Theo dans le plus simple appareil et alors… Elle n'osait imaginer ce qui aurait pu se passer.

Elle soupçonnait toutefois que la *Marquesa* n'avait probablement plus les faveurs de son cousin. A moins que faire l'amour fût pour l'Espagnole un acte plus bref et moins ardent qu'elle ne le pensait !

Néanmoins, il n'était pas banal pour deux cousins de se retrouver dans une chambre obscure en tenue de nuit et à minuit passé. C'était en tout cas bien plus inconvenant que de se promener au bord de cette rivière où il l'avait embrassée. Rien à voir avec la chambre que Theo louait à Saint-Père où elle avait soigné ses blessures, rassurée de le voir sain et sauf.

Ici, au château, alors qu'elle distinguait à peine le visage de Theo, elle avait ressenti un indicible émoi à imaginer son corps sous sa robe de chambre. Et, si elle osait à peine l'admettre, elle avait eu envie de le toucher.

Etait-ce là ce que l'on nommait le désir ?

Etre une jeune femme célibataire, sensée et intelligente ne vous mettait pas à l'abri de la tentation et ne vous empêchait pas de fantasmer sur un homme. Surtout un homme qui vous embrassait volontiers sur les lèvres sous le prétexte de vous initier.

Ce soir, pourtant, Theo l'avait tout simplement rabrouée en lui disant qu'il ne voulait pas être surpris dans une situation compromettante. Elinor en avait ressenti une vive blessure, et elle ne comprenait pas vraiment pourquoi. Il avait raison : se marier avec quelqu'un uniquement pour faire taire un scandale n'était pas ce qu'elle voulait. De toute façon, elle savait bien qu'elle resterait à jamais célibataire et que les baisers de Theo seraient son unique expérience de l'amour. Elle s'estimait douée de raison, instruite et intelligente, et ne pouvait donc concevoir que les paroles de Theo l'aient à ce point blessée.

Elle devrait plutôt se réjouir qu'il ne sache pas à quel point elle le désirait, songea-t-elle, le cœur serré.

Elle jeta un coup d'œil sur la pendule. Elle indiquait minuit et demi. Elle avait donc une heure trente devant elle. Le temps de fouiller minutieusement sa propre chambre. Certes, le comte n'était pas homme à cacher un trésor dans une chambre d'invité, mais pourquoi pas ?

Elle sortit une vieille robe de l'armoire et s'habilla. Ce vert bouteille était parfait pour se glisser dans les couloirs sombres du château sans être vue. De plus, la robe était plutôt seyante, ce qui lui éviterait les sarcasmes de son cousin.

Theo frappa si discrètement à la porte d'Elinor qu'elle faillit bien ne pas entendre. Elle lui ouvrit, un couteau en main.

— Que faites-vous ? Vous êtes folle !

— J'ai commencé par fouiller ma chambre, et je dois dire que ce couteau est très pratique pour soulever les lames du parquet.

— Allons, venez ! ordonna-t-il en soulevant sa lanterne. Nous n'avons pas de temps à perdre.

Dans le silence de la nuit, le château de Beaumartin était plus mystérieux que d'habitude. Toutefois, chaque partie en était identifiable par son décor. Ainsi passait-on des pièces XVIIe avec leurs hautes armoires, leurs lambris et leurs pendules de bois précieux à celles du Moyen Age où surgissaient de l'ombre des armures, des hallebardes et des trophées de chasse.

Son couteau en main, Elinor suivait son cousin de près, bien tentée par moments de s'agripper à sa redingote, tant elle avait peur.

Theo trouva aisément le chemin du bureau du comte. Il se pencha, tira de sa poche un objet métallique et l'introduisit dans la serrure. Elinor s'étonna qu'un passe-partout figure dans la panoplie des accessoires d'un antiquaire, mais s'intéressa de près à sa façon de s'en servir. Accepterait-il de l'initier à cette pratique ?

La porte s'ouvrit en un clin d'œil.

— Examinez les rideaux, chuchota-t-il. Ils recèlent parfois bien des secrets.

Ils fouillèrent minutieusement tous les recoins de la pièce, les armoires, les placards, et sondèrent même les lambris. A l'aide de son passe-partout, Theo ouvrit tous les tiroirs et les referma soigneusement pour ne laisser aucun indice de leur passage.

— De quelle taille est l'objet que vous cherchez ? questionna-t-elle.

— Comme ceci, à peu près répondit-il en éloignant ses mains l'une de l'autre d'environ cinquante centimètres. Et c'est très lourd.

— Il nous reste à fouiller le parquet, suggéra-t-elle en glissant la pointe de son couteau entre deux lames.

Ce fut hélas sans résultat.

— Zut ! Une écharde, gémit-elle. Juste dans la paume de ma main.

— Voyons, dit Theo en levant sa lanterne. Ce n'est pas bien grave. Elle est assez grosse et n'en sera que plus facile à retirer.

Il porta la main d'Elinor à ses lèvres et suça la peau de façon à l'assouplir.

Sa bouche était douce et tiède et le contact de ses lèvres sur sa main éveilla un violent désir au creux de son ventre. Plus précisément en cet endroit où elle avait ressenti un feu ardent le jour où il l'avait embrassée.

Dans la pénombre, elle parcourut longuement le visage de son cousin et éprouva pour lui un tel élan de tendresse qu'elle en frémit.

Est-ce lui qui l'embrassa le premier ? Elle n'aurait su le dire, mais leurs lèvres s'unirent spontanément dans le silence ancestral de ce bureau.

Cette fois, Elinor prit le temps de savourer le goût de ce baiser, le parfum familier de Theo, et la chaleur de son corps contre le sien. Elle eut aussi la révélation physique de son désir d'homme par un contact plus intime. Et ce qui aurait dû la terrifier ne fit qu'ajouter à son propre désir.

Ils roulèrent ensemble sur le sol, se heurtant aux meubles, trop enflammés par leur étreinte sauvage pour y prêter attention. La main de Theo se referma sur le sein d'Elinor et l'épousa parfaitement. Alors, il chercha de ses lèvres le téton dressé et le prit avec gourmandise. Pour elle, le plaisir fut si soudain, si intense, qu'elle eut envie de crier.

Dieu merci, elle n'en fit rien, se rappelant où ils étaient et quelle imprudence ils étaient en train de commettre. Alors, Theo redevint sage et Elinor soupira sans trop savoir si c'était de soulagement ou de déception.

Mais c'est à peine si elle eut le temps de profiter de ce répit car il reprit bien vite ses lèvres avec plus d'ardeur et leurs langues se mêlèrent intimement dans un sursaut de désir. Elle s'agrippa à ses épaules comme un naufragé à un bois flottant tandis qu'un tourbillon les emportait tous deux dans les abysses du plaisir.

Soudain le bruit d'une clé dans la serrure résonna dans la pièce. Ils s'arrachèrent brusquement l'un à l'autre et Theo la poussa sous le bureau, puis s'accroupit auprès d'elle dans l'espace étroit sans oublier d'éteindre la mèche de sa lampe.

Ils étaient maintenant face à face, genoux contre genoux, mais Dieu merci à l'abri des regards du visiteur qui s'apprêtait à entrer.

Elinor tremblait de peur, mais le sang-froid de Theo avait quelque chose d'apaisant, si bien qu'elle parvint à recouvrer son calme.

La porte s'ouvrit et la lueur vacillante d'une chandelle inonda la pièce. Une pendule sonna la demi-heure. Il était donc 3 heures.

Etait-ce le comte qui faisait sa ronde de nuit ?

Peut-être souffrait-il d'insomnies et éprouvait-il le besoin de venir lire un moment dans son bureau ?

La légèreté des pas éveilla cependant les soupçons d'Elinor. Ce n'était pas le pas d'un homme, même chaussé de pantoufles !

Et, tandis qu'elle s'interrogeait sur l'identité de ce visiteur, elle aperçut le volant d'une robe longue.

Soudain, les pas cessèrent.

En entrant, Elinor avait remarqué sur le bureau un coffret à décor de marqueterie, mais elle n'avait pas pris la peine de l'ouvrir. Elle avait en effet jugé sa taille insuffisante pour contenir le fameux calice. La femme l'ouvrit, puis il y eut un bruit de papiers froissés et une exclamation étouffée. Enfin, le couvercle se referma et la clé tourna deux fois dans la serrure.

Qui était cette personne ? Comment la reconnaître à son seul vêtement, apparemment une robe de chambre de satin ? L'inconnue était probablement l'une des invitées du comte. Mais laquelle ?

Pour le moment, elle se tenait immobile. Etait-elle en train de réfléchir ou de tendre l'oreille, alertée par un bruit suspect ?

Peut-être les entendait-elle respirer ?

Enfin, dans un frou-frou de tissu et un glissement de semelles sur le sol, la femme retourna vers la porte qui se referma sur elle. L'obscurité revint, et avec elle leur soulagement.

— Qui était-ce ? s'enquit Elinor en sortant la première de leur refuge. Une femme, certes, mais encore ?

— Je n'en ai pas la moindre idée, avoua Theo tout en rallumant sa lanterne.

Il reprit son passe-partout et tenta de crocheter la serrure du coffret.

— Si j'en crois le temps qu'elle y a mis, elle n'a pas ouvert la porte avec la clé, murmura-t-il. Plutôt avec une épingle à cheveux ou quelque accessoire féminin.

— Très juste, admit Elinor. Donc, comme la comtesse a certainement une clé de ce bureau, il ne peut s'agir que d'Ana.

— Pas forcément.

Theo avait réussi à ouvrir le coffret et tenait dans sa main une liasse de papiers.

— C'est un inventaire. Juste ciel ! Il s'agit de l'inventaire du comte libertin et de sa société secrète. Regardez, Nell, voici un dessin du calice ! Nous sommes sur la voie.

Theo étala les parchemins sur la table et ils tentèrent d'en déchiffrer l'écriture à la lueur vacillante de la lampe.

— On y voit aussi ce plat d'argent provenant du même orfèvre, commenta la jeune femme. Et voici les chaînes d'or et d'argent… les fouets de crin de cheval pour caresser et de lanières de cuir pour mordre la chair…

Elle s'interrompit un instant en pointant son doigt sur la feuille et reprit :

— Je n'arrive pas à lire ce mot.

— Peu importe, conclut-il en repliant la feuille. De toute façon nous n'avons pas le temps de le déchiffrer.

Il remit les papiers à leur place et referma soigneusement le couvercle du coffret

— Ainsi, il y a encore beaucoup de choses à découvrir dans ce château. J'ignore qui était cette femme, mais elle s'en chargera. Tout ce que je veux, c'est mettre la main sur ce satané calice et quitter les lieux au plus vite. L'hospitalité du comte commence à me peser !

— Cet inventaire ne donnait donc aucune précision sur l'endroit où il est caché ? questionna-t-elle.

— Non, mais cela m'a cependant donné une idée de l'endroit où il faut chercher. Il faut que je réétudie le plan.

— Nous reviendrons demain, proposa Elinor.

Tout ce qu'elle désirait pour le moment, c'était regagner sa chambre et se glisser dans son lit. Dormir, et rien d'autre ! Voilà ce qui lui importait. Et si possible apaiser le feu que les baisers de Theo avaient allumé en elle.

— Non, objecta-t-il, tout en éteignant sa lanterne. Nous ne reviendrons pas demain.

— Pourquoi ?

— Parce que, si nous nous retrouvions seuls dans ce bureau, je ne serais pas capable de vous résister. Nous jouons avec le feu, Nell.

— A votre avis... que se serait-il passé si cette femme n'était pas venue nous déranger ?

— Rien ! assura-t-il avec un aplomb inimaginable tout en l'invitant à franchir la porte.

Comme ils se dirigeaient vers l'aile où ils étaient logés, Theo ajouta :

— J'ai encore assez d'éducation pour m'en tenir à un baiser, Nell, mais je confesse que ce n'est pas facile.

Il hésita un instant et reprit :

— Je peux bien vous l'avouer à présent, chère cousine, ce que je désire le plus, c'est vous attirer dans mon lit et vous faire l'amour !

— Theo ! Vous savez bien que nous ne sommes pas amoureux l'un de l'autre ! Sans compter que nous sommes deux personnes intelligentes et sensées.

Elle baissa les yeux et ajouta dans un murmure :

— En fait, je ne sais trop pourquoi, mais… j'éprouve le désir de… de vous toucher, de vous offrir mon corps…

Comme ils passaient devant une fenêtre à meneaux, Theo l'invita à s'asseoir sur le petit banc de pierre ménagé dans l'embrasure. Il s'assit face à elle et lui prit les mains.

— C'est ce que l'on nomme le désir, Nell, expliqua-t-il. C'est impur, mais c'est une pulsion très normale. Pour un homme et une femme seuls dans une pièce, il est plus facile de s'enflammer que de rester indifférents l'un à l'autre.

Il s'inclina vers elle, glissa ses doigts dans ses cheveux bouclés et lui sourit tendrement.

— Vous me comprenez, j'espère ?

— Je comprends, murmura-t-elle. Je sais pourquoi j'ai envie de vous embrasser depuis que vous m'avez montré comment m'y prendre. Je vous aime bien, Theo, et j'ai confiance en vous.

Et je vous désire, mais je ne dois pas vous l'avouer,

songea-t-elle dans le secret de son cœur. *Je ne devrais même pas y penser.*

— Il me semble que vous ressentez un plaisir égal au mien à prendre mes lèvres, reprit-elle en cherchant son regard.

— Tous les hommes aiment ça, un point c'est tout, répliqua-t-il en changeant brusquement d'humeur. Gardez-vous bien de chercher à analyser ce phénomène, Nell. Votre intelligence ne vous sera d'aucun secours pour le comprendre.

— Theo, je…

— L'attirance que deux êtres éprouvent l'un pour l'autre n'obéit pas à des règles précises, continua-t-il. Il n'existe pas de grammaire pour la passion. Le désir a un pouvoir incommensurable, il ne répond à aucune logique et se moque des convenances. Il est particulièrement cruel pour les femmes, alors que les séducteurs que nous sommes collectionnent les maîtresses. Pour une femme, prendre un amant sans compromettre sa réputation est pratiquement impossible.

— Bel…

Elinor s'interrompit brusquement, horrifiée par ce qu'elle allait dire.

— Vous pensez à Bel et Dereham, n'est-ce pas ? s'enquit Theo en levant les yeux vers elle. Voulez-vous dire qu'avant leur mariage… ? Très bien. J'en suis ravi pour elle. Elle n'avait que trop longtemps enduré les sermons du raseur auquel elle était mariée. Toutefois, prendre un amant….

— Mais je ne veux pas d'un amant, Theo ! s'insurgea-t-elle. D'ailleurs, vous n'avez que faire de moi alors que vous disposez de maîtresses expérimentées qui ne risquent pas de causer un scandale. Pourquoi ne pourrions-nous pas simplement…

Elle fit un geste vague, incapable de trouver le terme qui convenait le mieux.

— Mettre fin à tout cela ? proposa-t-il avec un sourire indulgent. Parce que le désir nous surprend et qu'il répond à un instinct irrépressible. Vous comprenez maintenant pourquoi je ne tiens pas à vous voir dans ma chambre ?

— Oui, en effet.

Visiblement satisfait de sa démonstration, il tendit la main à Nell pour l'inviter à se lever.

— Il est vrai que le désir est quelque chose de très troublant, murmura-t-elle. C'est peut-être pourquoi on le retrouve si souvent dans les mythes de la Grèce antique ?

Theo étouffa un éclat de rire.

— Chut ! fit-elle en fronçant les sourcils. On pourrait nous entendre. Comptez-vous expliquer à tante Louisa que nous discutions mythologie ?

Theo fit halte devant la porte de sa chambre et regarda Elinor en silence un long moment.

— Nell… je ne vais pas vous embrasser pour vous souhaiter bonne nuit.

— C'est plus sage, en effet, admit-elle.

Elle posa la main sur son épaule, se hissa sur la pointe des pieds, et effleura simplement sa joue de ses lèvres.

— Bonne nuit, Theo.

— Bonne nuit, Nell.

Tandis que la pendule sonnait quatre coups, Elinor

réprima un bâillement. A peine entrée dans sa chambre, elle se dépouilla de ses vêtements qu'elle abandonna sur le tapis et se laissa tomber sur son lit.

Les yeux rivés au plafond, elle se dit que Theo avait tort. Contrairement à ce qu'il affirmait, il était possible d'analyser le phénomène du désir charnel. En revanche, il semblait impossible que le corps obéisse à la raison !

Chapitre 11

— Je ne me souviens pas vous avoir vue hier dans cette robe-là, miss Elinor.

Assise dans son lit, Elinor leva des yeux lourds de sommeil de sa tasse de chocolat, objet de sa contemplation. Jeanie brandissait sous son nez sa robe verte, froissée et souillée de poussière.

Les serviteurs du château ne devaient pas souvent faire le ménage sous le bureau de leur maître !

— Je n'avais pas sommeil, alors je me suis rhabillée pour aller faire un tour, expliqua-t-elle d'une voix lasse.

— Brrr ! Dans cette sinistre demeure peuplée de fantômes ? reprit la servante avec une grimace d'épouvante. Moi, je ne sors jamais de ma chambre la nuit, surtout si j'entends du bruit !

Il fallut quelques instants à Elinor pour décoder le message que semblait contenir cette fin de phrase.

— Est-ce à dire que tu as entendu quelque chose cette nuit, Jeanie ?

— Oui. Des pas, des coups frappés aux portes, et même des bruits sourds qui semblaient venir des souterrains.

— Vraiment ? Comme c'est inquiétant ! Il est vrai que

ces vieilles maisons semblent résonner de toutes sortes de bruits quand on n'y est pas habitué.

Elinor observa un bref silence puis reprit en levant les yeux sur la servante :

— Dis-moi, Jeanie, veux-tu me dire précisément où est située ta chambre ?

Sachant que la pauvre fille avait un piètre sens de l'orientation et peu de dispositions pour décrire les lieux, Elinor déplia son plan du château.

— Peut-être es-tu logée au rez-de-chaussée ? questionna-t-elle en pointant son doigt sur la feuille. C'est curieux. Ce n'est pas l'endroit réservé aux domestiques d'habitude.

Elinor se rendit compte qu'elle avait sous les yeux la partie la plus ancienne du château, située au-dessus des caves et des oubliettes.

— Sais-tu si M. Ravenhurst est levé, Jeanie ? s'enquit-elle soudain.

Elle fit l'effort de sortir de son lit et s'avança jusqu'à la fenêtre. Le soleil était déjà haut dans le ciel, et il était probable que sa mère inventoriait déjà les sculptures de la chapelle.

— J'ai aperçu M. Ravenhurst quand je vous apportais l'eau chaude pour votre toilette, miss Elinor. Il m'a pincé la joue en me disant que j'étais bien trop jolie et que c'était pitié pour un homme de dormir seul dans sa chambre !

Jeanie sourit aux anges, visiblement flattée par ce compliment.

— Voilà bien les hommes ! soupira Nell en levant les yeux au ciel.

Apparemment, Theo et le comte rentraient d'une promenade à cheval car Elinor les trouva dans le petit salon, attablés devant leur petit déjeuner en tenue d'équitation. Ils semblaient tous deux d'excellente humeur et dans de meilleures dispositions que la veille.

A vrai dire, elle ne savait trop ce que lui réserveraient ses retrouvailles avec Theophilus et n'était pas sans s'inquiéter. Peut-être subsisterait-il quelque chose de leur moment d'intimité de la veille ? Oserait-elle le regarder en face ?

Dieu merci, tout se déroula parfaitement. Theo lui sourit en la voyant s'avancer vers lui et se comporta en ami et en cousin. Mais peut-être n'éprouvait-il que de l'indifférence, à son égard ? Non. Comme il l'avait lui-même laissé entendre, un baiser avait une signification particulière pour un homme.

Elinor adressa un sourire au comte, puis contourna la longue table et chuchota à l'oreille de Theo assis à l'autre extrémité :

— Jeanie a entendu des bruits dans les caves, la nuit dernière. Il semble que nous ne soyons pas les seuls à fureter dans le château.

— C'est un miracle que nous n'ayons pas croisé d'autres invités, murmura-t-il tout en souriant à son vis-à-vis.

— Et... que désirez-vous faire ce matin, miss Ravenhurst ? s'enquit l'hôte des lieux.

Il reprit des œufs et deux tranches de bacon en ajoutant avec un léger sourire :

— Voyez-vous, j'ai gardé de l'Angleterre le goût du breakfast !

— Je crois que je vais aider mère à faire ses relevés dans la chapelle, répondit-elle, soucieuse de laisser les hommes entre eux. La lumière est parfaite pour observer les sculptures.

— Donc, je n'aurai pas la chance de vous montrer le parc sous le soleil ? déplora le comte, la fixant de ses beaux yeux noirs.

Elle était sensible à son regard orageux, à ses longs cils et à son visage aux traits nobles. Oui, elle le trouvait beau garçon.

Elle ne se sentit pas la force de refuser, d'autant qu'une idée venait de lui venir à l'esprit.

— J'avoue que cela me tente, monsieur le comte, mais j'aimerais surtout visiter les oubliettes. J'adore les romans du Moyen Age et je suis sûre que l'atmosphère des souterrains a quelque chose de très excitant.

Elle remarqua le clin d'œil approbateur de Theo qui trouvait sans doute sa requête très astucieuse.

— Les oubliettes ? fit le comte, en haussant les sourcils. Je dois dire qu'elles ne sont plus très attrayantes. Quant aux caves, elles sont encombrées de vieilles barriques et de meubles démantelés. Vous risquez d'être déçue, miss Ravenhurst. En fait, vous n'y trouverez ni instruments de torture ni squelettes enchaînés pour vous donner le frisson.

A l'évidence, M. de Beaumartin ne semblait pas très

disposé à lui faire visiter ces lieux et préférait à coup sûr une promenade romantique dans le parc ensoleillé.

— S'il vous plaît, monsieur le comte..., insista-t-elle avec une moue charmante. Je suis sûre qu'il n'y a rien de plus palpitant qu'une visite des oubliettes avec le maître de maison.

Theo qui était en train d'avaler son chocolat manqua s'étouffer.

— Palpitant... Je ne peux rien vous promettre de tel, repartit Léon.

Elinor s'agaçait et ne comprenait pas que ses minauderies restent sans effet sur lui.

— Mais je ferai de mon mieux, acheva-t-il, enfin disposé à rendre les armes. En revanche, je vous prie de ne plus m'appeler monsieur le comte ! Léon suffira.

— Oh, merci, Léon.

Elle n'osait aller plus loin dans cette opération de charme et ne redoutait qu'une chose : affronter le regard réprobateur de Theo !

— Je viendrai vous retrouver dès que mère n'aura plus besoin de moi dans la chapelle, promit-elle.

— J'en serai ravi.

Dieu merci, d'autres invités pénétrèrent alors dans la pièce, ce qui mit heureusement un terme à ce dialogue équivoque.

Julie s'assit auprès du comte en décochant à Elinor un regard glacial. Avait-elle entendu leur conversation ? Nell le redoutait, aussi n'osait-elle lever les yeux vers elle.

Laure et Antoinette entrèrent à leur tour et s'installèrent de part et d'autre de Theo. Elles le complimentèrent sur la guérison de ses contusions au visage et le traitèrent en héros, comme s'il avait été blessé au cours d'un combat de chevaliers.

Nell enrageait. Theo se conduisait avec ces demoiselles comme un oncle trop indulgent avec des nièces de quinze ans. Cette attitude, en apparence sage, lui valait en tout cas l'approbation de sa tante Louisa.

Les Tracey annoncèrent leur intention de faire une randonnée à cheval et persuadèrent M. Castelnau et la *Marquesa* de se joindre à eux.

Elinor attendait que sa mère achève son petit déjeuner, mais celle-ci crut bon d'engager la conversation avec la maîtresse des lieux.

La comtesse mère semblait fatiguée. Sans doute ne dormait-elle guère, trop affectée par la disparition récente de son mari en des circonstances pour le moins mystérieuses. Tout en bavardant avec Louisa, elle ne quittait pas son fils des yeux. Peut-être trouvait-elle que le jeune comte ne paraissait pas très affecté par la brusque disparition de son père ?

La mère et le fils étaient-ils brouillés ?

— Viens, ma fille, nous avons du travail, déclara Lady James, prenant subitement congé de la comtesse.

— Je monte chercher mon matériel de dessin dans ma chambre, mère. J'en ai pour une minute.

Dans sa chambre, Elinor trouva Jeanie occupée à ranger du linge. La servante lui décocha un sourire si énigmatique qu'elle ne put s'empêcher de lui poser la question.

— Pourquoi souris-tu ainsi, Jeanie ? Ai-je donc changé à ce point depuis hier ?

— Oh oui, miss Elinor ! Ces nouvelles robes vous ont transformée.

L'image que lui renvoyait le miroir était en effet celle d'une autre Nell. Elle se trouvait désormais plus jeune, plus gaie, plus belle en somme. En fait, elle avait tout simplement son âge, et non cinq ans de plus comme auparavant !

Si elle ne s'estimait pas vraiment jolie, elle devait admettre en toute honnêteté qu'elle était plus attirante que naguère.

— Ta remarque me surprend, Jeanie. A mon avis, je dois surtout ma bonne mine au grand air qui me fait du bien. Certes, il est vrai que mes nouvelles robes me flattent, et que ma coiffure adoucit mes traits.

— C'est certain, miss Elinor.

Jeanie se pencha alors vers sa maîtresse et lui confia à l'oreille avec malice :

— C'est surtout l'amour qui change une femme, miss Ravenhurst !

— Jeanie ! Je ne suis pas amoureuse, protesta Nell en rougissant soudain. Pas du tout, tu m'entends ?

La servante, qui n'était pas dupe, lui fit un clin d'œil complice dans le miroir.

— Ne vous en faites pas, miss Elinor, je ne dirai rien à madame. Vous pouvez compter sur ma discrétion. Inutile de tourmenter Lady James avec ces choses-là, elle a tant de travail avec ses livres. Pour vous, c'est plus facile qu'à Londres, n'est-ce pas ? Vous pouvez voir votre cousin quand vous voulez…

— Jeanie !

— Quel homme charmant, n'est-ce pas ? Certes, il n'est pas aussi séduisant que le comte, mais il est plus… Comment dirais-je ? Viril ! Et il a de si belles mains. Ah, je crois pouvoir dire qu'il ferait un bon mari, miss Elinor.

— Mais enfin, Jeanie ! s'insurgea-t-elle. Je ne suis pas amoureuse de M. Ravenhurst. Theophilus est mon cousin et mon ami, un point c'est tout. Je n'ai rien à cacher à ma mère, et je te prie de cesser de m'importuner avec ça.

Mon Dieu ! Faites que je ne sois pas foudroyée à l'instant pour ces mensonges, se dit-elle.

En fait, elle n'avait échangé que quelques baisers avec Theo. Etait-ce suffisant pour considérer qu'elle était amoureuse de lui ?

— Bien, miss Elinor, balbutia humblement la servante en reprenant son travail.

Furieuse, Nell prit sa sacoche à dessin et quitta sa chambre sans un mot.

Non ! Elle n'était pas amoureuse de lui. C'était impossible ! se répétait-elle tout en descendant l'escalier. Bien sûr, elle désirait Theo. Après tout, c'était une réaction naturelle contre laquelle elle ne pouvait rien. Certes, elle était capable de contrôler ses actes, mais ses pensées…

— Me voici, mère. En quoi puis-je vous être utile ce matin ?

— Tu vas commencer par recenser les chapiteaux qui

ont des similitudes avec ceux de la basilique, proposa Lady James comme elles se dirigeaient vers la chapelle.

— Oui, mère.

L'amour appartenait au domaine de l'intellect, c'était évident. Et, si elle ne voulait pas tomber amoureuse, cela n'arriverait pas !

— Celui-ci, mère, et aussi celui-là. Je pense qu'ils sont du même sculpteur.

Tomber amoureuse pouvait vous mettre la tête à l'envers. La preuve : l'état dans lequel était la cousine Bel quand cela lui était arrivé. Pauvre petite chose ! Elinor, elle, n'avait rien à voir avec sa cousine. Elle était parfaitement équilibrée. Tout à fait normale.

— Elinor ! Mais qu'as-tu donc à rêvasser ainsi ? s'exclama tout à coup sa mère. On dirait que tu tombes de la lune.

— Pardon, mère. J'essayais de me remettre à la mémoire les sculptures de la basilique.

En fait, Nell était véritablement préoccupée par son aventure avec Theo, par ce trouble qui s'emparait d'elle dès qu'elle pensait à lui. Jeanie avait peut-être raison, après tout. Elle était bel et bien amoureuse de son cousin ! Si elle l'était, leur histoire d'amour n'avait pas d'avenir, et elle en souffrirait cruellement. Elle qui s'était promis de mener une vie paisible et sans histoire, de ne jamais connaître de déceptions, de blessures, c'était raté. Theo l'avait dit lui-même : leur aventure était sans espoir.

— Veux-tu que je relève des croquis de ces chapiteaux, mère ? demanda-t-elle tout en souhaitant que la réponse fût négative.

En effet, sa main tremblait tellement qu'elle était incapable de dessiner correctement.

— J'ai pensé que dans un premier temps il serait plus utile de noter les marques de tâcherons pour les comparer à celles de la basilique.

— Excellente idée, ma fille, approuva Lady James tout en mesurant les distances entre les colonnes de la nef.

Elinor commença à examiner les murs de près, notant les uns après les autres ces signes énigmatiques que gravaient dans la pierre les maçons du Moyen Age. Comme ils étaient payés à la tâche, leur travail pouvait ainsi être identifié sans le moindre doute.

Vers la fin de la matinée, Elinor avait parcouru l'église en tous sens et couvert plusieurs pages de son carnet de signes différents.

Un serviteur se présenta alors, annonçant que le déjeuner était servi. Si Lady James, qui n'avait pas achevé ses relevés, accueillit cette nouvelle avec un certain agacement, Elinor, en revanche, en fut ravie.

— Mère, j'espère que tu pourras te passer de moi cet après-midi ? Je me sens un peu lasse et j'ai la migraine.

— Soit ! Eh bien, ma fille, allons déjeuner puisqu'on nous attend.

Elinor tourna et retourna le problème dans sa tête tout au long du repas, puis la solution vint tout à coup. Elle voyait trop Theo, et compte tenu de l'attrait qu'elle ressentait pour son cousin il était plus sage de prendre ses distances avec lui. Ce qu'il lui fallait, c'était la compagnie d'un autre homme.

Or, elle avait précisément un candidat sous la main.

— Miss Elinor ?

Le comte s'avançait vers elle. Il l'attendait pour la visite des caves et des oubliettes, et c'était là l'occasion de faire plus ample connaissance avec lui.

Elle le trouvait séduisant et parfaitement capable de la distraire et de la charmer. Par ailleurs, il était assez fin pour ne pas se méprendre sur le caractère strictement amical de cette escapade dans les souterrains.

— Je suis prête, Léon, et je m'en remets à vous pour me divertir avec toutes ces histoires de revenants à donner le frisson.

— Voyons si je suis capable de vous faire frissonner, chère Elinor !

Il prit une lanterne sur une console de l'entrée et l'alluma tout en donnant quelques précisions historiques.

— Les souterrains datent du premier château bâti par mon ancêtre le chevalier de Beaumartin. C'était un puissant chef de guerre et il lui fallait un endroit où enfermer ses nombreux prisonniers.

Il la prit par la main pour l'aider à descendre.

— Prenez bien garde où vous posez vos pieds. L'escalier est très étroit.

Elle ne ressentit rien de particulier au contact de la main du comte et s'en libéra bientôt en le remerciant comme ils arrivaient dans la première pièce.

C'était en fait une sorte de couloir assez large, dallé

de grandes pierres rectangulaires. De part et d'autre s'ouvraient de petites portes si basses qu'il fallait courber la tête pour les franchir.

— Est-ce que ce sont des cachots ? s'enquit-elle.

— Certainement, répondit Léon en poussant une porte qui grinça sur ses gonds de façon sinistre.

Il leva sa lanterne pour éclairer l'intérieur et reprit :

— Comme vous le voyez, il n'y a pas de fenêtre et les murs sont très humides. Vous voyez ces crochets ? Ils maintenaient les chaînes qui entravaient les captifs. Imaginez l'angoisse de ces malheureux enchaînés dans l'obscurité pendant des mois ou des années avec les rats pour seuls compagnons.

Elinor tremblait déjà à cette idée et ne trouvait rien de romantique à la barbarie médiévale. Toutefois, elle avait demandé à voir tout cela et ne pouvait se dérober à la suite de la visite.

— Vraiment effrayant ! commenta-t-elle en frissonnant.

Elle sursauta en voyant courir une énorme araignée dans le faisceau de lumière et se retrouva dans les bras protecteurs du comte Léon.

— Allons, ce n'est qu'une araignée, ma chère, murmura celui-ci en la serrant tout contre lui.

— Je… je vous remercie, bredouilla-t-elle en se dégageant. Je dois avouer que j'ai une peur bleue de ces bêtes-là.

Ils continuèrent la visite dans un labyrinthe de couloirs et de pièces plus sombres les unes que les autres. Le comte se montrait parfaitement courtois avec elle. Nul doute qu'il la considérait comme une jolie jeune femme

— ce qu'elle était —, mais il la traitait en invitée, rien de plus. Toutefois, le charme qu'il déployait ne la laissait pas indifférente, elle devait bien l'admettre.

Mais comment s'y prenait-il pour ne pas l'effaroucher ? Cela demeurait un mystère. Elinor se promit de l'observer attentivement afin de découvrir sa technique.

Léon s'arrangeait pour la toucher parfois, mais de façon très légère, presque imperceptible. Il trouvait toujours une excuse pour effleurer son bras ou sa main. Et dans les passages étroits des souterrains les occasions ne manquaient pas !

Il parlait à voix basse, de sorte qu'Elinor devait s'approcher de lui pour entendre ses commentaires. Et à la lueur de la lampe elle voyait parfois briller ses yeux d'une étrange façon.

En fait, il flirtait avec elle de la façon la plus classique et la moins alarmante qui soit !

Elle décida de se prêter à ce jeu afin de voir jusqu'où Léon était capable d'aller. Ainsi, elle rit à ses remarques, même les moins drôles, et se pencha un peu plus vers lui chaque fois qu'il lui proposait sa main pour franchir un passage délicat.

Quand ils arrivèrent dans la grande salle voûtée de croisées d'ogives, ils étaient parfaitement complices et très à l'aise l'un avec l'autre. Dès lors, Elinor comprit que le comte était susceptible de l'embrasser à tout instant.

Curieusement, il ne parut pas vouloir s'attarder dans cette pièce qu'ils traversèrent d'un pas pressé.

— Oh, attendez un peu, je vous en prie, implora

Elinor. Je trouve cet endroit très intéressant. S'agit-il de la salle des gardes ?

— Hélas, je n'en ai pas la moindre idée, confessa Léon, un peu gêné.

A l'évidence, il ne souhaitait pas s'attarder en ce lieu. Son architecture rappelait celle d'une chapelle avec ses voûtes, ses baies à intervalles réguliers et ses porte-flambeaux rouillés. Elinor distingua aussi à la tombée des voûtes des crochets destinés, peut-être, à recevoir des tapisseries. Dans le fond se trouvait une grosse pierre rectangulaire, mais assurément trop basse pour avoir servi d'autel.

Comme elle s'approchait de cette dalle, elle vit des anneaux de fer disposés aux quatre coins, tout à fait semblables à ceux fixés sur les piliers. Elle frissonna soudain en notant que ces derniers étaient placés assez haut pour y attacher un homme… ou une femme par les poignets.

Peut-être étaient-ils dans la salle des orgies du comte ? se dit-elle. Un endroit idéal pour cacher le calice et autres objets nécessaires à ce sinistre rituel !

Léon posa la lanterne sur le sol, projetant involontairement sur les murs d'inquiétantes silhouettes. Comme il s'avançait vers Elinor, un sourire équivoque sur les lèvres, elle recula d'un pas.

— Eh bien, miss Ravenhurst… ressentez-vous maintenant le frisson que vous espériez ?

Sa voix était si lointaine qu'elle le crut un instant réincarné en son ancêtre lubrique.

— Oh oui ! fit-elle en riant pour tenter de surmonter son angoisse. Regardez, je tremble de tous mes membres.

Elle tendit la main pour lui montrer que c'était vrai.

Le comte la prit et l'attira lentement à lui. A la lueur de la lampe, son regard et les traits de son visage avaient quelque chose de démoniaque.

De façon étrange, Elinor ne pouvait résister à son attrait. Elle était comme magnétisée par cet homme dans l'inquiétante atmosphère de cette salle voûtée, sorte de lieu saint où se déroulaient autrefois d'inavouables cérémonies.

Il va m'embrasser, se dit-elle, paralysée par le pouvoir de ses yeux noirs.

— Oh, Elinor, comme je voudrais vous voir trembler vraiment ! murmura-t-il avant de prendre ses lèvres.

Chapitre 12

Allons, réfléchis un peu, se dit Elinor, *tu vois bien que ce n'est pas plus difficile que d'embrasser Theo ! Ce n'est rien d'autre qu'une attirance physique !*

Elle entrouvrit ses lèvres et céda sans plus de résistance à l'ardent baiser de Léon, le laissant savourer à sa guise le plaisir d'explorer sa bouche et de l'attirer à lui dans une folle étreinte. Bien qu'elle brûle d'envie de ressentir de nouveau ce désir flamboyant qu'elle avait ressenti la veille, Elinor n'éprouvait rien de particulier, rien d'autre que l'étonnement de s'abandonner à son hôte avec un détachement aussi absolu.

Mais, si détachée qu'elle fût, elle en avait assez et plus qu'assez. Ce baiser se prolongeait au-delà des limites raisonnables ! Elle repoussa Léon qui lui résista de telle sorte qu'elle perdit l'équilibre et tomba sur le sol dallé de pierres. Et, comme le comte tentait de la retenir, elle l'entraîna malgré elle dans sa chute. Ainsi se retrouvèrent-ils couchés l'un sur l'autre.

Cette position était des plus inconfortables et Elinor fit mine de se relever pour se dégager de cette étreinte. Le comte était un gentilhomme et elle ne doutait pas qu'il ferait en sorte de l'y aider. Cependant, elle reconnaissait s'être mise elle-même dans cette situation difficile. En vérité, elle ne s'était pas refusée à lui quand il l'avait prise dans ses bras. Dès lors, il pensait peut-être que cette docilité était celle d'une femme aux mœurs légères ?

Elinor fit un nouvel effort pour se dégager et croisa le regard de Léon dont les yeux noirs brillaient d'un désir irrépressible.

— Non ! Laissez-moi, protesta-t-elle dans un sursaut de lucidité.

La main d'Elinor heurta alors un objet métallique. Elle s'y agrippa et se rendit compte qu'elle tenait l'un des anneaux fixés à chaque coin de la dalle de pierre. Soudain, une crainte l'envahit : allait-elle subir le même sort que ces jeunes femmes violentées sur cette même dalle des siècles auparavant.

Dieu merci, Léon se releva aussitôt et, d'un geste chevaleresque, lui tendit la main pour l'aider à se remettre debout.

— Je suis désolé, dit-il. J'espère que vous ne vous êtes pas fait mal ?

— Non. Tout va bien, merci.

Elle fit même l'effort d'esquisser un sourire pour lui montrer qu'elle n'avait peur ni de lui ni de la chambre des sévices au passé sulfureux.

— J'ai peur que l'étrange atmosphère de ces lieux nous ait entraînés plus loin que nous ne le souhaitions, ajouta-t-elle.

Elinor fut surprise par le son de sa propre voix. Il était glacial et dépourvu d'émotion.

Que lui arrivait-il donc ? Son cœur battait à vive allure, mais pas de la même façon que le jour où Theo l'avait embrassée pour la première fois.

Que ressentait-elle ? A l'évidence, un certain embarras après ce baiser, mais elle n'en était pas autrement bouleversée. Pourtant, le comte était un homme séduisant et adroit avec les femmes. Comment n'était-elle pas plus enflammée après ce qui venait de se passer ?

C'était Theo qu'elle désirait vraiment, et aucun autre. Elle aurait aimé qu'il la tienne dans ses bras en cet instant car lui seul était capable de dissiper la frayeur que lui inspirait un tel lieu. Ces pierres avaient été témoins de tant de scènes d'horreur qu'Elinor en frémissait d'épouvante. Et, malgré cela, elle ne songeait qu'à revenir en ces lieux avec son cher cousin, persuadée d'y trouver le calice qu'ils cherchaient.

— Elinor ?

Malgré l'écho des corridors interminables, elle reconnut sans le moindre doute la voix de Theo.

Léon fit entendre un petit rire.

— Il semble bien que ce cher M. Ravenhurst ne puisse se dispenser de vous chaperonner, nota-t-il avec un brin d'acidité. Je suis sûr qu'il n'est pas tranquille quand vous êtes seule avec moi.

Il ne manquait plus que ça ! Eveiller la jalousie de Theo, c'était bien la dernière chose à faire. Les deux hommes étaient déjà en conflit pour d'autres raisons et allaient en plus lui tourner autour comme deux bouledogues se disputant un os à ronger.

L'idée d'être l'objet de leur rivalité fit naître un sourire sur ses lèvres.

— Peut-on savoir ce qui vous amuse ? s'enquit le comte Léon. Vous vous plaisez à séduire deux hommes à la fois, n'est-ce pas ? Prenez garde, c'est un jeu dangereux.

— Theo ! Oh, je suis si contente que vous nous ayez retrouvés ! s'exclama-t-elle. Ne trouvez-vous pas que l'atmosphère de cet endroit est étrange ? Il m'inspire tant que j'aimerais m'essayer à écrire un roman gothique.

— Tante Louisa se demande où vous êtes passée, Elinor, et elle est très inquiète, l'informa son cousin avec humeur. Si vous aviez la migraine, comme vous le prétendiez, vous auriez dû garder la chambre.

— J'ai toujours la migraine, cher cousin, mais je me sens un peu mieux, je l'avoue. Cette petite escapade dans les souterrains du château m'a… comment dire ? Emoustillée !

Elle se rapprocha alors de Theo, estimant que c'était à la fois plus sage et plus diplomatique.

— Avez-vous trouvé le chemin par vous-même pour arriver jusqu'ici, questionna-t-elle, un rien impertinente. Comme vous êtes habile ! Moi, je me serais perdue sans l'aide de Léon.

Elle prit Theo par le bras et ajouta en s'assurant d'un coup d'œil que le comte les suivait :

— Si nous retournions par où vous êtes venu ?

Ils franchirent une porte et ils débouchèrent quelques instants après dans la cour intérieure du château. La comtesse et Mlle Julie étaient assises à l'ombre, penchées sur leur ouvrage.

— Quelle atmosphère merveilleuse ! s'exclama Elinor. C'est vous que je dois remercier, comte Léon. Sans vous je serais morte de frayeur en descendant dans ces souterrains peuplés d'araignées et de rats.

Elle frissonna ostensiblement et reprit :

— Maintenant, il faut que je retourne auprès de mère qui doit avoir besoin de moi. Theo, soyez gentil de m'accompagner. Je dois aller chercher mon chevalet que j'ai laissé dans ma chambre.

A peine Elinor avait-elle ouvert la porte qu'elle entraîna son cousin dans sa chambre, indifférente à ses protestations.

— Theo, je crois savoir où il est.

— Veuillez vous calmer et aller vous asseoir là-bas, dit-il en désignant le fauteuil près de la cheminée. Si jamais tante Louisa entrait, je préfère que nous soyons à distance raisonnable l'un de l'autre. Maintenant racontez-moi ce que vous faisiez dans ces souterrains, hormis vous abandonner dans les bras du comte.

— Je n'ai rien fait de tel ! s'indigna-t-elle.

— Allons donc ! Votre robe est froissée et vous avez une marque rouge sur la joue. Décidément, le comte devrait se raser avant d'embrasser une femme.

— Il m'a embrassée, c'est vrai, mais… rien de plus, je vous assure.

Elinor estima qu'elle n'était pas obligée de lui conter l'affaire par le menu. Theo n'était ni son chaperon ni son frère, même s'il se comportait comme tel avec elle.

— Ne me racontez pas d'histoires, je vous ai trouvée allongée auprès de lui.

— J'ai glissé malencontreusement. Ecoutez-moi, Theo… Vous savez bien que je suis descendue avec Léon dans ces souterrains dans le but d'explorer les lieux, et cela dans votre intérêt. Alors cessez de me sermonner ainsi. En outre, pourquoi n'aurais-je pas le droit de l'embrasser si j'en ai envie ? Le comte est un homme très séduisant.

— Soit. Eh bien, qu'avez-vous découvert d'extraordinaire dans ces souterrains ?

— La pièce dans laquelle vous nous avez trouvés est très particulière. Vous l'avez remarqué, je suppose ?

Elle s'avança vers la table sur laquelle le plan du château était encore déployé et continua :

— Regardez le plan. On voit ici une sorte de sanctuaire avec plusieurs chapelles. J'ai remarqué en outre qu'il y avait des anneaux aux murs et aussi une sorte de plate-forme sur le sol. Cela ressemble à un autel avec des anneaux aux quatre coins. C'est là que je suis tombée, et j'ai pensé que cette dalle pouvait servir à…

Elinor n'osa prononcer le mot qui lui venait à l'esprit. Penché sur le plan, Theo affichait un air sombre. Sans doute avait-il compris à quel genre de cérémonies était réservée cette pièce.

— Vous pensez que le calice pourrait être caché là ? questionna-t-il sans quitter le plan des yeux.

— C'était sûrement le meilleur endroit pour le dissimuler au temps où on en faisait usage.

— Vous avez sans doute raison, Elinor. De plus, si

vous regardez bien le plan, cette pièce est juste au-dessous des chambres des serviteurs.

— A quelle heure devrions-nous descendre ce soir pour continuer nos recherches ?

— Nous ? s'étonna Theo. Je vous interdis de remettre les pieds dans ce cloaque infesté d'araignées et de rats.

— Theo, comprenez-moi bien… Si vous refusez que je vous accompagne, je descendrai seule.

— Soit. Je vois qu'il n'y a rien à faire pour vous en dissuader. Alors, je passerai vous prendre à 2 heures. Et, si vous vous mettez à hurler en apercevant une araignée, je vous bâillonne sur-le-champ ! Compris ?

— C'est compris, Theo, murmura-t-elle en affectant un air contrit.

Ce qu'elle aimait chez lui, c'était cette façon qu'il avait de ne pas se fâcher quand elle se montrait capricieuse ou désobéissante. En cela, Theophilus était différent des autres hommes qui s'emportaient aussitôt contre les femmes opiniâtres.

Elle le regarda replier soigneusement le parchemin, puis passer avec insistance son pouce sur les plis. Il le reposa sur la table, puis s'approcha d'elle et l'enlaça pour l'attirer à lui.

— Le comte a-t-il cherché à vous faire peur ? questionna-t-il dans un souffle.

— Non, répondit-elle sans hésiter. C'était très étrange… Il y avait quelque chose d'insolite dans cette pièce souterraine. Une atmosphère singulière. Quand Léon m'a embrassée, il m'a semblé que c'était une autre qui éprouvait ce trouble que provoque le baiser.

Elle ajouta, les lèvres frémissantes :

— C'est stupide, je le sais.

— C'est bien possible, admit Theo sans relâcher son étreinte. En tout cas, il se passe quelque chose d'anormal dans cette demeure, Nell, et je ne crois pas que les fantômes y soient pour quelque chose.

Elinor s'abandonna volontiers contre lui, sachant qu'elle en éprouvait un plaisir sincère. Peut-être était-elle amoureuse de Theo ? Et si cela devait la blesser ? Mais qu'importe. A ses yeux, mieux valait vivre une aventure très forte que de mener une existence à mourir d'ennui.

Elle leva la main à hauteur du torse de Theo et la posa sur son cœur. Celui-ci battait si fort que les pulsations résonnaient en elle.

Oui, c'était bien lui ! L'homme qu'elle avait tant attendu…

— Nell ? Tout va bien ?

— Oui, pourquoi ?

— Vous soupiriez d'une étrange façon.

— Tout va bien, je vous assure.

Il s'écarta d'elle pour l'examiner attentivement.

— Savez-vous que vous êtes belle à ravir dans cette robe ?

— C'est à vous que je le dois, Theo. Je dois admettre qu'avant de vous rencontrer ma garde-robe ressemblait au musée des horreurs. Cependant, vous ne devriez pas me mentir pour me plaire, mon ami. Je ne suis pas belle et je le sais.

— Pas belle, en effet. Le mot est trop faible. Je ne sais lequel vous irait le mieux. Il faut que je réfléchisse à cela.

Il se pencha vers elle, déposa un baiser sur ses lèvres, puis se détourna soudain et s'avança vers la porte.

— Theo !

Elle cria son nom malgré elle. A ses yeux, ce baiser n'était pas un vrai baiser, mais plutôt un témoignage d'amitié. Nul doute qu'il avait ressenti du désir pour elle alors qu'ils étaient seuls dans le bureau du comte, mais maintenant il la traitait en amie qu'il fallait rassurer et protéger de leur hôte.

— Mon chevalet ? Mère doit attendre.

— Oh, mon Dieu ! J'avais oublié : elle m'a également demandé de relever des mesures. Venez.

Il était 2 heures du matin et Theo regardait Elinor venir à lui dans le couloir. Elle tenait en main une lanterne dont les lueurs dansaient sur les murs comme autant de créatures fantasques.

Ils étaient bien décidés à explorer minutieusement la chambre souterraine dans laquelle se trouvait probablement le fameux calice.

Theo avait passé l'après-midi perché sur un escabeau à relever des mesures pour sa tante qui entendait établir un plan exact de la chapelle du château. Lady James usait pour cela de formules mathématiques inventées par un érudit que Theo prenait pour un illuminé.

Comme il suivait sa cousine dont la silhouette gracile promettait d'agrémenter leur escapade nocturne, Theo buta sur l'angle d'un coffre et retint de justesse un cri de douleur. Il s'arrêta un instant pour masser sa cuisse endolorie, jurant à voix basse contre ce meuble ancestral tapi dans la pénombre pour mieux le trahir !

— Avez-vous mal ? s'enquit Elinor en revenant sur ses pas.

— Maudit coffre ! Tout va bien. Continuons, nous n'avons pas de temps à perdre.

Par simple curiosité, Elinor souleva le couvercle du coffre qui retomba en produisant un bruit assourdissant.

— Chut ! Vous êtes folle.

La pendule sonna alors la demi-heure, confirmant qu'ils devaient presser le pas.

— Attendez ! dit-il comme elle reprenait sa marche.

— Qu'y a-t-il ?

Theo pointa du doigt un détail de la grande tapisserie qui couvrait le mur du sol au plafond. L'œuvre était en piteux état, noircie par la fumée et dévorée par les mites. Cependant on devinait encore la scène qu'elle représentait, au centre de laquelle se trouvait le château de Beaumartin quelques siècles auparavant. Le pourtour de la tapisserie était orné de feuilles de vignes, de scènes de chasse, de moissons et de réjouissances villageoises. Mais le plus intéressant, c'était le calice placé dans le coin supérieur gauche, à demi dissimulé par une draperie.

— Croyez-vous que ce soit vraiment l'objet que nous cherchons ? questionna-t-elle en levant sa lanterne. Avouez que ce n'est pas très ressemblant à ce que vous m'avez décrit.

— En tout cas, ce que nous voyons là a bien la forme d'un calice. Bien sûr, on ne distingue pas les détails, mais je suis à peu près sûr de ce que j'avance.

Theo n'avait pas oublié sa dernière rencontre avec le comte défunt, quand celui-ci avait sorti le calice de son coffre afin qu'il puisse l'examiner. A la fois choqué et émoustillé par les scènes gravées sur l'objet, il avait gardé un souvenir précis de sa forme. Ainsi, il n'avait aucun doute : c'était bien le calice des Beaumartin qui figurait sur ce coin de tapisserie.

— Nell, si je soulève la tapisserie, pouvez-vous éclairer le mur, je vous prie. Je suis sûr qu'il y a là-dessous une ouverture secrète.

Elle se glissa dans l'espace étroit et prit le temps d'examiner le mur à la lumière de sa lanterne.

— Rien. Toutes les pierres sont bien en place. Pas la moindre trace d'une cachette, je vous assure.

— Dommage, soupira-t-il. C'était pourtant une piste intéressante.

— Attention, quelqu'un vient !

En effet, ils distinguèrent des bruits de pas qui semblaient se rapprocher.

— Oh, mon Dieu ! Où allons-nous nous cacher ? s'inquiéta Elinor

Hélas, hormis un canapé et le coffre, le couloir était dépourvu de tout mobilier susceptible d'offrir un refuge. Tandis qu'ils s'interrogeaient, la porte du fond s'ouvrit brusquement.

Désormais il était trop tard pour fuir sans éveiller l'attention de ce promeneur nocturne.

Alors Theo eut une idée. Il s'assit sur le canapé et attira Elinor à lui.

— Embrassez-moi !

Elle obéit sans protester. Alors, d'une main experte, Theo dégrafa le corsage de sa cousine ; puis ouvrit largement sa propre chemise sur son torse.

Les visiteurs étaient plusieurs et menaient grand bruit. Il leur sembla soudain que tout le village avait fait irruption dans le couloir.

— Que se passe-t-il donc ? s'étonna Theo en serrant Elinor tout contre lui en un geste langoureux.

Tous les invités du comte en tenue de soirée s'avançaient dans le couloir, chandeliers en main, riant et s'interpellant à haute voix.

— Je pourrais vous poser la même question, Ravenhurst ! répliqua le comte Léon.

Le comte se plaça aussitôt devant sa mère et Julie pour leur épargner le spectacle de ce couple étroitement enlacé et à demi dévêtu.

Lady Tracey se voila la face tandis que son époux étouffait un éclat de rire. Laure et Antoinette observaient la scène les yeux écarquillés, et dans l'ombre la *Marquesa* passait la langue sur ses lèvres, tel un chat savourant par avance la souris qu'il allait déguster.

— Theophilus ! Mais que fais-tu, mon garçon ? s'enquit tante Louisa qui faisait hélas partie du groupe.

— Ce que font ces jeunes gens me semble évident, madame, intervint la comtesse d'un ton glacial.

— Nous allions sortir pour une promenade, ma tante, mais notre passion a eu raison de notre patience, déclara Theo, improvisant à la hâte une explication.

Tandis qu'Elinor tentait de se dégager, il ajouta :

— Tante Louisa… j'avais la ferme intention de vous parler de notre amour, mais…

— Eh bien, voilà qui est fait ! interrompit Lady James.

Quelque chose dans le ton de sa voix alerta Theo. A l'évidence, sa tante ne réagissait pas comme il aurait pu s'y attendre.

— Je vous attends tous les deux dans ma chambre, ajouta-t-elle en affectant un ton sévère.

Elle se tourna alors vers les autres et conclut :

— Je vous remercie de cette petite promenade nocturne, monsieur le comte. J'espère que cette scène de passion torride n'empêchera pas vos invités de dormir.

Et, tandis que tous se retiraient, Elinor leva sur Theo un visage blême.

— Theo, mère est déjà convaincue que je suis déshonorée et elle va insister pour…

Elle rajusta son corsage d'un geste nerveux et acheva :

— Mais je ne veux pas vous épouser, Theo ! Il n'en est pas question.

— Vous n'y êtes pas obligée, chère cousine, répondit-il calmement.

Une femme était bien la dernière chose dont il entendait s'encombrer. Toutefois, il était un peu surpris d'apprendre que sa cousine était tout aussi hostile que lui au mariage.

En y réfléchissant, elle avait raison. Il ne serait pas un cadeau pour elle. Que ferait-elle d'un aventurier aux cheveux roux en rupture avec sa propre famille ?

— Soit ! Nous allons dire toute la vérité à ma tante, conclut-il.

C'était pour lui l'acte le plus téméraire qu'il ait jamais

accompli : expliquer à la redoutable tante Louisa qu'il avait enrôlé sa fille dans une dangereuse chasse au trésor. Cependant, le plus difficile serait de lui avouer qu'il s'agissait de retrouver dans le château de Beaumartin une œuvre d'art à caractère érotique !

Chapitre 13

— Mais que diable faisaient tous ces gens dans les couloirs à cette heure de la nuit ? questionna Elinor tout en emboîtant le pas à son cousin.

— Je n'en ai pas la moindre idée, avoua-t-il tout en reboutonnant sa chemise.

— A mon avis, ils n'avaient pas l'air disposés à se livrer à quelque orgie que pratiquaient les ancêtres du comte. En tout cas, la présence de mère aurait suffi à les en dissuader.

— J'ai du mal à imaginer que ma tante puisse être mêlée à de telles réjouissances, en effet, plaisanta Theo comme ils approchaient de la porte de Lady James. Nell, vous êtes prête ?

Elle se redressa, vérifia sa tenue et releva la mèche qui pendait sur son front. Marcher vers le peloton d'exécution ne lui aurait pas fait plus peur !

— Je suis prête.

Sa mère était assise à sa table de travail, légèrement tournée vers la porte. Elle les regarda entrer sans un mot et ne leur proposa même pas de s'asseoir.

— Bien. Theophilus ?

— Je vais tout vous expliquer, ma tante, commença-t-il d'un ton plutôt décidé. Mais, tout d'abord, dites-moi ce que faisaient tous ces gens dans les couloirs en pleine nuit ?

— Ces deux sottes de filles ont trouvé amusant de partir à la recherche de ces fantômes gothiques dont tu as eu l'imprudence de parler, Elinor. A mon avis elles lisent trop de romans d'épouvante. Comme elles approchaient du hall d'entrée, elles ont entendu un grand bruit et ont cru nécessaire d'aller frapper à toutes les portes des invités pour les alerter. Alors, tout le monde est sorti. Je n'étais pas décidée à les suivre, estimant que le comte pouvait envoyer ses valets voir ce qui se passait. Mais, quand j'ai vu que vous n'étiez pas dans vos chambres, j'ai craint le pire, aussi je me suis jointe à eux.

— Mère… sur le canapé ce n'était pas ce que vous croyez…

— Laissez, Nell. C'est à moi de tout expliquer, interrompit Theo en l'invitant à s'asseoir.

Elle obéit à regret, estimant qu'elle était aussi coupable que lui d'avoir mis toute la maisonnée en émoi. Mais Theo lui sourit comme pour la rassurer et elle finit par se plier à sa volonté.

Après tout, il saurait certainement apaiser sa mère mieux qu'elle.

Alors, Theo prit une chaise et s'assit face à sa tante sans y avoir été invité.

A le voir aussi déterminé, Elinor se dit qu'il refusait d'être sermonné comme un écolier pris en faute.

— Tante Louisa, je vous ai entraînée avec Elinor dans une affaire de vol et de meurtre, commença-t-il.

Un peu désarçonnée par ce préambule, Lady James haussa les sourcils et chercha ses bésicles.

— J'ai été chargé par un client d'acheter une pièce d'orfèvrerie unique et… à caractère érotique, dirais-je.

Theo parla pendant une demi-heure environ, et conclut enfin sur un ton solennel :

— Si vous pensez qu'il existe sur terre un homme capable de faire changer votre fille d'avis quand elle a quelque chose en tête, vous vous trompez, ma tante. Moi-même, je n'y suis pas parvenu.

Il y eut alors un long silence, puis Lady James regarda tour à tour sa fille et son neveu et s'adressa à ce dernier d'un ton très calme.

— Si j'ai bien compris, vous ne comptez pas vous marier, tous les deux ?

— Non, mère, je…

— Non, telle n'est pas notre intention, ma tante, intervint Theo.

Lady James s'apprêtait à poser une autre question quand il y répondit par avance.

— Et il n'y a pas de raison impérieuse ou urgente qui nous pousse à nous unir. Le baiser dont vous avez été témoin tout à l'heure dans le couloir n'était qu'une mise en scène. Un baiser de théâtre en quelque sorte.

— Vraiment ? Je suis heureuse de l'apprendre, mon neveu, déclara Lady James en ôtant ses bésicles. Toutefois, il serait prudent de donner à tous ces gens l'impression que vous êtes fiancés. Rassurez-vous, cette situation ne durera que le temps de votre séjour ici. Dès que nous serons de retour en Angleterre, vous n'aurez plus à souffrir de cette mascarade.

Lady James attendit leur réaction, mais, comme celle-ci ne venait pas, elle ajouta avec malice :

— Voilà qui devrait suffire à décourager ta maîtresse, Theophilus !

— Mère !

— Inutile de jouer les mijaurées, Elinor. La présence de cette créature aux mœurs légères était mon seul espoir de voir Theophilus se détourner de toi.

Quelqu'un avait-il jamais essayé d'étrangler cette vieille sorcière ? Il devait toutefois reconnaître que la réaction de sa tante le soulageait. Il pensait devoir argumenter tandis qu'elle exigerait qu'il épouse Elinor.

— Mère, comprends-moi, il faut absolument que Theo retrouve ce calice, sans quoi il sera obligé de rembourser Lord X, son client. Et, s'il ne le trouve pas, nul ne sait quelle sera la réaction de ce dangereux aristocrate.

Lady James considéra d'un œil dubitatif le visage tuméfié de son neveu.

— Je n'ai pas dit qu'il devait interrompre ses recherches, fit remarquer Lady James. On ne saurait tolérer que le vol et le crime restent impunis. Quant à ce Lord X, mon neveu, je te conseille de me donner son nom. J'ai des amis puissants…

— Je n'ai pas pour habitude de trahir la confidentialité

qu'exigent mes clients, ma tante, répondit-il en rehaussant fièrement le menton.

Il se demanda à quels amis sa tante pourrait bien faire appel pour exercer une vengeance sur quiconque. Peut-être quelques étudiants en grec ancien atteints de délire au point d'assommer Lord X à coups de vieux grimoires ?

— Moi, j'ai l'intention de vous aider, Theo, intervint Elinor d'un ton résolu.

Il aimait… il admirait son courage.

— Je l'espère bien, ma fille, renchérit Lady James. Nous sommes des Ravenhurst et nous devons nous épauler dans les moments difficiles. Toutefois, je me vois obligée de t'avertir, Theo. Si l'on fait du mal à Elinor, je te ferai la peau ! Maintenant, allez vous coucher. J'ai du travail demain matin.

— Elle vous a appelé Theo, remarqua Elinor quand ils furent dans le couloir.

— On croit rêver ! murmura-t-il en hochant la tête.

Comme Nell fronçait les sourcils, il lui caressa le front et ajouta :

— Gardez-vous désormais de toute familiarité avec moi, Elinor. Souvenez-vous que nous sommes « fiancés ». Bonne nuit, Nell.

— Bonne nuit, Theophilus.

Elle lui sourit tendrement et conclut d'une voix douce :

— Il faut que je m'habitue à m'adresser à mon fiancé avec déférence.

La porte de sa chambre se referma sur elle avant même qu'il ait eu le temps de répondre.

***

Descendre pour le petit déjeuner exigeait d'Elinor une bonne dose de courage. Le fait d'avoir été surprise la veille dans les bras de Theo la mettait dans l'embarras, de sorte qu'elle n'avait guère fermé l'œil de la nuit. En fait, elle était bien tentée de se recoucher

Il ne lui était jamais venu à l'esprit qu'elle en arriverait à se compromettre de la sorte. Avant sa rencontre avec Theo, aucun homme n'avait manifesté le désir d'être seul avec elle, sinon pour commenter une traduction de grec ou un article de Lady James.

Depuis sa rencontre avec son cousin, elle avait au moins conscience d'être désirable puisqu'il semblait prendre plaisir à l'embrasser. Cependant, qu'ils aient été surpris dans les bras l'un de l'autre par sa mère et les invités du comte la mettait fort mal à l'aise. Même si ce n'était pas la première fois qu'il l'embrassait… Il y avait bien eu ce baiser dans le bureau qui avait été autrement plus compromettant… et plus spontané également.

Et si sa mère avait insisté pour que Theo l'épouse ?

Elle imagina avec terreur ce que serait sa vie avec un homme qu'elle aimait et qui ne voulait pas d'elle. Tout lui semblait préférable à cela, même la misère !

Elle s'approcha du miroir. Elle se pinça la joue pour se donner des couleurs puis envoya Jeanie chercher de la poudre de riz pour masquer ses cernes.

Quand elle arriva dans la salle à manger, elle hésita quant à l'attitude à adopter devant tous les invités qui la dévisageaient. Sans doute attendaient-ils que l'homme qui l'enlaçait la veille sur le canapé vienne l'accueillir ?

Theo, qui était en conversation avec Sir Ian, se leva dès qu'il vit entrer Elinor. Il s'avança vers elle et l'embrassa sur la joue.

— Courage ! murmura-t-il avant de la conduire à table.

Laure et Antoinette ne quittaient pas le couple des yeux. Elinor leur décocha un franc sourire et elles baissèrent les yeux sur leur assiette en rougissant.

Elinor se tourna alors vers les autres et déclara d'une voix bien timbrée :

— Je suis navrée de m'être donnée en spectacle hier soir, mais vous serez sans doute ravis d'apprendre que M. Ravenhurst et moi-même sommes fiancés.

Elinor leva les yeux vers Theo et lui adressa un tendre sourire. Cela suffit à convaincre l'assistance des sentiments qu'elle lui témoignait. Lady Tracey fit entendre un soupir suave, Mlle Julie sourit aux anges, et le visage austère de la comtesse parut s'animer quelque peu.

— A quand le mariage ? s'enquit M. Castelnau.

— Nous n'avons pas encore fixé de date, répondit Elinor, aussitôt interrompue par Theo.

— Pas avant plusieurs semaines car nous voulons que mon père — l'évêque de Wessex — bénisse notre union. Nous espérons aussi la présence de notre cousin le duc et de Sa Sérénité la Grande Duchesse de Maubourg qui vient d'entrer dans notre famille par son mariage. Comme vous l'imaginez, ils ont l'un et l'autre de nombreux engagements.

— Ce sera donc un grand mariage, commenta Sir Ian.

— Un très grand mariage, renchérit Theo.

Si quelqu'un dans l'assistance se demandait encore qui était vraiment M. Ravenhurst et s'il était de bonne famille, il était désormais renseigné ! Et, comme Theo était le cousin de sa future épouse, celle-ci se réjouissait que ce prestige rejaillisse sur elle.

Theo avait signifié à demi-mot à tous ces gens que, si d'aventure l'un d'eux venait à les offenser, il aurait tout le clan Ravenhurst à ses trousses.

Elinor se prit à rêver. Elle se voyait déjà sortir de la cathédrale au bras de Theo au son des grandes orgues en présence d'une joyeuse assistance, ravie de leur union. Mais soudain les images se brouillèrent et elle eut l'impression que le cortège se pétrifiait. Jamais elle ne serait cette mariée de conte de fées, l'évêque refuserait de célébrer leur union, et la famille de Theo s'opposerait à ce qu'il épouse un bas-bleu.

De toute façon, elle savait bien que Theo lui-même n'accepterait jamais de la prendre pour femme !

Elinor sentit une larme glisser sur sa joue.

— Pardonnez-moi, je me sens un peu..., balbutia-t-elle en se levant.

Comme elle quittait la pièce, elle entendit le commentaire perfide de la *Marquesa* :

— J'espère qu'elle n'est pas trop indisposée par vos élans amoureux...

Oh, mon Dieu ! Elle pense que je suis enceinte, songea-t-elle avec horreur.

Elinor s'assit sur un banc de la cour, toute tremblante et misérable.

— Elinor ?

C'était la voix de Theo.

— Que vous arrive-t-il, ma chère ? Tout se passait bien, pourtant.

Il s'assit auprès d'elle et lui prit la main, mais cela ne fit que raviver l'humiliation qu'elle éprouvait, et de nouveau les larmes jaillirent.

— Avez-vous… un mouchoir ? bredouilla-t-elle entre deux sanglots.

Il lui tendit un carré de soie immaculé dans lequel elle se moucha avant même de sécher ses larmes.

— Je me sens lasse, et je ne suis pas très…

Elle s'interrompit en froissant le mouchoir dans sa main et hocha tristement la tête.

— Je comprends, murmura Theo d'un ton apaisant. J'ai des sœurs, vous savez, et je suis habitué à leurs fréquentes… hum ! sautes d'humeur !

Elle décida de lui laisser ses illusions et s'empressa de changer de sujet.

— Qu'allez-vous faire aujourd'hui, Theo ? Nous ne pouvons pas poursuivre nos recherches avant la nuit, vous le savez bien.

— Le comte m'a invité à disposer de sa bibliothèque, aussi je comptais butiner dans ses rayons. Je suppose qu'il n'y a rien de confidentiel dans ses ouvrages, sans quoi il ne me l'aurait pas proposé. En revanche, j'y découvrirai peut-être quelques livres de valeur que j'essaierai de le convaincre de me vendre.

— En avez-vous seulement les moyens, Theo ?

N'oubliez pas que, si vous devez rembourser Lord X, vous serez ruiné ou presque.

— Vous avez raison. Et je ne pourrai même pas entretenir une épouse.

— Ce sera une excellente excuse pour rompre nos fiançailles, plaisanta-t-elle à son tour.

— En fait, je ne suis pas ce que l'on appelle un très bon parti.

— Ne cherchez pas de compliments, Theo.

— Merci de me flatter ainsi, Nell. Mon moral en a bien besoin.

— Vous êtes de bonne famille, en parfaite santé, intelligent, et peut-être même riche, à condition de ne pas avoir à rembourser Lord X, cela va sans dire. Je vous trouve aussi plutôt bel homme, si l'on excepte les cheveux, bien sûr.

— Je retiens le *plutôt bel homme*. Mais continuez, je vous en prie. Peut-être avez-vous encore quelques compliments à m'adresser ?

— Vous êtes un artiste de talent et votre sens de l'humour vous honore. Vous avez aussi…

Elle s'interrompit et se mordit la lèvre, estimant qu'elle allait un peu trop loin dans les louanges.

— Et j'ai aussi ? insista Theo, soucieux d'entendre ce qu'elle n'osait confesser.

— Vous embrassez bien.

— Je vous remercie, miss Ravenhurst. Mais puis-je savoir quels sont vos éléments de comparaison dans ce domaine ?

— Aucun. A l'exception du comte Léon que j'ai

trouvé assez médiocre. Je n'ai rien ressenti quand il m'a embrassée.

— Vraiment ? Considérez tout de même qu'il l'a fait dans un souterrain humide et sombre, ce qui n'était pas de nature à exalter vos ardeurs.

— Je vous rappelle que vous m'avez embrassée sous un bureau, remarqua-t-elle, et j'ai pourtant trouvé cela très excitant.

— Je partage votre point de vue.

Theo se leva et ajouta.

— Bien. Maintenant, que décidez-vous ? Comptez-vous rester sur ce banc et vous reposer ?

— Me reposer ? Certainement pas ! Je crois que je vais m'offrir une escapade avant que mère ne me mette la main dessus pour me confier quelque occupation dont elle a le secret. Les bois qui entourent le château sont magnifiques et il serait dommage de ne pas en profiter. J'aimerais monter au sommet de cette colline d'où l'on voit probablement la basilique de Vézelay.

— Puis-je vous accompagner ? Après tout, la bibliothèque peut attendre une journée maussade, si jamais elle survient. Le temps est si magnifique que je me demande s'il pleuvra un jour.

— Retrouvons-nous devant l'entrée principale dans dix minutes, proposa Elinor. Je me réjouis à l'idée de m'éloigner de ces mauvaises langues et de ces regards inquisiteurs !

*
* *

Elinor pressait le pas dans le hall pour être en avance au rendez-vous, indifférente aux silhouettes qui allaient et venaient autour d'elle.

— Miss Ravenhurst ?

— Euh… bonjour, marquise.

— Puis-je vous demander où vous avez trouvé le modèle de cette jupe-culotte ? s'enquit la *Marquesa*, un brin suffisante.

— Theo l'a dessinée à mon intention, répondit Elinor, toute guillerette. Et cela sans la moindre hésitation.

— Rien d'étonnant à cela. Il me l'a ôtée si souvent qu'il en connaît les moindres coutures !

— Avez-vous été longtemps sa maîtresse ? s'enquit Elinor en affectant un ton léger.

— Theo est mon amant, mais je n'ai jamais été sa maîtresse. Vous saisissez la différence, n'est-ce pas ?

— Il y en a une, en effet, admit-elle en se gardant bien de souligner l'emploi du présent. Comme ce doit être excitant de prendre un amant plus jeune que soi !

— Eh bien, mesdames, vous parlez chiffons, je suppose ? intervint Theo d'un ton enjoué.

Il prit le chevalet d'Elinor, et ajouta :

— Venez, mon amour, profitons de cette belle journée.

Il salua Ana d'un simple signe de tête et poussa la lourde porte qui donnait sur le perron.

— Vous manquez de délicatesse, Theo, remarqua Elinor. M'appeler *mon amour* devant une femme qui vient juste de m'annoncer que vous êtes son amant manque un peu de tact, avouez-le.

— Elle n'est pas ma maîtresse, répliqua-t-il sans détour.

— Vous n'avez pas à vous justifier, mon ami. Souvenez-vous qu'en réalité nous ne sommes pas fiancés.

— Qu'importe ? Vous avez parfaitement le droit de donner votre avis !

— La *Marquesa* est une jolie femme, et intelligente avec ça, nota-t-elle. J'imagine qu'elle est de compagnie fort agréable ? C'est un avantage considérable de jouir de la liberté qui est la vôtre, Theo. Une liberté qui ferait bien des envieux en Angleterre.

— La liberté est la plus belle et en même temps la pire des choses, commenta-t-il sans ralentir le pas.

Elle fut frappée par la pointe d'amertume qu'il y avait dans cette réplique. Combien de maîtresses avait-il eues, et en combien d'années ? L'intimité des corps impliquait-elle un brin d'attachement pour lui ? Pas de liens, pas de responsabilités, voilà peut-être quel était le credo de Theo ?

— La liberté, peut-être, mais pas au prix de l'amour, commenta-t-elle.

— Aimez-vous quelqu'un ?

— Ma mère. J'aime aussi mon père. De même que mes amis et ma cousine Bel.

Et elle l'aimait, lui.

— Et vous, n'aimez-vous donc personne ?

Theo demeura silencieux si longtemps qu'elle n'espérait plus sa réponse. Ils continuèrent l'ascension de la colline sans un mot, croisèrent des bûcherons qui débardaient du bois, puis arrivèrent dans une prairie.

— Quoi qu'il en soit, je n'ai pas l'intention de me marier, déclara-t-il enfin d'un ton abrupt.

Elinor fut désarçonnée par sa réponse. En fait, Theo n'avait pas vraiment répondu à sa question. Pourquoi ? Peut-être aimait-il une femme qu'il ne pouvait épouser pour des raisons connues de lui seul ?

Chapitre 14

L'air songeur, Elinor regarda Theo s'éloigner. Allait-elle le suivre ? Peut-être voulait-il demeurer seul avec ses pensées ?

Theo était donc amoureux. Pas d'Ana, en tout cas. Et certainement pas d'elle-même !

Sans doute s'agissait-il d'un amour sans espoir ou sans réciprocité ? Une femme mariée ? Dès lors, il n'était pas étonnant qu'il se plaise en compagnie de maîtresses auxquelles il ne s'attachait pas.

Lui, au moins, il n'était pas confronté chaque jour à l'être qu'il aimait, contrairement à ce qu'elle vivait.

Elinor se disait bien souvent qu'il était préférable pour Theo de rester célibataire plutôt que d'épouser une femme qu'il n'aimait pas. En revanche, il souffrait peut-être de ne pas pouvoir se marier avec celle dont il était épris ? Elle comprenait maintenant la vivacité de sa réaction quand elle était venue le voir dans sa chambre ? Il avait été clair sur un point : leurs prétendues fiançailles n'étaient qu'une mascarade.

Theo s'était arrêté. Il avait déposé le chevalet à terre et parcourait le paysage des yeux, mains sur les hanches.

Elinor rajusta la bandoulière de son sac sur son épaule et le rejoignit. Alors, elle comprit ce qu'il contemplait : la basilique de Vézelay perchée sur sa « Colline éternelle ».

— Voulez-vous la dessiner ? questionna-t-il sans se retourner.

Tout ce qu'elle voulait, c'était lui parler. Mais, lui, le souhaitait-il ?

Elle l'observa quelques instants en silence.

— Je ne sais pas, répondit-elle. Nous verrons cela un peu plus tard. La montée était rude, aussi, j'aimerais me reposer un peu et profiter de la vue. Je vais m'asseoir sur cette pierre.

Un quart d'heure plus tard, environ, Theo la rejoignit. Il était étrangement silencieux.

— Tout va bien ? questionna-t-elle en levant les yeux vers lui.

— Pas trop mal, merci.

Il s'assit dans l'herbe au pied de la pierre et reprit sur un ton modeste :

— Je vous dois des excuses, Elinor.

— Des excuses ? Mais pourquoi, diable ?

— Pour bouder comme je le fais. Vous n'êtes pas venue avec moi jusqu'ici pour endurer mon air maussade, je présume ?

Elle fut tentée de se pencher vers lui et de passer la main dans ses cheveux. Elle aurait pu aussi quitter son siège de pierre et se lover dans ses bras. Mais elle ne fit rien de tel, préférant poursuivre cette conversation.

— Je ne dirais pas maussade, corrigea-t-elle en affectant un ton léger. Je suis votre amie, Theo, aussi, nous pouvons parler librement de ce qui nous préoccupe l'un et l'autre. Nous pouvons aussi demeurer silencieux si nous le souhaitons.

Elle observa alors un bref silence, puis reprit :

— Il y a quelqu'un dans votre vie, n'est-ce pas ? Elle ne vous aime pas ? Elle ne peut pas vous épouser ? Pour l'amour du ciel, parlez-moi !

— Les deux, confessa-t-il. Elle ne m'aime pas et ne peut pas devenir ma femme. Pouvez-vous imaginer quelle serait notre vie de couple ? Elle en Angleterre et moi par monts et par vaux la plupart du temps.

— Les femmes de marins s'accommodent fort bien de cette vie, remarqua-t-elle. D'ailleurs, pourquoi celle que vous aimez ne voyagerait-elle pas avec vous ? Moi, c'est ce que je ferais… Si j'étais amoureuse de vous, bien sûr, et si j'avais l'intention de vous épouser.

— Nell, vous êtes exceptionnelle. Je ne peux concevoir qu'une autre que vous accepterait de mener une existence de nomade pendant des mois. En outre, je ne connais pas de femme qui aurait assez de cran pour tenir deux bandits en respect à l'aide d'un pistolet. Et que feriez-vous de vos enfants en votre absence ?

— Il suffirait de voyager dans une voiture plus spacieuse, voilà tout, répondit-elle d'un ton très naturel. Ou bien de posséder deux voitures : l'une pour nous et l'autre pour les enfants et la nurse. Bien sûr, un peu plus tard, il faudrait en prévoir une troisième pour le précepteur.

— Ainsi, vous ne les laisseriez pas à une nourrice

afin d'être plus tranquille ? En fait, je croyais que vous n'aimiez pas les enfants.

— Je ne suis pas très attachée à mes neveux et nièces qui, à mon sens, sont trop gâtés et trop libres d'agir à leur guise. En revanche, il me semble que je supporterais assez bien les miens, et je suis sûre que les vôtres seraient délicieux.

Et ceux qu'ils auraient ensemble seraient adorables ! songea-t-elle en souriant.

Mais Elinor préféra arrêter là cette conversation qui devenait délicate.

— Je crois que je vais dessiner la basilique à présent, dit-elle. Pourriez-vous me passer mon matériel ? Pas le chevalet. Mon carnet à dessin suffira.

Theo trouva lui aussi une pierre sur laquelle s'asseoir et prit son propre carnet de croquis.

Il songea à la discussion qu'il venait d'avoir avec Nell. Le sujet qu'ils avaient abordé lui paraissait à la fois périlleux et enrichissant.

Bien sûr, il aimait Nell. Il aimait cette charmante cousine, qui se déclarait son amie. Pourquoi ne s'en était-il pas rendu compte plus tôt ? Peut-être parce qu'il n'osait s'avouer son amour pour elle ? A ses yeux, Nell était parfaite en tout point. Malheureusement, elle n'était pas amoureuse de lui et ne voulait pas l'épouser.

Prendrait-il le risque de lui poser la question ?

Que se passerait-il s'il lui disait la vérité ? S'il lui

avouait qu'il l'aimait, mais qu'il ne voulait la compromettre en aucune façon ?

Bien sûr, elle refuserait de l'écouter et leur amitié en serait à jamais compromise.

Il osa jeter un coup d'œil sur elle et se rendit compte qu'elle mâchonnait son crayon tout en l'observant. Elle lui sourit et repoussa d'un geste gracieux la longue tresse qui descendait sur son épaule.

Il n'était pas utile d'entretenir de faux espoirs. Tel était l'avis de Theo. Si Nell ressentait quelque chose pour lui, elle n'aurait pas réagi aussi vivement à l'idée qu'ils devraient peut-être se marier. Par ailleurs, elle n'aurait pas évoqué aussi librement cette autre femme qu'elle croyait qu'il aimait. Pas plus qu'elle n'aurait parlé aussi librement de sexe avec lui si elle avait éprouvé de tendres sentiments à son égard.

Plus il regardait le paysage, moins il se sentait inspiré. Alors, il commença à crayonner au coin de la feuille, puis dans un autre coin, et bientôt quelques images prirent forme.

Il remplit plusieurs pages d'une procession de voitures de toutes tailles, chargées de bagages et pleines d'enfants qui agitaient leurs bras à la portière. Les silhouettes de deux adultes apparaissaient dans ce chaos, et deux grands chiens couraient derrière les attelages. Au milieu d'une page, Theo avait fait son propre portrait, le visage maussade et les bras chargés de précieux objets.

— Montrez-moi ce que vous avez dessiné là, dit Elinor en quittant sa place.

— Non ! dit-il en refermant brusquement son carnet.

— Theo, s'il vous plaît ! supplia-t-elle avec une moue charmante. Je voudrais voir.

Voyant qu'il ne cédait pas, elle tenta de s'emparer de son carnet, mais il s'esquiva prestement.

— Non ! Montrez-moi plutôt le vôtre, dit-il en le lui arrachant des mains.

Il remarqua qu'Elinor avait elle aussi cédé à la fantaisie, négligeant la basilique au profit de quelques dessins d'imagination. Ainsi, sur la première page, on voyait les impressions d'un voyage en famille : un rassemblement de voitures qui faisait songer à un campement de nomades. Des enfants de tous âges lisaient ou jouaient à chat parmi les statues antiques. Il y avait aussi une femme vue de dos, coiffée d'un chapeau de paille, un éventail en main. Sur la feuille suivante, Theo était assis dans une voiture, le visage enfoui dans ses mains.

Un peu plus loin, perchée sur une estrade, Elinor lisait un texte aux enfants assis en cercle dans l'herbe, visiblement captivés par ce qu'ils entendaient. Elle avait les cheveux en désordre, le nez constellé de taches de rousseur et portait la jupe-culotte dessinée par Theo.

— Rendez-moi ce carnet !

Elle tenta de le saisir, mais Theo le fit disparaître derrière son dos.

— J'ai pensé que vous pourriez me prendre comme gouvernante, expliqua-t-elle. C'est pourquoi j'ai dessiné des enfants autour de moi.

— Ils semblent très attentifs à ce que vous leur lisez.

Il s'interrompit un instant, puis reprit :

— Elinor…

— Oui ?

Il devina dans ses yeux une attente, un espoir. Il la trouvait pâle et fatiguée. Peut-être n'aurait-il pas dû l'entraîner dans cette ascension ? Il éprouva soudain l'envie de la prendre dans ses bras et de la cajoler. Mais il savait qu'Elinor était éprise de liberté et n'aurait pas supporté qu'il la retienne prisonnière, ne fût-ce qu'un instant. Cette liberté, il se sentait pourtant capable de la lui rendre à tout moment, quels qu'en soient les risques.

— Elinor… pourquoi ne pas nous marier ? questionna-t-il enfin. Je veux dire, nous marier vraiment en oubliant ce mariage de comédie tel que l'a imaginé votre mère.

Il laissa tout à coup tomber le carnet de croquis et la prit dans ses bras.

— Nous sommes amis et nous nous appartenons déjà l'un à l'autre, en quelque sorte.

Elinor ne bougeait pas. Elle demeurait figée dans les bras de Theo comme une statue de cire.

Il prit ses lèvres. Elles étaient douces et frémissantes. Il les titilla du bout de la langue pour lui prouver à quel point il la désirait.

Elle finit par céder et fondit dans ses bras, entrouvrant ses lèvres pour mieux s'offrir à lui.

Theo la croyait conquise quand soudain elle s'arracha à son étreinte.

— Non, Theo. Non. Je ne vous épouserai pas. Je vous l'ai déjà dit et je suis tout à fait sincère. N'insistez pas, je vous prie

Il ne fit rien pour la retenir et elle s'éloigna de quelques pas.

— On ne se marie pas sans amour, Theo, reprit-elle sans même se retourner vers lui. Vous allez me trouver sotte avec mes idées romantiques, alors que je passais à vos yeux pour une personne sensée, mais…

Le ton était désenchanté. Tout ce en quoi elle avait cru jusqu'alors lui semblait désormais dérisoire. Dans son cœur tout n'était qu'amertume, méfiance et circonspection. Elle savait que Theo n'aurait pas dû écouter son cœur, n'aurait pas dû entretenir en lui l'espoir de l'épouser. Il aurait dû se contenter de ce qu'ils vivaient ensemble depuis leur rencontre dans la basilique de Vézelay. Elinor s'estimait capable de lui donner son amitié, sa fantaisie, son courage, mais pas son amour.

Elle se sentait soudain misérable et solitaire. Si solitaire, si abandonnée que c'en était une déchirure. Theo ne s'était pas rendu compte à quel point elle était au fond du gouffre jusqu'à ce qu'il entre dans sa vie. Et voilà qu'il parlait de mariage et que ce gouffre s'ouvrait de nouveau sous les pieds d'Elinor.

— Je suis désolé, Nell. Le compromis n'est pas fait pour nous. Je me suis dit simplement que nous pourrions vous et moi former un couple uni, mais tel n'est pas votre souhait. Pourrons-nous rester amis ? Tout cela est ma faute. J'ai tout gâché en vous demandant en mariage.

— Cela ne remet pas en question notre amitié, Theo, répondit-elle en retournant vers lui.

Elle l'entoura de ses bras et le serra très fort contre elle en un geste fraternel.

— Theo, qu'avez-vous de bon à manger dans votre sacoche sans fond ? questionna-t-elle en affectant un ton enjoué. Ou peut-être avez-vous prévu que nous prenions un lapin au piège ?

— J'ai fait du charme à la cuisinière pour obtenir un petit en-cas, confessa-t-il. C'est pour cela que j'étais un peu en retard.

— Parfait.

Comme elle se tournait pour admirer le paysage, Theo s'agenouilla auprès de son sac et en sortit les vivres. Il aperçut alors à deux pas de lui le carnet de croquis de Nell. Il le ramassa, tourna quelques pages, et soudain eut l'impression d'entendre les rires des enfants qu'elle avait dessinés. Alors, il détacha la feuille et la glissa dans son propre carnet.

Les enfants que nous n'aurons jamais…, songea-t-il avec un pincement au cœur.

Elinor s'était éloignée pour s'isoler un instant, incapable de donner le change face à Theo. Elle avait du mal à retenir ses larmes. Mais pourquoi pleurer après tout ? Quelle explication donner à Theo si elle reparaissait devant lui le nez rougi et les yeux brillants ?

Elle l'aimait, bien sûr. Elle aurait pu l'épouser, même s'il en aimait une autre. Ainsi, elle aurait été sa femme, la compagne dont il avait besoin dans sa vie…

Elinor devait bel et bien reconnaître qu'elle était très attachée à Theo, et c'était là ce qui la tourmentait.

Celui qui n'a jamais mangé de fraises ne sait pas ce qu'il a perdu, songea-t-elle. Mais, s'il en a mangé une fois, il ne peut oublier leur goût et ne peut plus s'en passer.

Theo était comme les fraises et comme tous les plaisirs sensuels que l'on n'oublie pas. Désormais il était auprès d'elle comme une tentation de tous les instants.

Pour Elinor, il n'y avait qu'une façon de se sortir de cette situation : avoir le courage de se séparer de lui.

Malgré tout, elle prit sur elle, rehaussa les épaules et releva le menton avant de se retourner vers Theo.

— J'espère que la cuisinière nous a gâtés, dit-elle sur un ton faussement guilleret. Je meurs de faim.

Ils mangèrent le poulet, le fromage et les pommes de bon appétit, le tout arrosé d'un excellent cidre.

— J'ai sommeil, avoua-t-elle à la fin du repas en étouffant un bâillement.

— Alors, reposons-nous un moment, proposa Theo en roulant son manteau pour lui en faire un oreiller.

— Je crois qu'un petit somme ne nous fera pas de mal si nous devons explorer les souterrains du château la nuit prochaine.

— J'irai seul, déclara-t-il soudain en s'appuyant sur son coude pour se relever. Comprenez-moi, Elinor, je crois que vous n'êtes pas…

— Je suis en parfaite condition, Theo ! s'insurgea-t-elle. Et, même si je me sentais un peu faible, ce ne serait pas une raison pour manquer un tel divertissement.

— Divertissement ? reprit-il en haussant les sourcils. Comme vous y allez ! N'oubliez pas qu'il s'agit d'une mission très délicate, pour ne pas dire dangereuse. En fait, je me demande bien ce que nous allons raconter à nos hôtes si nous sommes surpris dans les caves en pleine nuit ?

— Que nous avons des goûts particuliers au point de faire l'amour dans ce qui fut le cadre d'orgies infâmes ! suggéra-t-elle.

Theo ne put réprimer un éclat de rire.

— Décidément, ma chère, vous avez le don de me mettre en tête des images que je m'efforce de chasser de mon esprit.

Non seulement il fallait avoir des goûts particuliers mais nettement pervers pour aller explorer en pleine nuit la chambre des orgies.

Voilà ce que se disait Elinor en frissonnant alors qu'ils pénétraient en ce lieu à 2 heures du matin.

Tandis que Theo faisait les cent pas dans la pièce et semblait réfléchir, Elinor attendait ses décisions, debout sur la dalle de pierre.

— En supposant que j'organise une orgie rituelle, dit-il enfin, je ferais en sorte de lui donner un aspect théâtral.

— Pour cela, je vous fais confiance.

— Ainsi, je ferais apparaître le calice et tous les accessoires qui l'accompagnent avec des gestes de prestidigitateur. Tout le problème est de savoir d'où je sortirais ces objets.

Il considéra Elinor d'un air songeur, puis reprit :

— Accepteriez-vous de vous étendre sur cette dalle de pierre ?

— Comme pour un sacrifice ?

— En quelque sorte.

Elle s'allongea sur la pierre glacée et saisit les anneaux fixés aux coins supérieurs.

— Comme ceci ?

— Voilà. C'est parfait.

Alors, elle vit Theo s'avancer vers elle dans la lumière vacillante de la lampe. Quelque peu effrayée par cette mise en scène, Elinor avait du mal à imaginer qu'il ne s'agissait là que d'un simulacre.

Theo étendit les bras comme s'il imposait le silence à une assistance imaginaire. Ensuite, il plaqua ses mains sur le mur de pierre et annonça d'une voix d'outre-tombe :

— Elinor, je sens quelque chose !

Elle se releva et parcourut à son tour la paroi humide de ses mains.

Theo avait raison. Elle sentait sous ses doigts les pierres disjointes par endroits. Ce mur cachait assurément quelque chose, mais à quel endroit précisément ?

Son cousin se mit à frapper les pierres à coups de poing, exaspéré de ne pouvoir situer la cachette, et soudain un bruit sourd se fit entendre.

— C'est là ! dit-il avec un sourire triomphant. Il y a un coffre là-dessous.

Alors, Elinor crut entendre des chuchotements, comme si tous les fantômes qui peuplaient ces lieux voulaient revoir ce trésor caché.

Enfin le panneau s'ouvrit, découvrant une serrure dans laquelle Theo introduisit son passe-partout. Le trésor s'offrit à leurs yeux ébahis : des objets d'or et d'argent, des pierres précieuses, mais aussi des lanières de cuir qui servaient sans doute à attacher les victimes.

— Nell, ne regardez pas ! murmura Theo dans un souffle.

— Pourquoi pas ? s'étonna-t-elle. Nous n'avons pas fait tout ce chemin pour que vous me priviez de ce plaisir ?

— Soit ! Comme vous voudrez.

Il plongea les mains dans le coffre et en sortit un objet volumineux qu'il déposa sur la dalle de pierre.

— Et ne me demandez pas de vous expliquer de quoi il s'agit, ajouta-t-il comme elle se penchait pour mieux voir.

Du socle carré de ce qui ressemblait à un calice montaient quatre colonnes d'ivoire soutenant un réceptacle d'argent hexagonal. Sur chaque face une scène rehaussée d'or présentait des silhouettes humaines. La coupe était coiffée d'un couvercle sur lequel on voyait des personnages allongés dans des attitudes lascives.

Elinor effleura d'un doigt les colonnes d'ivoire, émerveillée par la finesse des sculptures.

Soudain, elle retira sa main et leva vers Theo des yeux épouvantés.

— Mais ce sont des…

— Des phallus, en effet, confirma-t-il d'un ton très naturel.

Fascinée malgré elle, Elinor ne parvenait pas à détacher son regard de cet étrange objet rituel, s'attardant sur les sculptures représentant êtres humains et animaux mêlés dans des attitudes indécentes. A ses yeux, tout cela était à la fois excitant, révoltant, magnifique et bestial.

Elle essuya machinalement ses mains sur sa jupe comme si elle s'était salie au contact de cet objet.

— A votre avis, est-ce que le reçu de la vente est

aussi dans le coffre ? questionna-t-elle comme pour dissimuler son trouble.

— Oui, tout est bien là, confirma Theo en agitant une liasse de papiers.

Le coffre contenait aussi des tasses et des plateaux d'argent, des lanières de cuir, des fouets et d'autres objets en ivoire.

— Oh ! s'exclama Elinor en tendant la main pour s'emparer de l'un des objets.

— Laissez cela et n'y pensez plus, interrompit Theo. Tenez, aidez-moi plutôt à envelopper le calice.

Ils achevaient de ficeler le paquet afin de l'emporter avec eux quand un lourd filet s'abattit sur eux. Désespérément, ils tentèrent de se libérer, en vain ! Alors qu'elle s'agitait en se demandant qui pouvait bien les attaquer de la sorte, Elinor reçut un violent coup sur la tête et elle plongea dans les ténèbres.

Chapitre 15

— Nell ! Nell ! réveillez-vous !

Elinor entendait une voix lointaine qui l'appelait et ressentait une douleur insoutenable dans la tête.

En ouvrant les yeux elle comprit qu'elle n'avait pas dormi longtemps car les chandelles brûlaient encore dans la pièce.

Elle reprit conscience peu à peu. Assise sur un siège très dur, elle avait les mains levées à hauteur de la tête, position inconfortable s'il en fut. La chambre aux murs de pierre dans laquelle elle se trouvait était éclairée a giorno par d'innombrables chandeliers. Elle avait très soif et très envie de laisser retomber ses bras.

— Nell !

C'était la voix de Theo. Elle n'en doutait plus.

Elle fit l'effort de tourner la tête et se rendit compte que son cousin était enchaîné auprès d'elle. Seule différence entre eux : il était debout.

— Qu'est-il arrivé, Theo ?

— Nous avons été assommés. Nos agresseurs étaient au moins deux, me semble-t-il. Comment vous sentez-vous, Nell ?

— Pas trop mal si ce n'était cet affreux mal de tête et la soif qui me dessèche la gorge. Ah, si seulement je pouvais me lever !

Elle y parvint au prix d'un gros effort et s'adossa au mur, les jambes tremblantes.

— Ah, je me sens un peu mieux ainsi. J'avais l'impression que mes bras allaient se détacher de mon corps. Et vous, comment allez-vous, Theo ?

Il était très pâle et portait des traces de sang à hauteur de l'épaule.

— Je survis. Dieu merci, ils ne nous ont pas tués, c'est déjà beaucoup.

— Nous allons peut-être savoir qui ils sont quand ils reviendront ? suggéra Elinor. Vous dites qu'ils étaient deux. Ce sont peut-être les Tracey ? Ou bien Léon et l'un de ses serviteurs ? Ou encore Ana et son valet John ?

— En supposant que nous apprenions qui étaient nos agresseurs, cela ne nous avancera guère et ne nous aidera pas à sortir d'ici. Ce qui est sûr, c'est qu'ils ont pris le calice et qu'ils auraient pu tout aussi bien nous assassiner.

Elinor leva les mains et considéra les lourdes chaînes qu'elle avait aux poignets.

— Ah, les monstres ! Ils ne nous ont pas épargnés. Theo, où sont vos passe-partout ?

— Dans la poche de mon manteau. Il est là-bas, près des chandeliers.

— Trop loin. Nous ne pourrons jamais l'atteindre.

Elinor tendit la main et parvint à toucher celle de son cousin.

— Tenons-nous par la main un moment, proposa-t-elle. Je me sens si faible… Il me semble que cela me donnera du courage.

Elle sentit les doigts de Theo se refermer sur les siens et en éprouva un grand réconfort.

— Quand elle se réveillera, mère va se demander où nous sommes passés.

— C'est probable. Je pense aussi à Hythe qui va s'inquiéter de ma disparition, repartit Theo. La question est : dans combien de temps ? A mon avis, il faudra du temps avant que tante Louisa s'étonne de ne plus nous voir, et plus encore avant qu'elle pense à prévenir mon fidèle complice.

Il sourit en ajoutant :

— Ainsi, vous allez avoir tout votre temps pour me donner des nouvelles de toute la famille, chère cousine. Cela nous fera passer le temps !

Elinor admit que c'était là un excellent moyen de patienter, en effet, et de dissiper son angoisse. A l'évidence, nul ne viendrait les délivrer de sitôt, et comme les Ravenhurst étaient nombreux elle pourrait les citer tous, sans exception.

— Bel et Eva attendaient l'une et l'autre un enfant quand nous avons quitté l'Angleterre, commença-t-elle. Les bébés doivent être nés à présent.

Theo sursauta tout à coup.

— Ecoutez ! chuchota-t-il.

Quelqu'un approchait, en effet.

La clé tourna plusieurs fois dans la serrure, puis la porte s'ouvrit brusquement.

— Madame la comtesse ? Julie ? s'exclama Elinor. Dieu soit loué, vous nous avez trouvés. Quelqu'un nous a assommés et nous a traînés jusqu'ici. Oh, merci de venir nous libérer !

Elle distinguait maintenant les deux femmes un peu plus nettement. Elles étaient vêtues de couleurs sombres et demeuraient sur le pas de la porte.

— Vous ne sortirez pas d'ici, mademoiselle Ravenhurst, répondit la comtesse d'un ton glacial. Vous avez pris le risque de vous mêler de mes affaires, et vous allez en payer le prix.

— Comment ? Mais… je ne comprends pas… Est-ce vous qui avez dérobé le calice à mon cousin ? s'enquit Elinor, stupéfaite.

— C'est moi qui me suis chargée de cette opération délicate, intervint Julie. Je suis sur ses traces depuis qu'il a quitté Paris. M. Ravenhurst ne me connaissait pas, donc il ne risquait pas de me repérer.

— Mais alors… qu'est-il arrivé au père du comte Léon ? C'est vous qui…

Elinor ne pouvait concevoir que ces deux Françaises, si élégantes et si distinguées, aient commis l'irréparable. Et pourtant…

— Mon défunt mari nous aurait exposés une fois de plus à l'opprobre et au scandale en décidant de remettre ce monstrueux objet en circulation, déclara la comtesse. Tant que ce calice demeurait caché, mon fils Léon avait quelques chances d'échapper aux lazzis de ceux qui méprisaient notre famille pour son passé sulfureux. Enfin, il nous était permis d'espérer que ce passé inavouable serait enterré à jamais et que nous pourrions enfin relever la tête. Hélas, Charles a commis l'erreur de sortir ce calice de l'oubli.

— Cette pièce d'orfèvrerie était destinée à un collectionneur qui l'aurait conservée chez lui, madame, fit remarquer Theo.

— Fariboles ! rétorqua la comtesse. Je connais les collectionneurs, ce sont des gens pétris d'orgueil. Celui-là se serait empressé de montrer sa dernière acquisition à ses amis par simple fanfaronnade.

Elle s'avança de quelques pas vers les deux captifs en restant cependant hors de leur portée, et poursuivit :

— En outre, Charles ne m'écoutait pas et n'avait que faire des projets de mariage que j'avais conçus pour Léon. Je tenais à ce que mon fils épouse une jeune fille particulièrement honorable.

— Mlle Julie, je suppose ? ricana Theo.

Comme l'intéressée acquiesçait d'un hochement de tête, il ajouta d'un ton cynique :

— Je comprends pourquoi votre mari souhaitait un meilleur parti pour son fils !

— Je considère Julie comme ma fille et elle fera une parfaite épouse pour Léon. Elle contribuera à redorer le blason familial, j'en suis sûre, et il en a bien besoin. Charles n'aurait probablement déniché qu'une de ces donzelles à la mode, sans titre et sans le sens de l'engagement qu'exige le mariage.

— Ainsi, en dépit de vos objections et de votre crainte du scandale, votre mari a donc vendu le calice pour tenter de restaurer la fortune familiale ? suggéra Elinor.

Elle défia la comtesse du regard et posa la question qui lui brûlait les lèvres :

— Avez-vous tué votre époux, madame ?

— C'était un accident, s'empressa de corriger Julie. J'ai tout fait pour convaincre M. le comte de ne pas vendre cet objet. Il m'a répondu que j'étais une moins que rien, que Léon ferait un riche mariage avec une jeune fille titrée et qu'il me chasserait. Mais, moi, j'aimais Léon et je l'aime toujours…

— Alors, vous avez tué le comte, conclut Theo, tandis qu'Elinor considérait les deux complices avec un regard d'épouvante.

— J'affirme qu'il s'agissait d'un accident, insista la comtesse. Nous avons tenté de lui soustraire l'argent et les reçus qu'il avait en main et il a glissé malencontreusement. Et, quand nous avons constaté qu'il était mort, Julie s'est lancée à vos trousses et vous a repris le calice. Il fallait au moins sauver cet objet de scandale.

— Et où est le calice à présent ?

— Il a retrouvé sa place dans la cachette d'où il n'aurait jamais dû sortir. Dieu merci, je dispose maintenant de l'inventaire de toutes ces pièces d'orfèvrerie et je sais que rien n'y manque.

— Et, naturellement, vous nous avez enchaînés afin que nous ne puissions souffler mot à personne de cette affaire ? questionna Elinor, un brin sarcastique. En supposant que la mort de votre époux soit un accident, ce dont je doute, n'oubliez pas que vous devez restituer à Lord X le montant de son achat.

— Vous n'êtes pas en mesure de me dicter ma conduite,

miss Ravenhurst, rétorqua la comtesse. Comment pouvez-vous être assez naïfs l'un et l'autre pour espérer recouvrer la liberté ? Vous allez rester prisonniers ici aussi longtemps que vous vivrez. Nous allons refermer cette porte et nous ne reviendrons plus. Plus jamais, vous m'entendez ?

— Comment ? s'insurgea Elinor. Non contente d'avoir assassiné votre époux vous nous laisseriez mourir de faim et de soif dans ce trou à rats ?

— Laissez sortir miss Ravenhurst d'ici, intervint Theo. Elle n'a joué aucun rôle dans cette affaire. Libérez-la et elle s'engagera à garder le silence. Quant à moi, je m'engage à vous remettre la somme due à Lord X sur mes propres deniers.

— Non ! s'écria Elinor en tendant vers son cousin ses mains enchaînées. Je ne veux pas vous laisser mourir seul ici, Theo. Il n'en est pas question.

— Je ne suis pas aussi cruelle que vous le pensez, intervint la comtesse en affectant un ton doucereux.

Elle déposa un pichet sur le sol de telle sorte qu'ils puissent l'atteindre, puis se retira vers la porte.

— Il y a suffisamment de poison dans cette cruche pour abréger vos souffrances, acheva-t-elle avec un sourire perfide.

— Sans souiller vos mains de sang ! murmura Theo.

— Exactement. Je ne suis pas sûre de pouvoir vous tuer *humainement* par d'autres moyens que celui-ci, monsieur Ravenhurst.

— Monstre que vous êtes ! s'indigna Elinor. Vous oubliez une chose, cependant : c'est que ma mère va s'inquiéter de notre disparition et se mettre à notre recherche.

— Je suis prête à tout pour sauver l'honneur de mon fils, miss Ravenhurst, aussi, j'ai tout prévu. Tous les invités seront informés de votre disparition. Je leur dirai tout simplement que vous vous êtes enfuie avec votre cousin pour vous marier en secret. Dès le lever du jour, tous vos vêtements et vos effets personnels auront disparu.

Sur ces mots, la porte se referma sur la comtesse et la clé tourna deux fois dans la serrure.

Elinor se tourna vers son compagnon d'infortune en s'efforçant de retenir ses larmes.

— Mère sait bien que nous ne pouvons nous enfuir puisque nous n'avons pas l'intention de nous marier. Elle ne tardera pas à comprendre que la comtesse a menti et elle mènera son enquête.

— Bien sûr, admit Theo. Nul doute qu'elle se mettra à notre recherche avec Hythe, mais il leur faudra du temps. Or, je n'ai pas l'intention de moisir ici en attendant qu'ils nous délivrent.

— Vous avez raison. D'ailleurs, je doute fort qu'ils viennent nous chercher dans ces oubliettes.

— Quand nous aurons réussi à nous évader, nous aurons beau jeu de le leur reprocher ! repartit Theo avec un sourire malicieux. Maintenant, la première chose est d'atteindre mon manteau. Les passe-partout sont dans la poche.

Hélas, leurs efforts furent vains et leurs poignets enchaînés eurent à souffrir de leurs gesticulations. Le manteau resta malheureusement hors de portée.

— Nous avons peut-être un moyen de nous délivrer de nos chaînes, dit Theo en levant les yeux vers le crochet qui les retenait au mur. Si nous réussissons à nous décrocher nous pourrons aller et venir librement dans la pièce.

— Et récupérer les passe-partout pour ouvrir cette maudite porte, acheva Elinor.

Elle tenta de relever les bras pour se libérer du crochet, mais elle capitula bien vite. En effet, ses chaînes étaient trop lourdes et ses poignets trop meurtris.

— Impossible ! soupira-t-elle. Je n'en ai pas la force.

Theo mit un genou à terre et proposa en tendant ses mains enchaînées :

— Montez sur mes chaînes et agrippez-vous aux pierres pour essayer d'atteindre ce crochet.

Il se releva lentement au prix d'un effort surhumain, ce qui lui permit de s'élever de près d'un mètre.

— Maintenant, ôtez vos chaînes du crochet et vous serez libre.

Elinor manqua trois fois son coup et fit une dernière tentative, sachant que Theo ne pourrait la tenir bien longtemps à bout de bras.

Enfin, dans un ultime sursaut, elle réussit à se libérer et tomba lourdement sur les dalles de pierre.

Comme elle ne bougeait plus, Theo prit peur.

— Nell, parlez-moi, je vous en prie !

— Ouf ! Ne vous inquiétez pas, tout va bien, dit-elle en se relevant péniblement. J'ai mal partout, mais je n'ai rien de cassé, Dieu merci.

***

Theo était au seuil de l'évanouissement. Jamais il n'avait senti ses oreilles bourdonner de cette façon, ni éprouvé cette terrible impression de perdre la vue. Il se sentait brisé, anéanti, et en même temps soulagé d'être parvenu à délivrer sa compagne d'infortune.

— Allons, Theo ! Ce n'est pas le moment de vous endormir, houspilla-t-elle, loin de se douter qu'il perdait connaissance.

Il leva les yeux vers elle et balbutia quelques mots, le visage étrangement pâle.

— Quelque chose ne va pas ? questionna Elinor en se radoucissant soudain.

— Tout… tout va bien, dit-il dans un souffle. Prenez les passe-partout… dans la poche de mon manteau.

Theo reprit peu à peu connaissance, mais il lui fallut près d'un quart d'heure pour libérer Elinor de ses fers et autant pour se délivrer lui-même.

Enfin, ils étaient désormais libres de leurs mouvements.

— N'ayez plus peur, maintenant, murmura-t-il tandis qu'elle l'entourait de ses bras et se blottissait tout contre lui. Nous allons sortir d'ici.

— Oh, Theo, j'ai cru que nous ne réussirions jamais, soupira-t-elle.

— Il est vrai qu'il y avait de quoi perdre espoir. Nous retrouver enchaînés dans ce cachot avec pour seule solution d'avaler le poison contenu dans ce pichet était une sombre perspective.

— J'ai eu très peur, je ne vous le cache pas, confessa-t-elle. Mais j'avais confiance en vous et je savais que vous finiriez par trouver un moyen de nous délivrer.

— Avant de nous lancer des fleurs, Nell, essayons plutôt de récupérer le calice dans la cachette et déguerpissons au plus vite.

Il lui fallut encore un long moment et l'essai de plusieurs passe-partout avant de récupérer le précieux objet.

Ensuite, Theo exerça ses talents de serrurier sur la lourde porte de la cellule qui finit par grincer sur ses gonds !

Enfin, ils étaient libres !

Theo prit soin de refermer à double tour au cas où la comtesse viendrait s'assurer qu'ils étaient toujours prisonniers.

— Filons, maintenant, dit-il en poussant Elinor vers le couloir apparemment désert.

— Où allons-nous ?

— Dans nos chambres, pardi.

— Mais c'est une folie, protesta Elinor. Nous allons nous faire prendre !

— Nous devons avant tout raconter à votre mère ce qui nous est arrivé. Il faut absolument qu'elle sache ce qui se passe dans cette étrange demeure.

En fait, tante Louisa ne parut pas surprise de voir entrer sa fille et son neveu dans sa chambre à 4 heures du matin. Et, quand Theo déposa sur la table l'objet d'art qu'il portait sous son bras, Lady James chaussa ses bésicles pour l'examiner attentivement.

— Tant d'indécence au service de l'art ! soupira-t-elle en levant les yeux au ciel.

Alors, elle écouta calmement le récit des évadés, et conclut :

— La comtesse est folle à lier ! Donc, qu'allons-nous faire maintenant ? Alerter les autorités et livrer ces deux complices à la justice ?

Theo y avait songé, bien sûr. Mais faire une descente à la mairie du village pour exiger du maire qu'il fasse arrêter l'une des femmes les plus influentes de la région semblait voué à l'échec. Par ailleurs, il faudrait du temps pour convaincre Léon de la culpabilité de sa mère. Jamais le comte ne pourrait croire que celle qui l'avait mis au monde avait odieusement assassiné son propre époux avec la complicité de Julie. Et, à supposer qu'il finisse par l'admettre, le jeune comte ne les livrerait jamais à la police.

— A mon avis, nous ne pouvons compter sur personne, conclut-il, un peu dépité. Je vais rapporter moi-même ce calice en Angleterre sans plus tarder.

— Et moi ? intervint Elinor. Que faites-vous de moi ?

— Je peux vous déposer à Saint-Père chez Mme Dubois. Elle vous cachera dans la chambre que j'occupais. Tante Louisa fera semblant de croire que nous nous sommes enfuis tous les deux et partira à notre recherche. Ainsi, elle passera vous prendre à Saint-Père.

Toutes deux le regardèrent en silence, un peu perplexes quant à la solution qu'il proposait.

— Soit ! conclut Elinor, un rien vexée. Je vois bien

que je risque d'être un fardeau pour vous, alors je me résigne.

Theo ne doutait pas d'obtenir l'accord de sa tante sur ce point, mais Lady James considéra sa fille d'un œil courroucé.

— Je ne m'attendais pas à te voir capituler aussi vite, Elinor. Je ne suis pas très sûre que tu sois en sécurité chez cette Mme Dubois, et si la comtesse nous retrouve rien ne nous sera épargné. Tu vas partir avec Theo !

En fait, ce dernier n'en espérait pas tant. Lui confier Elinor était le plus précieux cadeau que sa tante puisse lui faire. Partir en voyage avec Nell, parcourir seul avec elle les routes d'Angleterre, c'était la vie de bohème qu'ils avaient évoquée un peu plus tôt dans la journée.

Theo s'interrogea sur les véritables intentions de sa tante. Ne venait-elle pas de jeter délibérément Elinor dans ses bras ?

Lady James tenait-elle vraiment à ce qu'il épouse sa fille ? A la réflexion, la chose lui semblait improbable.

Elinor leva les yeux vers lui et il devina dans son regard qu'elle partageait la joie que lui causait le projet de ce voyage à deux en Angleterre.

— Bien, mère. Si cela peut vous rassurer…, conclut-elle en feignant de se soumettre.

— Nous nous rendrons d'abord à Maubourg, annonça Theo. C'est bien là que Sebastian et Eva se sont installés pour attendre leur bébé, n'est-ce pas ?

— Oh, c'est une très bonne idée, approuva Lady James. Mais j'y pense… Tu pourrais peut-être envoyer cet infâme calice à ton client anglais par la valise diplomatique ?

— Je ne crois pas que ce soit très judicieux, ma tante, objecta Theo.

Il imaginait déjà la tête du fonctionnaire du ministère des Affaires étrangères déballant le paquet contenant cet objet d'art érotique.

— Non. J'enverrai une lettre à Lord X de là-bas pour lui annoncer ma visite.

— De Maubourg ? questionna Nell.

— Oui, bien sûr.

— Mais pourquoi nous attarder chez Eva et Sebastian, alors que…

— Pour brouiller les pistes, pardi. Où pouvons-nous être en sécurité sinon dans un château cerné par des gardes ?

Il s'interrompit un instant et reprit :

— Nous allons descendre aux écuries et prévenir Hythe. Il faut qu'il prenne une voiture et file à Avallon pour délivrer les hommes de main de Lord X. Ce que je crains, c'est que la comtesse s'aperçoive de notre disparition et lance ses hommes à notre poursuite. Ma voiture sera facilement repérée. Je me demande s'il ne vaudrait pas mieux prendre la chaise de poste à Avallon.

Theo se sentait désormais revigoré en dépit du manque de sommeil, du coup reçu à la tête et de l'angoisse d'avoir mis Nell en danger de mort. Enfin, ils étaient vivants, sans trop de contusions, et ils allaient pouvoir vivre quelque temps en compagnie l'un de l'autre. Quel bonheur !

— Tu as raison, déclara Lady James. Quoi qu'il en soit il serait malsain de nous attarder ici. Je vais laisser quelques affaires dans ma chambre afin de ne pas éveiller leur méfiance.

Theo s'absenta un moment pour se rendre dans sa chambre, puis revint, visiblement accablé.

— Ils ont fouillé ma chambre, annonça-t-il. Ma valise a disparu et tous les tiroirs sont ouverts. Votre chambre est dans le même état, Elinor.

— Ils sont méchants mais pas stupides, commenta celle-ci d'un ton amer. Avez-vous pris ce que vous comptez emporter ?

— Ceci, répondit Theo en montrant une chemise roulée en boule et un rasoir. Si je prends d'autres affaires, ils vont le remarquer. J'achèterai de quoi me vêtir en route. Par miracle, ils n'ont pas trouvé mon argent.

Elinor prit la chemise de Theo, la mit dans son sac et le referma prestement.

— Mère ?

— Je sens que je vais me divertir comme jamais, nota Lady James. Garde un œil sur Theo, ma petite. Il semble dominer la situation, mais avec les hommes on ne sait jamais. Et surtout ne sois pas inquiète pour mes travaux de recherche. Je vais annoncer que je pars pour Paris, puis revenir quand je serai sûre de ne pas avoir été suivie. Ensuite je descendrai vers Avignon et nous nous retrouverons là-bas ?

— Bien sûr, mère, admit Elinor. Nous pourrons finir plus tard nos études sur la Bourgogne.

— Allons, Nell, il faut partir maintenant, intervint Theo en prenant le sac. Les serviteurs vont bientôt se lever et nous serons pris au piège.

— Oui, je viens tout de suite. Au revoir, mère.

Elle enlaça sa mère, lui donna un baiser sur le front, puis suivit Theo dans le couloir.

Tandis qu'ils approchaient des écuries, Theo observa Elinor du coin de l'œil.

Dieu merci, se dit-il, elle n'avait pas encore atteint les limites du courage et de l'endurance. Elle le suivrait aussi loin qu'il l'exigerait, il le savait.

Cette idée le laissa songeur. A quoi ressemblerait sa vie si cette femme tombait vraiment amoureuse de lui ?

Chapitre 16

Elinor prit place dans la voiture où Theo lui fit un pansement, tant ses poignets meurtris par les fers étaient à vif.

— C'est vous qui auriez besoin de soins, Theo, bien plus que moi, assura-t-elle.

— Allons, laissez-vous faire, et ne discutez pas, répliqua-t-il, mettant ainsi fin à ses protestations.

Loin de s'estimer heureuse d'être encore vivante, Elinor ne pouvait s'empêcher de penser aux horreurs qu'ils venaient de vivre dans leur cachot.

Si Theo ne s'était pas montré aussi courageux, aussi fort et aussi astucieux, ils n'auraient pas su trouver le chemin de la liberté.

S'ils avaient dû mourir ensemble, lui aurait-elle déclaré qu'elle l'aimait ? Probablement pas. Cela n'aurait fait qu'alourdir le fardeau de la culpabilité qu'il portait alors.

Ainsi, elle serait morte sans avoir su ce que c'était que de se donner à un homme pour lui témoigner son amour et sans avoir appris de lui la passion et la tendresse. Theo aurait été perdu pour elle à jamais et elle serait demeurée vierge pour l'éternité !

— Nell, vous pouvez vous étendre maintenant.

— Non. Pas avant d'avoir pansé vos blessures à mon tour.

— Nell, je vous en prie…

— Laissez-moi faire, ordonna-t-elle en le foudroyant de ses yeux noisette.

Après avoir nettoyé les plaies, elle fit un pansement avec le plus grand soin et le noua solidement.

— Voilà, c'est fait. Tous mes compliments, monsieur Ravenhurst. Vous avez été très sage.

A peine venait-elle de s'adosser au siège qu'elle sentit ses paupières se fermer contre sa volonté.

Alors, elle entendit une voix lointaine lui susurrer à l'oreille :

— Nell, mon amour…

Il faisait grand jour quand Elinor s'éveilla.

— Theo ?

Elle était seule dans la voiture, enveloppée d'un plaid. Alors, elle se découvrit, étira ses bras endoloris, puis lissa ses cheveux.

Mais où était donc passé Theo ?

Elle abaissa la vitre, se pencha à la portière et le vit s'avancer sur un alezan, tenant un autre cheval par la bride.

Il semblait détendu et heureux.

— Theo ?

— Déjà réveillée, miss Ravenhurst ? s'étonna-t-il en

mettant pied à terre. Je pensais que vous alliez faire le tour du cadran !

— N'aviez-vous pas dit que nous allions louer une chaise avec plusieurs postillons ?

Elle nota qu'il portait un long manteau gris sale et un chapeau de guingois.

— Où diable avez-vous déniché ces vieilles hardes de vagabond ?

— Ce manteau appartient à Hythe. J'ai pensé qu'habillé de la sorte j'attirerais moins l'attention. Dites-moi plutôt comment vous vous sentez ?

— Bien, il me semble. Et vous ?

— Souffreteux, dirais-je, admit-il en faisant la grimace. J'ai hâte d'être à ce soir pour me reposer vraiment, mais je crois que je survivrai jusque-là.

— Quelle heure est-il ?

— 14 h 30.

Elle remarqua alors son visage creusé par la fatigue et le voile qui ternissait ses beaux yeux verts. Soudain, il lui parut vieux, sévère, et bien différent du Theo de la veille.

— Nous ferons une halte à la prochaine auberge pour nous restaurer un peu.

— Où allons-nous exactement ?

— A Arnay-le-Duc. Mais je ne sais pas si nous y serons ce soir. Je vais essayer de trouver le chemin le plus direct pour nous rendre ensuite à Maubourg, même si ce n'est pas une grande route.

Il ouvrit la portière.

— Voulez-vous venir vous asseoir au poste de conduite ?

— Je veux bien.

— Mais ne croyez pas pour autant que je vais vous laisser mener les chevaux.

— Croyez-vous qu'elles vont nous suivre ? s'enquit Elinor en lui tendant la main afin qu'il l'aide à monter.

— Julie et la comtesse ?

— Oui.

— Elles n'ont peut-être pas encore constaté notre disparition. En revanche, si elles ont tenu à s'assurer que le calice était toujours dans son coffre, elles ont ouvert notre cachot. Et alors… tout peut arriver désormais. J'ai remis à Hythe une lettre pour le comte Léon, et j'espère qu'il agira selon mes instructions, mais comment en être sûr ?

— Et qu'allez-vous faire des hommes de Lord X ? Ils vont être furieux de moisir dans leur cellule.

— Hythe va les faire libérer. Ainsi, ils rentreront chez eux et informeront Lord X que nous sommes en possession du calice et que nous sommes prêts à le lui livrer. Si ces deux forbans ne nous font pas confiance, j'irai les voir moi-même.

— Theo, c'est dangereux !

— Ne vous en faites pas, Nell, je prendrai toutes les précautions nécessaires. Le calice est en sécurité sous le siège de cette voiture, bien enveloppé dans une couverture. Il est intact, sans la moindre égratignure.

Il hocha la tête en ajoutant :

— On ne peut pas en dire autant de nous, n'est-ce pas ?

Le soupçon de cynisme qu'elle perçut dans sa voix alerta Elinor. Elle le sentait soucieux. Soudain elle eut envie de le prendre dans ses bras pour le rassurer, mais, comme il tenait les rênes, elle y renonça.

— Qu'est-ce qui ne va pas, Theo ? Hormis le fait que nous parcourons la campagne avec un trésor sous le siège et que nous avons laissé mère aux mains de ces deux meurtrières, bien sûr. Autre chose vous préoccupe, je le sens.

Il gardait les yeux fixés sur la route et ne semblait pas décidé à lui répondre. Alors, Elinor glissa son bras sous le sien et l'attira doucement à elle.

— Theo ?

— Nell, je me rends compte que je n'ai pas pris grand soin de vous jusqu'à présent, lui confia-t-il enfin.

— Vous plaisantez ! protesta-t-elle. Vous m'avez sauvé la vie. N'est-ce pas suffisant ?

— Je l'ai plutôt mise en danger, et si vous n'aviez pas été aussi courageuse et déterminée que vous l'étiez nous ne serions jamais sortis de ce sinistre cachot. Je vous ai entraînée dans cette folle aventure, je vous ai séduite, et maintenant nous courons la campagne comme deux amants en fuite.

— Theo, je suis libre de mes décisions et de mes actes. Vous ne m'avez pas obligée à vous suivre. Après notre premier baiser, j'ai ressenti le même désir que vous, et s'il n'en avait pas été ainsi je me serais refusée à vous. J'ai cru que nous étions amis, et que nous étions tous deux solidaires dans cette affaire. Mais visiblement je ne suis pour vous qu'une femme de plus, pendue à vos basques, attendant patiemment que vous l'embrassiez et qui…

— Ça suffit, Nell ! interrompit-il. Si vous avez quoi que ce soit à me reprocher, attendez au moins que nous soyons arrivés à l'auberge.

— Je n'ai rien à vous reprocher, idiot que vous êtes. Je veux simplement que vous me traitiez comme votre égale, voilà tout.

C'était là le point le plus important à ses yeux. Elle aimait Theo, l'admirait, le désirait, mais elle refusait d'être protégée et cajolée comme une amante. Elle désirait être auprès de lui à chaque instant et en toutes circonstances. Elle avait envie de vivre avec lui tous les risques et tous les dangers de cette aventure. En un mot elle voulait partager pleinement sa vie.

— Comment cela vous traiter en égale ?

— Me considérer comme un homme. Certes, je ne suis pas aussi robuste que vous, mais je suis tout aussi intelligente et capable de prendre mes responsabilités dans les situations délicates.

Theo observa du coin de l'œil la frêle silhouette d'Elinor, installée près de lui.

La traiter comme un homme…, songea-t-il. Tout sauf ça !

Lui demander de la traiter en égale était une curieuse idée. En fait, c'était bien ce qu'il avait fait en l'associant à la recherche du calice. Cependant, son instinct était de la protéger, de la chérir, et tout ce qu'il avait réussi à faire jusque-là c'était éveiller sa sensualité tout en la laissant insatisfaite.

— A vrai dire, je ne peux pas vous traiter comme un homme, Nell, mais plutôt comme la femme intelligente et indépendante que vous êtes. A compter de cet instant, si je ne respecte pas vos décisions, vos initiatives, je vous invite à me le rappeler.

— Bien.

Theo crut deviner qu'autre chose la troublait, mais si elle n'avait pas envie de se confier il ne l'y obligerait pas.

— Regardez ! Voici une auberge, dit-elle en pointant son doigt sur une enseigne. Je meurs de faim et tant pis si cet établissement n'est pas des plus recommandables.

En fait le *Coq d'Or* était une auberge modeste mais propre. On leur proposa un civet de lapin, une rouelle de porc et du fromage, le tout arrosé d'un pichet de vin rouge du pays.

— Où sommes-nous exactement ? demanda Nell à la servante.

— A Eschamps, madame. Est-ce que vous allez loin ?

— A Autun, précisa spontanément Elinor.

Theo fut contrarié par cette réponse. Ils étaient en effet sur la route d'Autun, mais il estimait qu'il était inutile de donner plus de précisions à cette fille d'auberge.

Malgré tout, il leva son verre et trinqua avec Elinor. Il aimait cette complicité avec elle. Il songeait aussi à partager son lit et serrer tout contre lui ce corps de femme souple et agile. Il avait envie de la conduire à l'extase suprême pour lui témoigner son amour et, cependant, il se devait de résister encore à l'indicible attrait qu'elle exerçait sur lui.

***

La route était meilleuree que Theo ne l'aurait cru et les chevaux particulièrement vifs et rapides. Ils atteignirent Jouey, au nord d'Arnay-le-Duc, à la tombée de la nuit. Par bonheur, ils trouvèrent sans difficulté une auberge que Theo jugea convenable pour passer la nuit. Des écuries bien tenues, des serviteurs zélés, et des chambres assez confortables pour un repos bien mérité.

Nell se comporta en véritable épouse, examinant la propreté des lieux, réclamant du linge de toilette et des chandelles supplémentaires. Theo n'en attendait pas tant de sa compagne, mais cette attitude ne fit que raviver en lui le désir de tout partager avec elle.

A la fin du dîner, Elinor leva les yeux vers lui et s'étonna de le voir sourire.

— Qu'y a-t-il, Theo ? Pourquoi souriez-vous ainsi ?

— N'ai-je pas l'habitude de sourire ?

— Pas de cette façon. On dirait que vous venez de voir en rêve quelque chose de très plaisant.

— Je pensais à une chose que je ne pourrai jamais obtenir, confessa-t-il.

— Pardonnez-moi. Je suis bien indiscrète.

Sans doute avait-elle compris à demi-mot à quoi il faisait allusion. Il se demanda quelle aurait été la réaction de Nell s'il lui avait avoué tout à trac qu'il pensait à elle ?

— Regardez, dit-elle en dépliant un plan. J'ai demandé cette carte à la servante. Certes, elle n'est pas très nette, mais on y voit Maubourg. A votre avis, combien de temps nous faudra-t-il pour y arriver ?

— Au moins quatre jours et quatre nuits, et même un peu plus si nous avons du mauvais temps en route ou si les chevaux se fatiguent trop vite. En tout cas, il ne faudra pas forcer l'allure.

— Quatre jours ? reprit-elle, le regard brillant. Oh, Theo, je suis si heureuse !

— Vraiment ?

— Bien sûr. N'oubliez pas que nous avons des achats à faire en route. J'ai envie de nouvelles robes, de nouveaux chapeaux. C'est vous qui m'avez donné cette envie d'être coquette, ne l'oubliez pas.

— C'est une chance. Il se trouve que j'ai de l'argent sur moi, remarqua-t-il avec un brin de malice.

Il se sentit heureux de lui faire plaisir et en éprouva lui-même à l'idée de jouer avec elle le mari soucieux de gâter sa femme.

— Nous trouverons tout ce qu'il nous faut à Arnay, j'en suis sûr.

Et à Lyon, les soieries, songea-t-il en secret.

Theo lui réservait en effet une surprise. Il tenait à ce que Nell arrive à Maubourg avec une garde-robe digne de la cousine par alliance de la Grande Duchesse. Il savait qu'elle en serait très fière.

— Je vais faire la liste des achats, proposa-t-elle en sortant de son réticule un petit carnet. Voyons, il me faut du linge, une robe de jour, et un manteau, je pense. C'est à peu près tout. Et vous, que vous faut-il, Theo ?

— Du linge, aussi, et des bottes. Celles-ci sont un peu fatiguées, il me semble.

— Une chemise de nuit, peut-être ? De la poudre dentifrice ?

— Oui, en effet. Je vous trouve tout aussi organisée qu'une maîtresse de maison, Nell. J'avais cru comprendre que vous n'aviez aucun goût pour ces choses-là ?

— Je suis pratique, tout simplement. Il faut bien que quelqu'un pense à la poudre dentifrice.

— Chez l'intellectuelle que vous êtes, c'est surprenant, miss Ravenhurst, plaisanta-t-il. Je croyais que vous étiez bien au-dessus de ces préoccupations.

— Monstre ! fit-elle en lui lançant son carnet qu'il saisit au vol avec adresse.

— Dieu que les femmes sont maladroites !

— C'est parce que, contrairement aux hommes, nous ne passons pas notre enfance à jouer à la balle, je présume. Maintenant, rendez-moi mon carnet.

— Non. Je vais d'abord le lire. Peut-être contient-il votre journal et tous les secrets que vous vous évertuez à me dissimuler ?

— Theophilus Ravenhurst, vous n'êtes pas le gentilhomme que j'imaginais !

— On m'a déjà dit cela, avoua-t-il tout en feuilletant les pages du carnet d'un air nonchalant.

A défaut d'y trouver ce qu'il cherchait, il découvrit un portrait de lui au crayon. Sans pouvoir le situer exactement il vit dans le fond une arche qui lui rappelait l'église de Saint-Père. Elinor l'avait probablement croqué sous ces voûtes sans qu'il s'en rende compte.

— Donnez-moi ce carnet, Theo. Vous n'avez pas le droit. C'est personnel.

— Ce portrait de moi est excellent. Pourquoi vous fâchez-vous ainsi ?

— Il suffit ! Rendez-le-moi, s'insurgea Nell en tentant de saisir de nouveau le carnet.

Theo la prit par la main et l'attira à lui.

— Rendez-le-moi ou je vous mords !

— Vous n'oseriez pas, petite furie.

— Idiot que vous êtes !

— Nell... Nell, ma...

— Monsieur ?

La porte s'ouvrit brusquement sur un serviteur.

— Monsieur, tout va bien ? questionna-t-il. J'ai entendu du bruit...

Voyant que le client tenait la jeune femme dans ses bras, il s'excusa et referma doucement la porte.

Theo et Nell échangèrent un regard perplexe, puis se mirent à rire.

— Theo, je crois que je vais aller dormir, dit-elle en s'arrachant à son étreinte. Ce serait plus raisonnable.

— Oui, bien sûr, répondit-il à regret.

Il alluma une chandelle et lui tendit le chandelier.

— Dormez bien, murmura-t-il, un rien dépité.

Comme la porte se refermait sur elle, Theo ramassa le carnet tombé sur le parquet au cours de leur lutte. Il l'ouvrit à la page de son propre portrait et s'y attarda un moment.

C'était le visage d'un homme incertain quant à son avenir, un être dont la vie pouvait basculer d'un jour à l'autre. Elle l'avait croqué de la façon la plus exacte, tel qu'il était alors.

Il pensa à Elinor. Il ne devait plus la prendre dans ses bras comme il venait de le faire car il n'était pas sûr de pouvoir résister au désir qu'elle lui inspirait !

Chapitre 17

Theo demeura songeur un long moment après que les pas eurent cessé dans la chambre au-dessus. Son regard s'attarda sur les flammes vacillantes des chandelles et sur les ombres qu'elles projetaient sur le mur. Finalement, il se leva, quitta la pièce et monta les marches pour aller se coucher, le cœur meurtri.

Sur le palier qui desservait les deux chambres, il s'attarda un moment devant la porte d'Elinor sous laquelle brillait un rai de lumière. Il leva la main pour frapper et lui demander si tout allait bien, mais la laissa retomber et tendit l'oreille. Il sentait la présence de Nell, et cela lui suffisait.

La porte s'ouvrit alors, le faisant sursauter.

— Theo ?

Nell portait la longue chemise de nuit de sa mère, bien trop grande pour elle, et un châle sur les épaules.

— Pardon, Nell. J'ai peut-être fait un peu trop de bruit en montant ? En fait, j'avais un caillou sous ma botte et j'essayais de m'en débarrasser. Vous… vous ne dormez pas ?

— Non. Je n'ai pas sommeil. Chaque fois que je ferme

les yeux, je revois les murs de notre maudit cachot. Pourtant, nous en sommes sortis sains et saufs et je devrais m'en réjouir. Je me demande pourquoi je suis constamment hantée par ces idées noires ?

— Parce que nous aurions pu mourir dans ce trou à rats, tout simplement. Parce que vous ne pouvez vous défaire de l'idée que le pire aurait pu arriver.

— Je redoute les cauchemars, Theo, confessa-t-elle en baissant les yeux. Eva m'a souvent dit qu'elle en souffrait elle aussi, mais Sebastian était là pour chasser les démons qui hantent son esprit. Vous savez… je suis incapable de me délivrer de cette frayeur, à tel point que je crains de m'endormir. Pourtant, il le faut.

— Laissez votre porte entrouverte et j'entrouvrirai la mienne aussi. Dès lors, si vous criez dans votre sommeil, je viendrai vous réveiller et je ferai en sorte de vous rassurer.

Theo se sentait capable de vaincre pour elle tous les dragons de la création, mais il n'était pas sûr de dompter ceux qui l'obsédaient lui-même.

— Je vous remercie, Theo, murmura-t-elle en esquissant un sourire.

Elinor ne manquait pourtant pas de cran. Elle avait lutté avec lui contre la mort, elle l'avait défendu contre les deux brutes envoyées par Lord X. Il lui devait bien de veiller sur elle.

Derrière elle, il aperçut le lit en désordre et nota que le tenancier avait donné à la dame le plus grand lit. Peut-être s'était-il dit que l'époux viendrait rejoindre sa femme au cours de la nuit ?

— Préférez-vous que je vienne dormir avec vous ? proposa-t-il sans hésiter. Vous avez un lit pour deux personnes et un édredon de plumes. Je pourrais me glisser dessous sans vous déranger. Ainsi, vous vous endormirez sereinement.

Elinor ouvrit de grands yeux ébahis et le regarda en silence, comme si cette proposition la laissait sans voix.

— Le temps de me déshabiller, de me changer et je vous rejoins, reprit-il sans lui laisser le temps de répondre.

Theo entra dans sa chambre, tout heureux de sa bonne fortune. Pourtant, il avait promis d'être sage. Il s'était juré de combattre les démons du désir, mais sa volonté vacillait dangereusement.

Elinor se glissa dans ses draps et se blottit au bord du lit, le plus loin possible de Theo. La nuit était douce, mais elle sentait la fièvre monter en elle et frissonnait par instants. Elle aurait cru que Theo se bornerait à la sermonner en l'invitant à se reprendre pour chasser ses craintes, mais au contraire il était venu la rejoindre dans son lit. L'initiative était aussi audacieuse que surprenante.

L'idée de faire l'amour avec lui la hantait même si elle savait qu'il ne prendrait pas le risque de la toucher en pareilles circonstances. Il était là pour veiller sur elle, rien de plus !

Elle ferma résolument les yeux, bien décidée à trouver le sommeil.

— Inutile de vous éloigner à ce point de moi, je n'ai ni la peste ni le choléra, plaisanta-t-il.

Comme elle se rapprochait un peu de lui, il ajouta :

— De plus, je ne ronfle pas.

— Si vous ronflez, sachez que je n'hésiterai pas à vous donner un coup de coude dans les côtes. Bonne nuit, Theo.

— Bonne nuit, Nell.

Rassurée, elle ferma les yeux, sachant qu'elle n'avait rien à craindre ni de son cousin ni de ses propres démons.

En s'éveillant, Elinor sentit un souffle sur sa nuque. Elle se retourna et vit auprès d'elle une forme humaine.

Theo !

Son ange gardien était bien là. Elle n'avait donc pas rêvé.

Il était encore tôt à en juger par la lumière pâle qui filtrait à travers les rideaux.

Couché sur le côté, face à elle, Theo dormait profondément. Son bras reposait sur elle, et elle en éprouvait une sorte de réconfort. Il y avait dans cette attitude le désir de la protéger, mais peut-être aussi de lui témoigner de la tendresse.

Elle eut envie de déposer un baiser sur sa joue. Mais ne risquait-elle pas de le réveiller ?

Non sans avoir hésité, elle se tourna vers lui avec mille précautions et fut troublée par son odeur. Une odeur d'homme dans l'abandon du sommeil après une journée de voyage. Elle remarqua sur ses bras nus des traces de meurtrissures, autant de séquelles de leur séjour dans le cachot.

Elle était maintenant si près de lui qu'elle sentait son souffle sur ses lèvres. Elle nota qu'il portait une légère cicatrice sous l'arcade sourcilière droite et quelques taches de rousseur sur le front.

Mon amour !

Elle fut tentée d'effleurer sa bouche. Oserait-elle ?

Après tout, pourquoi pas ? Alors, elle humecta ses lèvres et déposa un baiser sur celles de Theo.

Etait-il en état de ressentir quelque chose ? Elle n'en savait rien. Il gardait les yeux fermés, mais ce n'était peut-être qu'une ruse.

La réponse ne se fit pas attendre. Theo pressa ses lèvres contre les siennes et du bout de la langue l'invita à les entrouvrir. Elinor obéit sans se faire prier et il l'enlaça plus étroitement sans toutefois ouvrir les yeux.

Peut-être croit-il qu'il embrasse une autre femme que moi ? songea-t-elle. Peut-être rêve-t-il de celle qu'il ne peut conquérir ? De celle qui ne répond pas à sa passion ? Ou bien de la *Marquesa* ?

Plus le baiser de Theo se faisait insistant, plus Elinor ressentait physiquement son désir d'homme. Et ce désir lui donnait le frisson. Allait-il la prendre sans un mot ? Avec l'ardeur d'un amant impatient ?

Elle sentait tout son corps s'embraser, saisi d'une indicible fièvre, tout prêt à se donner, à céder sans réserve à une ardente étreinte. C'était désormais inéluctable. Le contact des mains de Theo sur sa peau, son souffle brûlant qui s'accélérait, la tension qui l'habitait étaient autant de signes qui ne trompaient pas.

Elinor savait que sa propre reddition était proche.

Pourtant, Theo n'était pas pleinement conscient de ce qu'il faisait. Elle en était sûre. Etait-ce une seconde chance pour elle ? L'opportunité de partager l'amour d'un homme après avoir frôlé la mort avec lui ? Peut-être allait-il lui faire l'amour sans même s'en rendre compte ?

Sans savoir que c'est moi qu'il tient dans ses bras ? songea-t-elle.

Non. Ce n'était pas ainsi qu'elle voulait être aimée. Aurait-elle accepté que Theo ose la prendre pendant son sommeil ? Certainement pas !

Alors, elle se déroba résolument à ses lèvres, le repoussa doucement et s'éloigna de lui. Il émit un grondement sourd ! Elinor sourit malgré elle de le voir si frustré.

— Theo, Theo, réveillez-vous !

Il ouvrit les yeux et ne put dissimuler sa surprise. Elinor fut aussitôt frappée par la pâleur de son visage.

— Nell ! Oh, Nell… mais qu'est-ce que j'ai fait ?

Il repoussa les draps, s'assit au bord du lit et enfouit son visage dans ses mains.

— Rien, Theo. Rien de grave. Vous m'avez embrassée, voilà tout. C'était d'ailleurs fort agréable, mais j'ai cru bon de vous réveiller, pensant que vous ne saviez pas qui j'étais.

— Voilà qui est flatteur pour vous, n'est-ce pas ? ironisa-t-il.

Oh, mon Dieu, il culpabilisait maintenant ! Elle aurait dû lui dire que rien ne serait arrivé si elle n'avait effleuré ses lèvres…

— Theo, écoutez-moi… Ce n'est pas comme si nous avions fait l'amour, n'est-ce pas ? Si tel avait été le cas, je me serais sentie offensée car vous dormiez et ne vous ne saviez même pas avec qui vous partagiez ce lit. Souvenez-vous que vous m'aviez proposé de dormir avec moi parce que j'avais peur. Je dois dire que vous avez eu là une très bonne initiative. Grâce à vous j'ai passé une nuit très paisible.

— Parfait. Pas de cauchemars, donc ? questionna-t-il sans se retourner.

— Non. Même pas de rêves.

Elinor se retourna dans son lit et remonta les couvertures jusqu'au menton.

— Je me sens paresseuse ce matin, aussi, je vais dormir encore un peu. Quand vous retournerez dans votre chambre, pouvez-vous demander de l'eau chaude à la servante ?

— Bien sûr.

A peine la porte s'était-elle refermée sur Theo qu'Elinor s'assit dans son lit. Elle avait besoin de réfléchir. Tout son corps respirait la vie, la sensualité, le désir, et cependant il n'était pas satisfait.

Pour elle, il paraissait évident que faire l'amour était un plaisir sans égal, sans quoi se donner à un homme était inutile. Mais elle était convaincue qu'il y avait quelque chose de plus dans le plaisir amoureux. Cette nuit, c'était comme si Theo avait emmené son corps en voyage et qu'ils n'étaient jamais arrivés à destination. Il en résultait une douloureuse frustration. Faire l'amour n'était pas comme faire un bon repas sans avoir vraiment faim. On ne pouvait pas savourer un plat ou l'autre sans tout manger. En amour, il fallait aller du hors-d'œuvre au dessert sans s'interrompre !

A l'évidence, il était parfaitement possible de traverser

la vie sans connaître l'amour physique, mais elle ne pouvait concevoir d'être privée de cette aventure qui recélait à ses yeux tant de mystères.

Quelques semaines auparavant, elle aurait pu vivre heureuse tout en sachant qu'elle ne connaîtrait jamais l'amour. Mais, depuis sa rencontre avec Theo, elle ne voulait plus rester dans l'ignorance. Elle désirait savoir !

Les hommes étaient, semblait-il, parfaitement capables de faire l'amour à des femmes qu'ils n'aimaient pas. Il en était de même pour certaines femmes, la *Marquesa* Ana, par exemple. Ainsi, Theo ne serait peut-être pas choqué si elle lui demandait de l'initier au plaisir de la chair. Après tout, ne l'avait-il pas embrassée dans le but de satisfaire la curiosité qui la dévorait ?

— Madame !

La servante se tenait sur le pas de la porte, un pot d'eau chaude dans la main.

— J'ai frappé, madame, mais vous n'avez pas répondu. Monsieur m'a demandé de vous apporter l'eau pour la toilette.

— Parfait. Je vous remercie. Monsieur a-t-il aussi commandé le petit déjeuner ?

— Oui, madame.

Elinor renvoya la servante et revint à ses pensées.

Elle se demanda comment persuader Theo que tout à l'heure, auprès d'elle, il était parfaitement éveillé et savait ce qu'il faisait ? L'en persuader sans lui laisser deviner qu'elle le désirait, bien sûr. Accepterait-il l'idée que c'était pour elle une simple curiosité intellectuelle ?

Certes, ce dernier point n'était pas de nature à flatter son orgueil d'homme.

Le breakfast était très copieux. Theo mangeait de bon appétit. Etait-ce une excuse pour ne pas lui adresser la parole ?

Elinor n'était pas vaguement amoureuse de son cousin, elle l'aimait sincèrement. Et elle était désormais capable de faire la différence.

Hélas, Theo aimait une autre femme, Elinor en était sûre. Une femme qui n'était pas libre pour diverses raisons. En tout cas, il était évident qu'il ne souhaitait pas l'épouser. Peut-être se contenterait-il alors d'une compagne ?

Ainsi, quoi qu'elle fasse, il n'aurait pas l'impression d'être emprisonné dans une histoire d'amour.

Elle remplit de nouveau deux tasses de café et en tendit une à Theo. Ensuite, elle beurra une tartine de pain et se rendit compte qu'elle en avait deux toutes prêtes sous le nez ! Décidément, elle était distraite !

Son cousin se borna à la remercier, mais n'en dit pas plus.

Elinor retourna à ses propres réflexions en se disant que, si Theo lui faisait l'amour, il y avait un risque qu'elle tombe enceinte. Elle était cependant certaine que l'on pouvait faire l'amour sans en arriver là. Bel avait été la maîtresse de Ashe bien avant leur mariage, or elle n'était ni une femme légère ni une effrontée.

— Vous semblez bien pensive, Nell, remarqua-t-il enfin. Peut-on savoir ce qui occupe vos pensées ?

— Des idées qui me trottent dans la tête, répondit-elle prudemment.

— Ah ! Les achats que vous devez faire, je suppose ? Notre premier arrêt sera à Arnay-le-Duc, ensuite nous continuerons vers Mâcon où nous passerons la nuit. De là nous descendrons vers Lyon et Grenoble sans difficulté car la route est meilleure. Grenoble sera notre dernière étape avant Maubourg.

Ces propos rassurèrent Elinor. Il lui restait donc trois jours pour se décider à conquérir Theo et pour réfléchir à la méthode !

— Vous savez déjà ce que vous allez acheter, n'est-ce pas ? questionna-t-il. Avez-vous fait une liste ?

— Non. J'ai en tête ce dont j'ai besoin.

Elle lui sourit tendrement, mais déjà il se levait et sonnait pour appeler un serviteur.

Arnay était maintenant derrière eux et ils étaient en route pour Mâcon après avoir fait les achats de première nécessité. De son siège, et en dépit des soubresauts de la voiture, Elinor dessinait les paysages qui s'offraient à ses yeux.

Après un déjeuner rapide dans une auberge, elle reprit sa place auprès du conducteur, indifférente au vent et à la poussière que soulevaient les chevaux.

— Pourquoi n'avez-vous loué qu'une paire de chevaux, Theo, questionna-t-elle. Par souci d'économie ?

— Non. Tout simplement parce que nous ne sommes pas pressés. Ainsi, je ne force pas l'allure et ils sont toujours frais et dispos.

Il chassa d'un coup de fouet les chiens qui s'étaient lancés à la poursuite de l'attelage, puis reprit :

— Je louerai deux chevaux de plus après Lyon car les pentes sont plus raides.

— Il ne doit pas être très difficile de conduire une paire ? s'enquit Elinor, voyant qu'il menait l'attelage d'une seule main avec une parfaite aisance.

— Plus difficile qu'un seul cheval, bien sûr. Pourquoi ? Auriez-vous envie de prendre les rênes ?

Il tourna la tête vers elle et lui sourit.

— C'est un exercice qui exige de l'énergie. Vous n'en serez que plus robuste.

— J'ai envie d'essayer.

— Bien. Approchez-vous de moi et tendez vos mains, conseilla-t-il.

Il fallut quelques instants pour procéder en marche au changement de conducteur et les chevaux en furent un peu perturbés.

— Je garde le fouet en main, dit-il, et je vous aiderai à négocier les virages les plus délicats.

Ils parcouraient les collines de Bourgogne où dominaient le vert et l'or, où s'étalaient les rangs de vignes comme les dents d'un peigne géant. Theo semblait détendu et heureux. Confortablement adossé au siège, il entourait de son bras gauche les épaules d'Elinor qui en ressentait un indicible émoi.

De temps à autre il reprenait les rênes pour un passage

étroit ou un tournant difficile, puis il les lui rendait. Elinor était ravie de son nouveau rôle. Ils jugeaient inutile de parler et goûtaient simplement le plaisir d'être ensemble et de découvrir les superbes paysages de cette province bénie des dieux.

Pour Elinor, c'était un peu comme leur première promenade au bord de la rivière. Theo lui faisait signe de temps à autre pour lui indiquer un château, une charmante maisonnette ou un champ de fleurs. Parfois, c'était Elinor qui lui signalait la douceur d'un vallon ou le ruban argenté d'une rivière qui scintillait au soleil. Ils partageaient ces plaisirs sans un mot, échangeant de temps à autre un sourire ou un regard complice, et la route défilait ainsi agréablement.

— Je vais reprendre les rênes car nous approchons de Mâcon, proposa Theo. Je ne me souviens pas avoir fait un si beau voyage depuis longtemps. Comme c'est agréable de se laisser conduire !

— Pour moi c'était un peu comme un retour en enfance quand je pouvais agir à ma guise sans me soucier du lendemain. Des vacances en somme.

— Ne rien faire. Se borner à exister. Quoi de plus merveilleux, renchérit Theo. Vous me faites rajeunir, Elinor. C'est miraculeux.

Comme l'attelage franchissait la porte cochère de l'auberge, Elinor observa son compagnon du coin de l'œil. Elle le trouvait magnifique et mettait en lui toute sa confiance. Ils venaient peut-être de revivre un moment de leur enfance, mais Theo n'était pas un enfant. C'était un homme…

Chapitre 18

Après une chaste nuit passée chacun dans leur chambre, Theo et Nell étaient de nouveau sur la route, déjà loin de Mâcon. Lyon n'était plus qu'à quelques kilomètres en cette fin d'après-midi ensoleillée et les chevaux allaient bon train.

Theo avait gardé les rênes tout au long du parcours, ayant déclaré qu'il voulait être à Lyon avant la nuit. Approuvant tout à fait cette initiative, Elinor y voyait non pas une manifestation de l'orgueil masculin, mais une chance de se reposer un peu du trajet de la veille.

Elle s'étira longuement en descendant de voiture dans la cour du *Faisan Blanc*, une auberge d'apparence convenable proche du centre de Lyon. Theo négocia avec le propriétaire des lieux de façon à obtenir deux belles chambres et de l'eau chaude pour la toilette.

Une brève visite de la salle commune avec sa grande cheminée où rôtissait un cuissot de chevreuil, ses longues tables de chêne ciré et ses banquettes capitonnées confirma leur première impression : l'établissement était propre et confortable.

— Nous allons nous débarbouiller et ensuite nous irons en ville, Nell, proposa Theo avec entrain.

Elle crut comprendre que son compagnon avait une idée précise en tête, ce qui ne fit que raviver son impatience.

Ils se retrouvèrent dix minutes plus tard dans la cour de l'auberge où Theo l'attendait, chapeau en main et impeccablement coiffé.

— Où allons-nous ? s'enquit Elinor en glissant son bras sous le sien d'un geste machinal.

— Vous savez que nous serons très bientôt les hôtes de la Grande Cour ducale, n'est-ce pas ?

— Je sais. Mais encore ?

— Je tiens à ce que nous fassions bonne impression auprès de la Grande Duchesse.

Elle ne tarda pas à comprendre le sens de ces paroles énigmatiques. En effet, Theo fit halte devant une boutique de couleur verte dont la vitrine présentait une pièce de soie à motifs d'arabesques, une paire de gants, un éventail, et autres colifichets destinés aux élégantes. La vitrine était splendide, Elinor en était bouche bée.

— Entrons ! dit-il.

Dix minutes plus tard, Elinor se retrouva livrée aux mains d'une demi-douzaine de couturières sous la direction de la propriétaire de la boutique. Celle-ci avait reçu de Theo une forte somme d'argent et des ordres précis qu'elle entendait faire exécuter à la lettre.

La difficulté pour Nell était surtout de dialoguer en

français avec ces cousettes qui usaient d'un langage familier et de termes de couture dont elle ignorait le sens.

Elle en appela alors à son compagnon de voyage, susceptible de l'aider.

— Theo, s'il vous plaît…

Trop tard. Il se dirigeait déjà vers la porte d'un pas décidé comme s'il avait quelque chose d'urgent à faire en ville.

— Je reviens dans un moment. Juste le temps de trouver un tailleur et je suis à vous, Nell.

C'est à regret qu'elle vit la porte se refermer sur lui. Elle fut alors entraînée vers le fond de la boutique par les couturières empressées et bavardes.

— Madame, s'il vous plaît…, dit l'une d'elles en la dépouillant prestement de son manteau, de son corsage et de sa jupe afin de prendre ses mesures.

Toutes ces jeunes filles qui s'affairaient autour d'elle en piaillant comme des merles autour d'un cerisier lui donnaient le vertige.

Pourquoi toute cette agitation pour une robe ? se demanda Nell.

Malgré tout, elle se laissa faire et renonça à protester, d'autant que son vocabulaire français lui faisait cruellement défaut pour ce genre de choses.

Theo réapparut une heure plus tard alors que Nell était confortablement installée dans un fauteuil, feuilletant négligemment un exemplaire de *La Correspondance des dames*.

— Tout se passe bien ? s'enquit son compagnon coiffé d'un chapeau de feutre taupe tout neuf.

— Non ! Euh… enfin, oui, d'une certaine façon. Vous savez, Theo, je suis certaine qu'Eva et Sebastian se moquent comme d'une guigne de notre garde-robe. Je suis sûre qu'ils ne seraient pas choqués de nous voir arriver chez eux avec une seule valise. D'ailleurs, je ne doute pas qu'Eva me prêtera une de ses robes, si nécessaire. Je pense que ces dépenses n'étaient pas indispensables.

— Je veux que vous soyez irréprochable, Nell, répondit son cousin d'un ton solennel.

Elle l'examina plus attentivement et commenta, résolument admirative :

— Vous, vous l'êtes assurément. Quelle élégance !

— Et vous n'avez encore rien vu. Je vous réserve d'autres surprises. Attendez demain.

Il l'invita d'un geste à se lever et l'entraîna vers la porte après avoir glissé un dernier mot à l'oreille de la couturière, visiblement flattée.

— Et, maintenant, nous allons dîner. J'ai aperçu à l'auberge un cuissot à la broche qui m'avait l'air bien appétissant. Ensuite nous prendrons un bon bain et nous nous coucherons tôt.

— Mais je ne suis pas fatiguée, Theo, je vous assure.

— Une dure journée nous attend.

Elinor fit alors halte pour toiser son cousin de toute sa hauteur.

— Theo ! J'avais cru comprendre que nous faisions étape à Grenoble demain soir.

— Non. Nous irons à Grenoble plus tard, répondit-il

en l'entraînant fermement vers le carrefour. Demain, nous avons encore des achats à faire. Il nous faut une garde-robe complète et j'ai l'intention de me faire plaisir.

— En m'habillant comme une gravure de mode ? Je serais curieuse de savoir combien de robes vous avez commandées à mon intention ?

— Deux ou trois, je crois, répondit-il d'un ton évasif. Je ne voudrais pas que nous ayons l'air de vagabonds auprès de vos cousins. Il y va de la réputation des Ravenhurst, et on ne plaisante pas avec ça !

Furieuse, Elinor ne dit mot, mais pressa le pas vers l'auberge, estimant que Theo l'avait suffisamment indisposée jusque-là. Après tout, ils ne partaient pas pour Londres dans l'immédiat et n'avaient donc pas d'obligations mondaines. Dès lors, pourquoi s'était-il mis en tête de faire de nouveaux achats ?

Elinor garda son calme jusqu'à la fin du dîner, se bornant à entretenir la conversation d'un ton faussement enjoué qui agaçait Theo.

Quand le serveur eut débarrassé leur table pour apporter une bouteille de cognac, Theo proposa un verre à Nell, s'attendant à un refus.

— Oh, très volontiers, répondit-elle, les yeux brillants. Maintenant, Theo, allez-vous enfin me dire pourquoi vous m'avez abandonnée plus d'une heure chez cette couturière ? Et, par ailleurs, quelle fantaisie vous prend de passer la journée de demain à faire des achats alors que nous devrions reprendre la route ?

Il prit son temps pour répondre et se servit un autre verre de cognac comme pour se donner de l'assurance. Ensuite, Elinor attendit patiemment qu'il dénoue sa cravate et se mette à son aise en étendant ses jambes.

S'il croyait la décourager avec cette tactique, il se trompait.

— Elinor, non seulement je vous ai mise gravement en danger à Beaumartin, mais je vous oblige à traverser la France dans de piètres conditions. Alors, pour me racheter un peu, je me suis dit que vous méritiez une récompense. Vous connaissez mon goût pour la mode ? Alors, il m'est venu à l'idée de vous offrir les plus jolies toilettes cousues par des mains expertes. Pour ne rien vous cacher, mon intention est d'arriver à Maubourg en compagnie d'une reine de l'élégance !

— Votre création, en somme ? Une femme fabriquée à votre goût. Une cocotte ?

— Une femme comme je les aime, Nell, et qui partagerait ma passion des belles choses, corrigea-t-il. Je sais que vous n'y êtes pas indifférente.

— Theo, je ne suis pas habituée à recevoir de tels présents et je juge déplacé de la part d'un homme de m'offrir d'aussi somptueuses toilettes. Dès que nous serons en Angleterre, je me ferai un devoir de vous rembourser vos dépenses jusqu'au dernier sou.

— Mais ce sont des cadeaux, Nell, insista Theo en la fixant intensément de ses yeux verts. Et je tiens absolument à ce que vous acceptiez les achats de demain comme tels.

Il semblait très ému, et elle ne comprenait pas la

raison de cet émoi. Peut-être estimait-il devoir se faire pardonner la frayeur qu'il lui avait causée en l'entraînant dans les souterrains du château ? Après tout, il l'avait mise en danger de mort, c'était indéniable.

S'il éprouvait un tel sentiment de culpabilité, aurait-elle le cœur à lui reprocher sa faute ? En fait, elle avait une part de responsabilité non négligeable dans la périlleuse aventure qui aurait pu leur coûter la vie.

— Toujours dans vos pensées ? s'enquit Theo d'une voix douce tandis qu'elle savourait son cognac. Nell, vous savez que j'apprécie votre personnalité, mais j'aimerais que vous laissiez parfois libre cours à vos envies. Comme toutes les femmes, vous avez en vous un brin de coquetterie, n'est-ce pas ?

— Bien sûr, Theo, et je suis très heureuse que vous m'emmeniez faire des achats demain. Je vous suis très reconnaissante de vous soucier à ce point de mon élégance. Mais je pense simplement qu'une robe suffisait.

Etait-il satisfait par sa réponse ? se demanda-t-elle. Il appréciait sa personnalité, fantastique ! mais elle s'en moquait. Ce qu'elle voulait, c'était qu'il l'aime, tout simplement ! Que dirait-il si elle lui demandait en cet instant de lui faire l'amour ?

— Bien. Si vous preniez un autre verre de cognac, proposa-t-il. Visiblement, cela vous remet les idées en place et je m'en réjouis. J'ai dit à la couturière que je voulais ces robes pour demain avant midi. En ce qui me concerne, j'irai demain matin chez mon tailleur. Ensuite nous nous occuperons de toutes ces futilités…

— Ces futilités ?

— Oui. Enfin, vous savez bien, toutes ces fanfreluches qui ravissent les hommes, mais dont ils ont souvent honte de parler. Enfin, vous me comprenez, j'en suis sûr.

Il vida son verre d'un trait et conclut :

— Et, maintenant, allons dormir pour nous lever tôt demain matin.

Theo s'installa sans la moindre gêne dans un fauteuil de la chambre d'Elinor et la regarda défaire ses paquets. Les achats se composaient de quatre toilettes, dont une robe de soirée, des sous-vêtements de linon, et de fines chemises de nuit. Il y avait aussi des gants, des bas de soie, des éventails, des pantoufles et des escarpins, deux châles, une pelisse et trois chapeaux.

Une vraie garde-robe, en somme.

— Oh, mon Dieu, Theo ! soupira-t-elle en se laissant tomber sur son lit. Je n'arrive pas à y croire. Tout ceci est beaucoup trop beau pour moi. Je ne sais comment vous remercier. Jamais on ne m'a gâtée de la sorte.

Soudain ragaillardie, elle se leva d'un bond et courut embrasser son cousin qui eut beaucoup de mal à cacher sa surprise.

Oh, ce parfum si troublant ! songea-t-il tandis qu'elle l'enlaçait. Il en frissonna de la tête aux pieds. Depuis leur dernier baiser, il brûlait de poser de nouveau ses lèvres sur celles d'Elinor.

Alors être en compagnie de Nell du matin au soir avait mis son désir à rude épreuve. La voir essayer ses robes, ses gants, ses chapeaux, être témoin de sa joie, de sa frivolité, tout cela l'avait troublé à un point inimaginable. Enfin, il retrouvait la jeune femme enjouée de leurs escapades. Après tant d'années gâchées durant lesquelles elle avait vécu la tête dans ses grimoires, sa jolie cousine émergeait de la pénombre des bibliothèques et des églises, et rayonnait de tout son éclat.

Elle avait poussé la complaisance jusqu'à l'accompagner chez le bottier, l'aider à choisir ses foulards, son eau de Cologne, et l'inviter à acheter un gilet aux couleurs de l'automne qui allait à merveille avec ses cheveux roux.

— Je suis ravi que ces toilettes vous plaisent, Nell. Eh bien, maintenant il ne vous reste plus qu'à faire entrer tout cela dans vos bagages.

— Voulez-vous que je vous aide à faire les vôtres ?

— Non, merci. Je me débrouillerai seul.

Theo n'aurait pu la regarder plier ses propres affaires et se pencher sur ses valises sans que cela attise un peu plus son désir et prolonge sa torture.

Il avait passé beaucoup de temps avec Nell dans les magasins, savourant le plaisir de la voir essayer ses robes et ses fanfreluches. Maintenant il devait en assumer les conséquences. Plus que jamais il la trouvait pétillante, heureuse et vraiment ravissante. Transformée, en un mot. Cependant, elle paraissait le considérer comme un frère qui la gâtait trop, et ce n'était pas ce qu'il attendait d'elle ! Il aurait voulu être tellement plus…

Après le dîner, Nell l'abandonna en désignant d'un geste la bouteille de cognac.

— Cet élixir m'a donné la migraine hier soir, dit-elle, aussi, je vais vous laisser en sa compagnie. Soyez raisonnable !

Elle s'avança vers la porte, tenant sous son bras un exemplaire des vers de Pétrarque acheté le jour même.

Comme cela lui ressemble, se dit-il. *Lire un poète italien avant de s'endormir !*

— Theo ?

— Mm, fit-il en faisant mine de somnoler devant son verre.

— Theo, s'il vous plaît ! Pouvez-vous frapper à ma porte quand vous monterez vous coucher ?

— Pourquoi ?

— Pour me souhaiter une bonne nuit, voyons. Vous me trouverez en train de lire.

— Si vous attendez de moi que je vous traduise les vers de Pétrarque, vous risquez d'être déçue. Mon italien se limite au vocabulaire courant et à quelques termes de brocante, plaisanta-t-il pour dissimuler son trouble.

— Pour l'italien, je n'ai pas besoin de vous. Merci.

Combien de temps vais-je devoir attendre ? se demanda Elinor tout en achevant de se coiffer pour la nuit.

Elle enfila sa chemise de nuit d'un blanc virginal et en noua les rubans sur sa gorge. Elle fit en sorte de ne pas trop les serrer pour être sûre de plaire à Theo lorsqu'il viendrait la saluer.

Plutôt pour le séduire ! songea-t-elle en esquissant un sourire.

Il semblait que Theo la préférait les cheveux lâchés.

Ne les avait-il pas pris dans ses mains pour les caresser le jour où ils se promenaient près de la rivière ? Délivrés de leur catogan, ils s'étalaient sur ses épaules pour former une parure flamboyante qui ajoutait assurément à son charme.

Une femme plus coquette qu'elle l'était se serait parfumée, aurait mis un bijou autour de son cou, du rouge sur ses lèvres et disposé les chandeliers pour flatter son teint et sa silhouette. Mais Elinor ignorait l'art de plaire et tous les artifices susceptibles d'éveiller le désir d'un homme.

Pour elle, la chose était simple : Theo la désirait ou il ne la désirait pas. Désormais, elle n'avait plus qu'à attendre qu'il se manifeste.

Le recueil de poèmes que Nell avait acheté était difficile à traduire, ce qui l'obligeait à un effort de concentration. Mais ce texte était-il un choix judicieux de sa part ? Ce combat de la conscience et du désir, ces sonnets écrits à Laura — l'amour inaccessible du poète — rien de tout cela n'était de nature à nourrir l'espoir qui sommeillait en elle.

« Où que j'aille, l'amour m'accompagne, murmurant des mots doux à mon âme, tels ceux que je murmure à l'oreille de mon amant. »

Elle trouvait certes ce texte merveilleux, mais il rappelait cruellement que l'amour ne vous laisse jamais en repos. Aurait-elle la force de vivre pareille aventure ?

Perdue dans ses pensées, Elinor n'avait pas entendu que l'on frappait à sa porte.

Elle finit par ouvrir. Theo était là, devant elle, le regard tendre et complice à la fois. Il avait ôté ses bottes et c'était sans doute pour cela qu'elle ne l'avait pas entendu arriver.

Il jeta un coup d'œil sur le livre qu'elle avait en main et commenta :

— Ce n'est certainement pas un texte facile, remarqua-t-il. Avez-vous des difficultés avec la grammaire ?

— Non, ce n'est pas aussi dur que je le croyais. Theo, je…

Elle s'interrompit soudain, sachant qu'il était temps pour elle de se déclarer, de saisir sa seconde chance.

— Voulez-vous entrer et refermer la porte ?

Un peu surpris il haussa les sourcils, mais obéit malgré tout.

— Auriez-vous peur de vous endormir seule ? murmura-t-il en cherchant son regard.

— Non. Il ne s'agit pas de ça.

Elle déposa son livre sur le guéridon et releva la tête.

Ce n'était pourtant pas bien difficile, se dit-elle. Mais allait-elle trouver le courage de lui dire ?

Theo glissa la main dans les cheveux épars qui s'offraient à lui, puis parcourut des yeux les contours de son corps de femme sous la chemise légère.

— J'aimerais que vous restiez avec moi cette nuit, lui chuchota-t-elle à l'oreille.

— Rester avec vous ?

— Oui. J'aimerais… que vous me fassiez l'amour…

C'était dit.

Pas avec les nuances qu'elle avait imaginées, certes, mais avec une franchise qui l'étonnait elle-même.

Tandis que Theo demeurait silencieux, Nell sentait ses

joues s'enflammer et son estomac se nouer. Il la regardait fixement et son visage n'exprimait rien, comme s'il portait un masque blanc. Elle percevait la nervosité qui montait en lui, l'embarras, l'inquiétude, la pitié peut-être. Rien de ce qu'elle avait envisagé.

— Mais… je ne vous demande rien en échange des cadeaux que je vous ai faits aujourd'hui, dit-il d'un ton terriblement banal.

Ces mots résonnèrent à l'oreille de Nell comme une lame qui glisse hors de son fourreau avant le duel. Des mots menaçants, capables de blesser gravement.

— Non, Theo. Je n'aurais jamais… Je veux dire que… je voulais depuis longtemps vous demander de…

D'habitude si calme, si posée, Elinor perdait maintenant tout son sang-froid et bredouillait de façon pitoyable. Comment avait-il pu penser cela !

A coup sûr elle était en train de le perdre !

Elle tenta de se reprendre et respira pour articuler convenablement.

— Theo… la nuit où vous avez dormi dans ma chambre je me suis rendu compte à quel point je voulais…

De nouveau, les mots moururent sur ses lèvres dans un émoi insoutenable.

Elle essaya encore, la mort dans l'âme.

— Je n'ai pas l'intention de me marier, vous le savez, et il en a toujours été ainsi. Malgré cela, je ne veux pas mourir sans connaître la passion de l'étreinte. Or, une femme seule ne saurait y prétendre sans courir de grands risques en prenant un amant de rencontre. Dieu merci, j'ai la chance de pouvoir faire confiance à un homme… comme je vous fais confiance.

Elle vit le visage de Theo se détendre un peu et reprit espoir.

L'avait-elle choqué, blessé dans son honneur ? Non. Certainement pas.

— Comme vous le dites, Nell, cela comporte des risques, confirma-t-il en soutenant son regard. Si l'on apprend que nous avons voyagé ensemble sans chaperon, votre réputation est d'ores et déjà compromise. Mais, avec la complicité de votre mère et la connivence de vos cousins de Maubourg, vous n'avez rien à craindre, me semble-t-il.

Il s'interrompit un instant, puis reprit d'un ton plus hésitant :

— Si nous faisons l'amour, et si vous êtes féconde en ce moment, le risque de grossesse devient réel et je ne suis pas prêt à le prendre.

Parce que, si pareille mésaventure leur arrivait, Theo se sentirait pris au piège. En fait, ils seraient tous les deux pris au piège.

— Mais… il est possible de nous aimer sans risque, n'est-ce pas ? suggéra-t-elle.

Un sourire apparut sur les lèvres de Theo.

— Innocente Elinor, murmura-t-il. Je vous savais instruite, mais là je suis stupéfié par vos connaissances dans ce domaine. Cependant, il y a une disposition à prendre… Vous devez faire absolument confiance à votre amant et ne pas vous laisser emporter dans le tourbillon du plaisir en oubliant le risque.

— J'ai toute confiance en vous, Theo. Quelles étaient précisément vos intentions quand vous m'avez embrassée avec passion ? Etiez-vous prêt à faire fi de mon honneur ? Etiez-vous certain, au contraire, que les choses n'iraient pas plus loin qu'un baiser ? Ou bien étiez-vous prêt à prendre le risque que cette initiative me faisait courir, sachant que vous pourriez vous esquiver ensuite ?

— C'est mal me connaître, Nell. Ma seule intention était de vous donner du plaisir, confessa-t-il en la regardant dans les yeux. Et, bien sûr, je comptais aussi y trouver le mien, je l'avoue. Quoi qu'il en soit, je suis prudent et vous seriez demeurée vierge. Toutefois, l'intensité de ce baiser m'a fait prendre conscience que je devais me tenir à l'écart de vous. Ainsi, j'ai décidé par la suite de ne plus vous approcher de trop près.

Le visage de Nell s'embrasa soudain.

— Ne rougissez pas ainsi. Qu'attendiez-vous d'une telle conversation ? Que j'use d'euphémismes ? De langage poétique ou galant ?

— Je comprends, Theo. Je vous demande pardon de mon audace.

Elle crut deviner une lueur chaleureuse dans ses yeux verts si froids jusqu'alors. Peut-être devait-elle tout simplement lui souhaiter sagement bonne nuit et cesser cette conversation avant que le désir ne resurgisse. Mais elle n'avait pas envie d'être sage, ni même de se prémunir contre les risques de l'amour.

— Souvenez-vous de notre étreinte dans le bureau du comte, lui rappela-t-elle dans un sursaut d'effronterie.

Pourquoi ne pas achever ce que nous avions commencé alors ?

Theo baissa les yeux, choqué sans doute par tant de hardiesse. Nell eut envie de le secouer afin qu'il comprenne combien elle souffrait de son indifférence, combien cette flamme qu'il avait allumée en elle la consumait.

— Theo, je sais que les hommes ont des moyens de s'arranger avec leurs frustrations. Pas moi.

Il esquissa un sourire à la fois gêné et amusé.

— Comme vous l'avez remarqué, je lis beaucoup, et toutes sortes de choses, y compris des revues médicales. Je sais aussi lire entre les lignes. Mais vous avez éveillé en moi quelque chose que je ne comprends pas et que je désire comprendre. Je ne peux plus supporter mon ignorance.

Elle était convaincue qu'il allait la repousser, mais au contraire il s'avança vers elle, affichant un air sérieux.

— Nell…

Il la prit par le menton et l'invita à relever la tête.

— Je doute que nous retournions dans le bureau du comte. Le sol y était dur et froid, et je présume qu'il en est de même ici.

Il s'interrompit un instant, puis acheva en posant sur elle un regard très doux :

— Voulez-vous vous étendre sur le lit ?

Chapitre 19

— Oui, Theo.

La voix de Nell tremblait un peu, mais son émoi était tel qu'elle n'y trouva rien d'étonnant. Elle leva les yeux vers le lit qui lui parut soudain immense. Elle avait le sentiment que Theo la déshabillait de son regard vert qu'il laissait errer sur son corps avec une insistance troublante.

Allait-elle lui obéir et s'offrir à lui ? Après tout, elle lui avait demandé de lui faire l'amour, elle devait en assumer les conséquences !

— Dites-moi seulement si vous souhaitez ou non en rester là, Nell. Il s'agit de vous. De votre plaisir.

Il avait négligemment jeté sa redingote sur un fauteuil et dénouait sa cravate tandis qu'elle restait là, debout, déchirée entre l'excitation qu'elle ressentait au plus profond de son être et la peur de ce qui allait suivre.

— Nous sommes deux dans cette aventure, souligna-t-elle tout en prenant la cravate des mains de Theo.

— Je n'ai pas dit que je n'y prendrais pas du plaisir, corrigea-t-il.

Il ajouta d'une voix suave tout en soutenant son regard :

— J'aimerais que vous commenciez par m'ôter ma chemise.

Tout cela était lent et mesuré, bien éloigné de l'élan de passion qui les avait unis dans le bureau du comte.

Elinor acheva de déboutonner la chemise de Theo. Elle tremblait légèrement et ressentait de façon cruelle la tension qu'engendrait la lenteur de ses gestes. Sa gorge se nouait, et cette pulsation à la naissance de ses cuisses s'accélérait d'étrange façon. Tout son corps vibrait d'impatience, et quand elle sentit sous ses doigts la peau brûlante de Theo elle oublia tout pour ne penser qu'à l'étreinte à venir.

Elle parcourait de ses mains ce torse nu aux muscles saillants comme une artiste aurait caressé une statue antique pour en apprécier le grain du marbre. Seule différence : l'œuvre était bien vivante. Sous ses doigts palpitait le corps d'un homme animé d'un désir ardent qui éveillait en elle une indicible sensualité.

Une sensation merveilleuse, inoubliable.

Theo était magnifique.

Elle s'attendait à tout sauf à la douceur soyeuse de sa peau ambrée et à la fermeté de ses pectoraux. Mais, le plus troublant, c'était la sensation qu'éveillait en elle le contact de ses poils contre sa peau, la sensation des tétons durcis de ses pectoraux contre sa poitrine soyeuse.

Comme il tendait les mains vers elle pour lui ôter sa chemise de nuit, Nell sentit les muscles de Theo se durcir plus encore.

— Etes-vous bien sûre que c'est votre première fois,

Nell ? murmura-t-il alors qu'elle glissait les mains sous sa ceinture.

— Tout à fait sûre, Theo. Pourquoi ?

— Parce que je constate avec plaisir que vous connaissez tous les points sensibles d'un corps masculin.

— C'est la première fois, Theo. Je vous assure.

Tandis que la chemise de nuit tombait à leurs pieds, il enroba les fesses de Nell d'un geste délicat et l'attira doucement à lui pour mieux lui témoigner l'ardeur de son désir.

Maintenant elle était nue tout contre lui et mesurait les premiers effets des caresses qu'elle venait de lui prodiguer.

Après tout, elle n'était pas si maladroite !

Elle sentait le cœur de Theo battre à tout rompre. L'homme qu'elle convoitait depuis si longtemps la désirait et c'était pour elle une inestimable victoire.

Sans trop s'en rendre compte, elle se retrouva sur le lit en un clin d'œil. Déjà Theo retirait sa culotte et ses bas avec une habileté qui, à l'évidence, était la preuve d'une longue expérience.

Il était bien plus beau nu qu'habillé en dépit de son élégance vestimentaire incomparable. Et, pour ajouter au plaisir de le contempler, elle avait sous les yeux la preuve évidente de son ardeur de mâle. Et cela ne la troublait pas autrement.

Elle remarqua alors que Theo avait suivi son regard et baissa les yeux.

Il s'attendait probablement à ce qu'elle rougisse, à

ce qu'elle détourne le regard, gênée par ce spectacle si troublant.

Mais elle n'en fit rien, et à son tour se laissa envelopper avec délice par le regard brûlant de son complice.

— Je savais que je ne m'étais pas trompé, dit-il en la contemplant d'un air malicieux. Quand je pense que toutes ces merveilles étaient cachées sous des robes affreusement tristes. Quel dommage !

Il la prit dans ses bras et lui donna le plus ardent des baisers qui embrasa Nell instantanément. Mais, bientôt, les lèvres de Theo quittèrent sa bouche pour parcourir sa gorge et s'attarder sur la pointe d'un sein qui se dressa à leur contact.

— Theo ! Oh, Theo ! murmura-t-elle sous le feu de son souffle.

Elle glissa les mains dans sa crinière rousse tandis qu'il explorait tout son corps de sa bouche gourmande, avide de plaisirs. Sous la langue experte de Theo, Nell sentait son corps s'éveiller à des sensations inconnues jusqu'alors, brûlant de désir.

— Theo !

Il s'attardait maintenant à la naissance des cuisses, titillant avec délice cette source cachée sous la toison aux reflets d'acajou. C'était de l'avis de Nell la caresse la plus audacieuse qu'une femme puisse imaginer. Elle en éprouva une sensation exquise. Theo était au cœur de son être, faisait vibrer son corps de plaisirs sans cesse renouvelés. Son souffle chaud pénétrait en elle et redonnait vie à tout son être. C'était pour Nell comme une explosion des sens, comme un fleuve de feu qui l'inondait, irradiant toutes les fibres de son corps.

— Theo !

C'est à peine si elle reconnut sa propre voix tant sa confusion était grande.

Elle ne savait pas s'il l'aimait vraiment, mais le plaisir qu'il lui prodiguait par ses caresses valait à ses yeux toute la tendresse du monde.

— Theo, c'était merveilleux.

— Vraiment ? Pour moi aussi, Nell.

Il l'enferma dans ses bras et prit ses lèvres avec un regain d'ardeur, puis parcourut tout son corps de ses mains avides comme pour prendre possession d'elle, l'avoir entièrement à lui.

Nell s'abandonnait volontiers à ses caresses, savourant les sensations exquises que faisaient naître ces doigts qui couraient sur sa peau, s'attardant sur les points les plus sensibles.

A son tour, elle effleura le torse de Theo, puis son ventre, et pour attiser son désir d'homme lui dispensa des caresses plus intimes.

— Oh, Nell !

C'était la première fois qu'elle donnait du plaisir à un homme, et elle le faisait sans rougir, consciente cependant de sa maladresse. Elle le regardait dans les yeux tandis qu'il frémissait, au bord du gouffre.

Ils vibraient tous deux à l'unisson sous le feu des caresses qu'ils échangeaient, et quand ils eurent atteint ensemble le plaisir suprême leurs corps s'alanguirent dans la plénitude des sens.

***

Theo s'éveilla dans le lit en désordre où Nell dormait encore dans l'attitude d'une femme épanouie. Dehors, le jour se levait. Il savait qu'au-delà de la fenêtre de cette chambre l'attendait la réalité du quotidien qu'il n'était pas pressé d'affronter.

Il caressa d'un geste tendre la chevelure de Nell étalée sur l'oreiller, puis glissa la main sous sa nuque. Il l'attira doucement à lui en prenant soin de ne pas la réveiller.

Au cours de la nuit, il l'avait enlacée par deux fois et leur désir s'était manifesté de nouveau par les caresses intimes les plus audacieuses. Cependant, il avait pris soin de préserver la virginité de Nell.

Avait-il satisfait sa curiosité ? Lui avait-il donné le plaisir qu'elle attendait de leurs étreintes ? Theo n'en savait encore rien et cette question le préoccupait.

Quel souvenir sa compagne garderait-elle de cet éveil à la sensualité ? Allait-elle retourner à l'état de bas-bleu soumis à une mère autoritaire, de respectable érudite plongée dans les vieux grimoires ?

Elle semblait si vulnérable, si fragile, quand elle était dans ses bras. Désormais, peut-être serait-il plus facile pour lui de la convaincre de l'épouser ?

Il sentit la main de Nell glisser sur son ventre et raviver son désir d'homme.

— Bonjour, Theo, murmura-t-elle en tournant la tête vers lui.

— Nell, vous êtes une coquine ! Oh, ce n'est pas que vos façons me déplaisent, bien au contraire, mais n'avez-vous pas envie d'un bon petit déjeuner ?

— Plus tard, mon amour. Je n'ai faim que de vous, lui chuchota-t-elle à l'oreille sans cesser de le caresser.

— Nell, doucement !

Sourde à ses protestations, elle fit en sorte de lui donner le plaisir qu'il n'aurait jamais espéré au réveil !

— Oh, Nell ! Vous êtes imprévisible, mais tellement délicieuse.

Elinor se cala contre ses oreillers et savoura ses toasts, indifférente aux miettes qu'elle répandait sur les draps froissés.

Theo, quant à lui, se régalait d'une tranche de porc entre deux moitiés de pain. Comme sa compagne n'avait pas envie de se lever, il avait eu l'idée de ce pique-nique matinal dans le lit.

— Nous avons une longue route à faire aujourd'hui, prévint-il.

— Je n'en doute pas, mais j'aimerais avant tout profiter encore de ce moment d'intimité, Theo. Cette nuit était véritablement magique !

En fait, il leur restait encore bien des choses à découvrir. Theo ne lui avait pas vraiment fait l'amour, mais il lui avait appris les caresses intimes qui donnent du plaisir, et ils s'en étaient beaucoup donné l'un à l'autre.

Ils avaient une nuit de plus à passer ensemble avant d'arriver à Maubourg.

Theo s'interrogea sur l'avenir de leur liaison…

Quand ils seraient chez leurs cousins, irait-il rejoindre Nell dans son lit ? Et, la nuit prochaine, lui ferait-il l'amour comme il était tenté de le faire afin que la fin de leur voyage soit aussi le triomphe de leur passion ?

— Nell, avez-vous réfléchi de nouveau à notre mariage ? questionna-t-il tout à coup.

La question la prit au débotté, de sorte qu'elle hésita un instant avant de répondre.

— Theo, je suis convaincue d'une chose : je ne peux pas me marier sans amour, voyez-vous. Je sais qu'il était déloyal de ma part de vous attirer dans ma chambre pour vivre cette expérience, mais ce que je vous ai dit hier soir reste vrai. Je vous en prie, ne cherchez pas à me convaincre que le mariage est la seule issue honorable à notre petite aventure.

— Je me moque absolument de l'honorabilité, Nell. Je vous aime, et je…

— Oui, je sais, interrompit-elle en prenant sa main dans la sienne. Je n'ai pas de meilleur ami que vous, cher cousin, et je vous aime comme vous m'aimez. Mais ne m'avez-vous pas dit et répété vous-même que vous ne souhaitiez pas vous marier ? Tout simplement parce que vous aimez quelqu'un d'autre sans espoir ?

— Mais enfin, Nell…

— Ne m'interrompez pas. J'imagine combien ce doit être cruel pour vous de ne pas être aimé de cette femme. Mais à mon sens ce serait une grave erreur pour nous deux de nous unir alors que ni votre cœur ni le mien n'y sont vraiment disposés. Je crois que je ne le supporterais pas.

— Soit ! Merci d'avoir exposé les choses aussi clairement, conclut-il, l'air résigné.

Prenant soudain conscience d'avoir été trop brusque avec Theo, Elinor se détourna de lui tandis qu'il rassemblait ses affaires pour s'habiller.

— Voulez-vous que je vous envoie la servante avec de l'eau chaude ? proposa-t-il en enfilant sa chemise.

— Oh oui, s'il vous plaît.

Elle se dit que leurs rapports étaient bien formels tout à coup et se reprocha son attitude. Au cours de cette nuit, ils s'étaient donné tant de plaisir l'un à l'autre que leur conversation semblait maintenant bien banale.

La route vers Grenoble semblait interminable et Theo bien silencieux. La magie de ce voyage à deux s'était brusquement évanouie et Elinor avait conscience d'en être responsable. Comment n'avait-elle pas compris plus tôt que leur intimité de tous les instants pouvait être source de querelles ?

Afin qu'elle soit à son aise, son cousin lui avait conseillé de voyager dans la voiture plutôt qu'au poste de conduite auprès de lui. Nell en avait immédiatement conclu qu'il préférait être seul et qu'à l'évidence il pouvait fort bien se passer d'elle.

Ainsi, elle était installée dans l'habitacle, entourée de ses innombrables paquets contenant leurs derniers achats, et parvenait à peine à retenir ses larmes.

Au cours d'une halte dans un relais de poste, alors que Theo changeait les chevaux, Nell réfléchit aux dommages qu'elle avait causés dans leurs relations… Aurait-elle dû accepter la proposition de Theo ? Non, impossible.

Pour se consoler, elle se dit qu'elle s'était malgré tout transformée depuis que Theo était entré dans sa vie. Grâce à lui, elle était plus coquette, plus confiante en elle-même et consciente de ses capacités à plaire. En somme, cette expérience comptait plus d'agréments que d'inconvénients. Theo lui avait révélé les secrets de son corps, et cette découverte était à elle seule un don inestimable.

Mais quel serait l'avenir de leur liaison ? Pour le moment, elle était bien incapable de l'envisager.

Quand ils firent halte pour la nuit, Theo, fatigué par le voyage, se retira très vite dans sa chambre, laissant Elinor à ses vers de Pétrarque. Dehors, il pleuvait à verse, comme si le temps radieux du mois d'août, à l'image de leur relation, s'était subitement gâté.

Elinor ferma son livre et tira le cordon de la sonnette pour demander un verre de vin. Elle s'installa alors devant la cheminée et réfléchit à l'avenir, à ses rapports avec Theo, à sa collaboration avec sa propre mère…

En fait, elle ne faisait rien de plus pour sa mère qu'un honnête travail de secrétaire compétente. Elle gagnait sa vie certes, mais il fallait maintenant qu'elle choisisse entre exister et vivre ! Ainsi, elle pourrait profiter de son temps et voyager à sa guise.

Elle prit son carnet et se mit à écrire.

***

Une demi-heure plus tard, le vin était toujours dans son verre et elle avait rempli une page de notes qui commençait par : combien d'argent ai-je en ma possession, et qui finissait par ITALIE !

Elle relut attentivement ce qu'elle avait écrit, prit une gorgée de vin, s'efforçant de chasser de son esprit toute forme d'appréhension.

Oui, elle pouvait accomplir tous les projets qu'elle venait de coucher sur le papier !

D'un geste impatient elle essuya une larme qui glissait sur sa joue, et songea à ce qu'impliquait l'indépendance dont elle rêvait. Elle allait être isolée de ses proches, mais en fait elle l'était depuis sa petite enfance. Désormais, elle le serait par sa volonté et dans des conditions qu'elle fixerait elle-même. C'était là toute la différence. Sans doute y trouverait-elle une part de bonheur insoupçonnée.

Le plus étrange dans tout cela, c'était qu'il avait fallu une aventure amoureuse sans avenir pour qu'elle en prenne conscience.

Theo descendit pour le breakfast vêtu d'un pantalon crème, de bottes ornées de glands d'or parfaitement lustrées et d'une redingote bleu nuit.

— Comptez-vous mener notre attelage dans cette tenue ? questionna Elinor en lui tendant la cafetière.

Elle portait, quant à elle, sa nouvelle robe de soie de Lyon et une paire de gants de chevreau en l'honneur de sa première visite à la Cour de Maubourg.

A l'évidence, ils feraient honneur l'un et l'autre, par leur élégance, à leurs prestigieux cousins.

— J'ai loué les services d'un cocher pour nous conduire, ma chère, répondit-il d'un ton aimable. En effet, je me suis dit que le fait d'arriver à Maubourg crotté comme un postillon de la diligence Londres-Brighton n'ajouterait pas à notre prestige ! Certes, nous ne sommes que des cousins par alliance de la Grande Duchesse, mais nous entrerons par la grande porte.

Il leva alors les yeux vers elle, et nota, résolument admiratif :

— Dieu que vous êtes élégante, Nell.

— Merci de ce compliment, murmura-t-elle en esquissant un sourire un peu gêné. Mais c'est à vous que je le dois.

— Allons, allons, n'en parlons plus.

Elle songea à la conversation qu'ils pourraient avoir tout au long du trajet et se dit que l'échange de simples politesses ne suffirait pas.

— Avez-vous un échiquier de voyage, questionna-t-elle soudain.

— Non, mais nous pouvons acheter un jeu de cartes dans cette auberge. Jouez-vous au whist ? Non ? Permettez-moi de vous initier à ce jeu qui est passionnant. D'ailleurs, quand nous serons à Maubourg, Sebastian vous en apprendra toutes les subtilités. C'est un champion dans ce domaine.

— Sebastian ? Vraiment ? Voulez-vous dire qu'il tient ce talent de sa période Jack Ryder ? J'aimerais tant qu'il nous raconte ses aventures comme Messager du Roi, mais il est si discret…

— C'est vrai. Mais en fait il est toujours Messager de Sa Majesté et le gouvernement fait appel à lui en cas de besoin.

Theo porta son index à ses lèvres et ajouta en prenant un air mystérieux :

— Mais, surtout, ne le répétez à personne.

— Vous connaissez ma discrétion. Eva sait-elle qu'il occupe ce poste ?

— Apparemment, oui. Elle dit que, tant qu'il ne part pas en mission avec de jolies femmes, son glorieux époux peut faire ce que bon lui semble.

— Que dirait-elle si la route de Sebastian croisait celle de la *Marquesa* ? plaisanta Nell en volant une tranche de jambon dans l'assiette de Theo.

— Ana ? Je vous assure qu'Eva a mieux à faire que de s'inquiéter de la fidélité de son mari. L'homme qu'elle avait épousé en premières noces était l'un des plus célèbres libertins d'Europe. Néanmoins, Eva est vigilante et je ne donnerais pas cher de la peau de celle qui jetterait son dévolu sur Sebastian.

Elinor enviait un peu la Grande Duchesse pour sa distinction et son assurance. Naître avec une telle personnalité devait faciliter la vie.

Elle se souvint toutefois des confidences d'Eva à propos de ses cauchemars et du regard soupçonneux qu'elle posait parfois sur Sebastian. Après tout, Eva n'était peut-être pas aussi sûre d'elle qu'elle en avait l'air ? Cette maîtrise de soi qu'elle affichait en toutes circonstances, elle ne la devait probablement qu'à une parfaite éducation.

Ce soir, ils seraient au château de Maubourg et Nell comptait bien s'entretenir en particulier avec sa cousine par alliance et lui demander son avis. Pas son avis sur Theo, bien sûr, car Eva ne se prononçait jamais sur une personne de son entourage, mais sur la façon de gagner l'indépendance quand on était une femme.

Eva comprendrait assurément le sens de sa question.

Chapitre 20

Il était plus de 7 heures du soir quand les trépidations de la voiture sur les pavés réveillèrent Elinor. Elle s'était assoupie dans le coin de l'habitacle, fatiguée par une journée de voyage en grande partie consacrée à apprendre les règles du whist.

— Nous arrivons, lui dit Theo en lui tapotant le bras. Mettez votre chapeau et votre pelisse.

Les dernières lueurs du jour s'attardaient sur le perron de l'entrée du château. La lourde porte à deux battants ornée de ferronneries médiévales et d'un heurtoir à tête de dragon gardait fièrement l'accès de la forteresse de Maubourg.

— Croyez-vous qu'il soit bien convenable d'arriver ainsi sans nous être annoncés ? questionna Elinor, soudain inquiète.

— Ne vous tourmentez pas, répondit-il en lui prenant la main pour apaiser ses craintes. N'oubliez pas que nous sommes chez nos cousins Eva et Sebastian.

— Certes, mais je connais très peu Eva, aussi, j'ignore quelle sera sa réaction.

Deux gardes armés de lances, en uniforme bleu et argent, se tenaient au bas du perron et deux autres à l'entrée de la prestigieuse demeure. Comme Theo et Nell approchaient, les lances se croisèrent devant eux, leur interdisant d'aller plus loin.

Il était temps pour eux de décliner leur identité.

— M. et Mlle Ravenhurst, déclara Theo dans son meilleur français. Nous venons rendre visite à Sa Gracieuse Sérénité et Lord Sebastian Ravenhurst. Veuillez les prévenir de notre arrivée.

L'un des deux gardes en faction en haut des marches actionna le heurtoir et un judas s'ouvrit aussitôt.

Elinor ne put s'empêcher de sourire. Cela lui rappelait une scène d'un de ces romans gothiques qu'elle relisait toujours avec un grand intérêt.

Le garde échangea quelques mots avec le serviteur de l'intérieur. Enfin, les portes s'ouvrirent largement sur un majordome en queue-de-pie et gants blancs, puis les lances s'écartèrent devant les visiteurs.

— Tout cela est bien solennel ! glissa Elinor à l'oreille de Theo tandis qu'ils gravissaient les marches. Enfin, ils ne nous ont pas chassés comme des manants, c'est déjà beaucoup !

— Soyez le bienvenu à Maubourg, monsieur Ravenhurst, déclara le majordome d'un ton théâtral. Sa Gracieuse Sérénité sera certainement ravie de votre visite impromptue.

Il s'inclina alors devant miss Ravenhurst.

— Madame !

— Monsieur Heribaut ? s'exclama Theo. C'est un plaisir de vous revoir.

Nell en conclut que Theo n'était pas un inconnu dans cette maison. En fait, elle aurait dû s'en douter.

— Voici miss Ravenhurst, la cousine de Lord Sebastian,

précisa-t-il. Je suis navré d'arriver sans m'être annoncé, mais un incident nous oblige à demander l'hospitalité à mes chers cousins. Elinor, voici M. Heribaut, le chambellan de cette grande maison.

— Veuillez vous donner la peine d'entrer, mademoiselle, je vais…

— Papa, s'il vous plaît, laissez-moi le tenir, intervint alors un petit garçon s'avançant avec son père qui portait un bébé blotti dans ses bras.

Elinor en conclut que cet homme jeune, très élégant dans sa tenue de soirée, ne pouvait être que son cousin Sebastian. Quant au bébé qu'il tenait dans ses bras, il semblait avoir à peine quelques jours d'existence.

Elle demeura sans voix devant le beau Sebastian qu'elle n'avait pas imaginé ainsi.

— Votre Sérénité, intervint alors le chambellan, voici M. et Mlle Ravenhurst.

— Theo, mon cher cousin ! s'exclama le maître de maison en tendant le nourrisson à la gouvernante qui s'était avancée vers lui.

Il se tourna alors vers Elinor et ajouta, incapable de dissimuler sa surprise :

— Elinor ?

— Oui. C'est bien votre jeune cousine Elinor, confirma Theo d'un ton enjoué. Nous sommes en voyage et nous cherchions un refuge, alors nous avons pensé à vous.

Il désigna le bébé en ajoutant :

— Donc, voici le plus jeune des Ravenhurst ?

— En effet. Charles James Oliver Ryder Ravenhurst, confirma le Grand Duc, non sans fierté. Il n'a que deux semaines, ce qui explique qu'il n'a guère de cheveux comme vous le voyez.

Il leur sourit en ajoutant :

— Soyez les bienvenus à Maubourg.

— Votre Sérénité, murmura Elinor en esquissant une révérence.

— Allons, appelez-moi Sebastian, corrigea le maître des lieux. Nous sommes cousins, en quelque sorte. Vous êtes une Ravenhurst, que diable !

— Juste ciel, Theo et Elinor ! retentit soudain une voix de femme tandis que Nell expliquait à son cousin de quelle façon ils étaient apparentés.

La Grande Duchesse en robe du soir s'avançait vers les visiteurs en leur ouvrant ses bras.

— Ah, mes chers, comme je suis heureuse de vous voir. Etes-vous en fuite ? Theo, auriez-vous eu l'audace d'enlever votre cousine ?

— Certainement pas, milady ! s'empressa de corriger Elinor.

— Disons que nous espérons faire en sorte que notre escapade ressemble à un enlèvement, intervint Theo. Chère Eva, vous êtes de plus en plus belle et votre nouveau-né est tout simplement adorable.

— N'est-ce pas ? reprit l'hôtesse, visiblement charmée par ces compliments. Toutefois, je me demande si cette naissance était vraiment une bonne idée !

Elle s'adressa alors au petit garçon qui se cachait dans les plis de sa jupe et ajouta :

— Maintenant, prenez Charles avec délicatesse et emmenez-le à la nursery. Ensuite vous irez dîner.

— Mais, maman, vous m'aviez promis que je dînerais avec vous, protesta l'enfant.

— Nous avons un dîner d'affaires, aussi, ce ne sera pas possible. Il s'agit des affaires de papa.

— Je vois. Encore vos secrets ! grommela le petit.

Il se tourna vers Elinor et ajouta, un peu dépité :

— A demain, donc, cousine Elinor.

Sans trop savoir comment Eva s'y était prise, Elinor vit alors tout le monde déguerpir à l'exception de Sebastian, et le dîner pour quatre personnes fut commandé sur-le-champ aux cuisines.

— Venez, chère cousine, dit l'hôtesse en prenant Elinor par le bras. Venez vous rafraîchir dans ma chambre. Un serviteur va se charger de vos bagages.

— Je suis vraiment navrée d'arriver ainsi sans m'être annoncée, s'excusa Elinor comme elles gravissaient les marches du grand escalier.

— C'est sans importance, cousine. Je suis ravie de vous recevoir. Mais, dites-moi, par quel miracle êtes-vous devenue aussi belle ? Vous êtes véritablement transformée. Je me souviens que vous aviez l'air d'une petite souris grise la dernière fois que je vous ai vue.

— C'est… grâce à Theo, balbutia Elinor, un peu désarçonnée par le ton d'Eva.

— Ah, ah ! fit celle-ci avec un clin d'œil malicieux qui suffit à faire rougir l'invitée.

— Enfin, je veux dire qu'il m'a conseillé d'acheter de nouvelles robes et de me coiffer différemment. De plus, nous avons eu récemment quelques… aventures, ce qui a sans doute contribué à améliorer mon teint !

Nell n'était pas très sûre de la sincérité des compliments de l'hôtesse, mais elle admettait volontiers que l'amour épanouissait les femmes. C'était tout au moins ce que prétendait Jeanie, sa servante.

— Donc, vous allez épouser Theo ? s'enquit Eva en pénétrant dans la chambre.

Elle se tourna alors vers la vieille dame qui pliait du linge sur une table et ajouta :

— Hortense, voici miss Ravenhurst, la cousine de Lord Sebastian. Elle va passer quelques jours avec nous et il lui faut une femme de chambre. Pourriez-vous lui faire apporter de l'eau chaude ?

Comme la gouvernante s'inclinait devant l'invitée, Eva suggéra :

— Ne vous croyez pas obligée de vous changer, Elinor, ce soir nous sommes entre nous.

— Parfait. Dans ce cas, je vais simplement faire une rapide toilette.

En attendant l'eau chaude, Nell s'assit sur le tabouret de la table de toilette et confessa d'une petite voix :

— Eva… je n'épouserai pas Theo.

— Vraiment ? Cependant, vous êtes compromise, n'est-ce pas ? Vous avez voyagé ensemble, sans chaperon, et si votre entourage venait à l'apprendre…

— En effet, mais maman est au courant, et je suis encore…

— Vierge ? acheva la Grande Duchesse en haussant les sourcils. Ce cher Theo n'est donc pas le vil séducteur que j'imaginais ?

Elle observa un instant son invitée et reprit :

— Mais vous rosissez, Elinor ! Donc, si je comprends bien, notre cher Theo est un séducteur… prudent ?

— Eva, nous vous raconterons notre rencontre fortuite au cours du dîner, promit Nell.

— Une rencontre galante, assurément !

Comme l'hôtesse souriait avec malice, Nell s'empressa de corriger :

— Oh, non ! Ce n'est pas ce que vous pensez. Nous parlerons de mon aventure avec Theo entre nous, quand nous serons seules. Surtout, je vous en prie, ne taquinez pas votre cousin avec cette affaire. Depuis, il ne cesse de répéter que nous devrions nous marier et pourtant il n'en a pas la moindre envie. Pas plus que moi, bien entendu.

— Bien entendu ? Comme c'est étrange de vous entendre parler ainsi. Pourtant, Theophilus est un homme très séduisant. Pas aussi beau que Sebastian, certes — aucun homme ne peut rivaliser avec mon mari —, mais très viril, et très intelligent. Non ?

Dieu merci, l'arrivée d'une jeune servante interrompit leur conversation qui commençait à incommoder Elinor.

— Annette, madame, annonça la soubrette. Je suis ici pour vous servir.

Vingt minutes plus tard, Elinor descendait pour le dîner.

Elle se demanda si Theo avait eu avec Sebastian le genre de conversation qu'elle avait eu avec Eva. Nul doute que leur arrivée au château sans chaperon avait éveillé des questions et toutes sortes de railleries.

Ce que Nell ne souhaitait à aucun prix, c'était que Theo

se sente obligé de la demander en mariage pour sauver son honneur.

Elinor nota que, par bonheur, Eva avait abandonné ce sujet pour le moins scabreux. Elle parlait maintenant de mode et ne tarissait pas d'éloges sur la robe de voyage et le chapeau de son invitée.

— Pour Lyon, je dois dire que c'est un très joli modèle, commenta-t-elle avec un rien de dédain.

Et elle ajouta, l'air malicieux :

— Il faut croire que Theo connaît les bonnes adresses.

— C'est probable, repartit Elinor, saisissant l'allusion à la réputation de séducteur de son cousin. Il est certain qu'il a acquis une grande expérience dans le choix des toilettes féminines.

— Si je peux me permettre de vous donner un conseil, murmura Eva en aparté, oubliez les femmes qu'il a connues avant vous. Elles lui ont certainement enseigné beaucoup de choses, et vous ne pouvez que vous en féliciter. Mais prenez garde à celles qu'il pourrait rencontrer dans l'avenir, ce sont elles qu'il vous faut craindre.

Eva leva les yeux vers le portrait du bel homme en grand uniforme qui occupait l'un des murs de l'entrée et ajouta dans un soupir :

— Soyez vigilante, ma chère.

— Comme vous avez dû souffrir ! commenta Elinor qui n'avait pas oublié les nombreuses aventures que l'on prêtait au premier époux de la Grande Duchesse.

— Il y a l'orgueil blessé et l'amour trahi, ce n'est pas forcément la même chose, reprit Eva. Quand on épouse un homme tel que Louis Frédéric, on y trouve quelques compensations, mais l'important est d'apprendre à ne pas lui confier votre cœur.

Elle s'interrompit un instant et ajouta avec un franc sourire :

— Pour le moment il ne s'agit pas du Grand Duc, n'est-ce pas ? Mariez-vous par amour, Elinor, ou ne vous mariez pas !

— C'est exactement mon point de vue, répondit-elle avec conviction.

La salle à manger était de dimensions réduites, tout à fait adaptée à des repas en famille. Le décor en était simple mais de bon goût, et le mobilier d'essences rares.

En voyant entrer les dames, Theo et le maître de maison se levèrent d'un même élan.

— Que l'on apporte le vin ! ordonna alors Sebastian au maître d'hôtel. Ensuite, laissez-nous.

Theo aida Nell à s'asseoir, puis contourna la table pour s'installer face à elle. Devant eux, les plats de dimensions réduites avaient été disposés *à la française*, et les desserts sur un dressoir.

Elinor avait craint un service formel fourmillant de pièges pour les maladroits et interdisant de bavarder librement. Or, c'était tout le contraire.

— Et maintenant si nous devisions un peu ? proposa le maître de maison. Nos visiteurs ont certainement beaucoup de choses à nous raconter.

Nell laissa parler Theo et se borna à observer les visages de leurs hôtes. Elle se dit que Sebastian devait être un habile joueur de cartes car son visage ne trahit aucune émotion quand le nom d'Ana fut mentionné.

Eva était moins sur ses gardes et riait parfois avec une franche gaîté.

— Ainsi, les Ravenhurst recrutent leurs maîtresses dans la famille ! plaisanta-t-elle.

Sebastian se contenta de sourire.

— Nell n'a jamais été ma maîtresse, se défendit Theo. Pour l'apprivoiser il aurait fallu que je sois dresseur de tigresses ! Comme je le disais tout à l'heure, après avoir visité le château…

La conversation se poursuivit sur leur séjour à Beaumartin puis sur leur long voyage tandis que chacun se servait dans les plats avec une simplicité de bon aloi.

— Donc, vous avez choisi de faire halte chez nous au lieu de séjourner sur la côte ? reprit Sebastian tandis que Theo achevait son récit. C'est un choix judicieux, cher cousin, surtout si vous avez la comtesse de Beaumartin à vos trousses.

Le repas touchait à sa fin et les plats étaient presque vides. La carafe de porto circulait autour de la table alors que Theo cassait des noix avec ses mains.

— En fait, je me demande si la comtesse s'est rendu compte que vous vous étiez enfuis, intervint Eva. A l'heure qu'il est, Theo, votre homme de confiance doit cependant avoir remis la lettre que vous destiniez au comte. Il va falloir que Léon de Beaumartin prenne une décision en ce qui concerne la culpabilité de sa mère.

— A moins qu'il ait choisi d'étouffer l'affaire pour éviter tout scandale ? suggéra Elinor.

— Dans ce cas il devra négocier avec votre mère, avec Hythe et avec nous qui partageons son secret, repartit Theo. J'ai été franc avec le comte : s'il ne s'arrange pas avec nous tous, je raconterai cette histoire au tout Paris !

— J'aimerais tant voir ce fameux calice ! intervint Eva, l'œil brillant.

— Vous risqueriez d'être surprise, prévint Elinor. C'est une œuvre d'art, certes, mais par son aspect licencieux elle offense les yeux et la main qui ose la toucher.

— Dans ce cas, qu'elle reste où elle est, conclut l'hôtesse avec une moue de mépris. Quoi qu'il en soit nous vous trouverons des cavaliers pour vous escorter jusqu'en Angleterre s'il le faut. Combien de temps comptez-vous rester avec nous ?

— Jusqu'à l'arrivée de Hythe, répondit Theo.

Il fit tournoyer le porto dans son verre d'un air songeur, puis ajouta :

— Hythe pourrait d'ailleurs escorter Elinor jusqu'à Avignon où elle retrouvera sa mère et moi je partirai seul pour l'Angleterre.

Et ce sera la fin de cette aventure, songea-t-il avec un brin de tristesse.

— Mais vous avez voyagé avec Elinor jusqu'ici, remarqua Sebastian, aussi, vous ne pouvez pas l'abandonner ainsi.

— Apparemment, je le peux, murmura Theo sans quitter son verre des yeux. Elle n'a pas d'argument sérieux pour me retenir.

— Dieu merci, je ne suis pas obligée de vous épouser, s'insurgea l'intéressée qui entendait bien ne pas se laisser dicter sa conduite. Je ne veux pas être contrainte à un mariage de convenances pour satisfaire le sens de l'honneur et la respectabilité.

Elle ajouta à l'intention de Sebastian :

— Pourquoi me regardez-vous ainsi ? Vous n'êtes pas le chef de famille, que je sache ? Seul le duc aurait son mot à dire sur ce point, mais il ne va pas venir spécialement d'Ecosse pour nous ordonner de nous marier, n'est-ce pas ?

— Messieurs, je crois que nous allons nous retirer, maintenant, intervint Eva pour calmer les esprits. Il faut que je passe à la nursery et je suis sûre qu'Elinor a besoin de se reposer après ce long voyage.

Elle contourna la table pour s'approcher de Sebastian et déposa un baiser sur ses lèvres.

Elinor échangea alors un bref regard avec Theo, puis emboîta le pas à l'hôtesse.

— J'espère que vous me pardonnez d'avoir été un peu vive dans mes propos, dit-elle alors qu'Eva la conduisait vers sa chambre.

— Sebastian ferait mieux de s'occuper de ses affaires, répondit la Grande Duchesse. Si vous savez vous prémunir contre le risque d'avoir un enfant avec Theo, il vous sera facile de cacher à votre entourage que vous avez eu une liaison. Et, si l'on vous demande si vous avez voyagé ensemble, vous expliquerez qu'en vous invitant j'ai envoyé une dame de ma connaissance pour vous chaperonner. Ainsi, vous n'aurez rien à craindre de personne.

Elles empruntèrent un dédale de couloirs et d'escaliers, puis arrivèrent devant une porte.

— Cette petite porte mène aux remparts ouest par un escalier en colimaçon, expliqua Eva. Il y a là-haut plusieurs chambres qui ouvrent sur le chemin de ronde. Elles sont habituellement réservées aux invités célibataires. Ils peuvent se retrouver dans un salon voisin pour fumer leur cigare et se raconter des histoires lestes. Pour le moment, Theo est le seul occupant des lieux.

Elinor se demanda pourquoi l'hôtesse lui donnait toutes ces précisions alors qu'elles entraient dans la chambre qui lui était réservée.

C'était une pièce très coquette aménagée dans une salle voûtée aux murs de pierres couverts de tapisseries d'Aubusson. En somme, un petit nid douillet au sein d'une forteresse, où l'on devait se sentir bien à l'abri du froid et des vents coulis.

— C'est charmant, Eva. Je vous remercie de votre hospitalité. Vous seriez aimable de m'adjoindre une dame de compagnie pour le reste du voyage. Ainsi, je pourrai me présenter à maman la tête haute.

— Je serai heureuse de vous rendre ce service, Elinor, déclara Eva en s'asseyant au pied du lit en toute simplicité. La dame à laquelle je pense est une veuve dans la quarantaine, agréable et cultivée, qui habite la ville. Son mari était l'un des médecins de la Cour et elle dîne à notre table de temps à autre. Elle sera ravie de vous accompagner. Cela la distraira un peu.

Eva réfléchit un instant, puis reprit :

— Mais j'y pense… pourquoi ne choisissez-vous pas la solution la plus simple et la plus évidente ?

— Que voulez-vous dire ?

— Epouser Theo, pardi !

— Mais il ne m'aime pas, Eva. C'est ce que je vous ai laissée entendre au cours du dîner.

— Il ne vous aime pas ?

— Non. En fait, je le soupçonne d'aimer une femme qui ne répond pas à ses sollicitations. A mon avis il persiste dans ses demandes, mais sans résultat, et je suppose que son honneur en souffre.

Ces révélations laissèrent Eva perplexe.

— Vous savez, Theo est très seul dans la vie, continua Elinor, si l'on excepte ses maîtresses, bien sûr. Je suis certaine qu'il ne s'est attaché à personne d'autre qu'à cette femme qui demeure inatteignable. Nous nous entendons cependant très bien, lui et moi, et il se plaît beaucoup en ma compagnie. Notre complicité fait merveille. Bien sûr, il se sent coupable de m'avoir compromise, et je vous avoue que ce n'est pas sans raison…

— Vraiment ? fit Eva, captivée par ces révélations. Et… comment était-ce ?

— Très agréable ! confessa Nell, à la fois confuse et fière de son aventure avec Theo. Il m'a rendue très heureuse et je crois pouvoir dire que j'ai passé avec lui un moment exceptionnel.

Elle s'interrompit une seconde, puis s'enquit :

— Croyez-vous que Sebastian et Theo sont en train de parler de ces choses-là ?

— Theo est un gentilhomme. Il ne compromettrait jamais la réputation d'une dame, et Sebastian n'oserait pas aborder pareil sujet avec lui.

Eva ajouta avec un sourire malicieux :

— Les femmes en parlent plus aisément, chère Elinor.

Mais pour en revenir à cette personne que Theo aime en secret… Ne s'agit-il pas de la *Marquesa* ?

— Oh, non ! Il l'a chassée de sa chambre quand nous étions à Beaumartin. La *Marquesa* est une femme volage et extravagante. On pourrait dire qu'elle se comporte comme un chat auquel sa proie vient d'échapper. Alors, elle boude quelques instants puis se lance à la poursuite d'une autre souris !

— Et je suppose qu'elle n'a pas reconnu sa défaite ? Cette gourgandine ne manque pas de panache, c'est certain. Mais dites-moi, Elinor, puis-je vous poser une question ?

— Bien sûr, Eva.

— Vous aimez Theo, n'est-ce pas ?

La question à peine murmurée laissa Nell quelque peu désemparée.

— Oui, confessa-t-elle. A dire vrai, je l'aime beaucoup trop pour l'épouser s'il ne le souhaite pas. Je ne veux pas devenir sa femme alors qu'il ne partage pas les sentiments que j'éprouve pour lui.

— Oh, ma pauvre ! soupira Eva en lui prenant la main. Vous n'osez lui avouer votre amour et cet idiot ne se rend pas compte que vous êtes éprise de lui ?

— Theo n'est pas un idiot.

— Tous les hommes le sont quand il s'agit d'amour, affirma l'hôtesse d'un ton péremptoire. Certaines femmes aussi, d'ailleurs. Ainsi, le jour où je me suis déclarée à Sebastian, j'ai tout gâché. J'ajoute que Bel s'en est mêlée, ce qui n'a fait qu'aggraver les choses. Dieu merci, nous avons fini par nous entendre et tout s'est arrangé. Aujourd'hui nous sommes très heureux, Dieu soit loué.

— Vous semblez vous entendre à merveille avec Sebastian, c'est vrai. Tout comme Bel s'entend avec Ashe, et Gareth avec Jessica. Pour ne rien vous cacher je crains un peu d'être gagnée par la contagion des mariages chez les Ravenhurst…

— Reposez-vous pour le moment, conclut Eva en se levant. Demain vous verrez plus clair dans tout cela. N'hésitez pas à sonner si vous avez besoin de quoi que ce soit. Annette viendra aussitôt. Maintenant, je vous laisse car je dois passer à la nursery.

Elle s'interrompit un instant, puis ajouta :

— A mon sens, Theo serait un bon père avec ses enfants, n'est-ce pas ?

Elle sourit et conclut d'une voix très douce :

— Bonne nuit, chère Elinor.

Nell regarda la porte se refermer sur l'hôtesse et demeura songeuse.

Alors, une image s'imposa à elle : celle de Theo tenant un bébé dans ses bras !

Chapitre 21

De l'avis de Theo, à qui rien n'échappait, Eva avait une idée derrière la tête. Même si, ce matin, il n'avait pas les idées complètement claires.

La veille, Sebastian avait sonné le maître d'hôtel pour réclamer une seconde bouteille de porto, disant à Theo qu'ils avaient bien besoin de passer une soirée entre hommes. Hélas la seconde bouteille de porto n'avait pas suffi, et bientôt une carafe du meilleur cognac lui avait succédé !

Lord Sebastian qui semblait très en verve avait envie de se noyer dans l'alcool et il avait réussi à entraîner son invité dans son délire. Tard dans la nuit, Theo avait regagné sa chambre dans l'aile des célibataires en rasant les murs, avec pour ultime épreuve l'ascension de l'escalier en colimaçon. Un exploit dans son état !

Il se souvenait vaguement que la conversation avait tourné autour des femmes et des problèmes qu'elles posaient aux hommes. Mais ce matin il ne se sentait pas disposé à prolonger cette réflexion ni à entreprendre quoi que ce soit, d'ailleurs. Une violente migraine l'empêchait de réfléchir et il n'avait aucun appétit.

La présence à la table du petit déjeuner du bibliothécaire du château ne l'impressionnait nullement et ne l'incitait guère à engager une conversation littéraire. L'homme était un jeune Anglais aux cheveux blonds, aux yeux bleus et au profil grec. En fait, Theo avait plutôt envie de l'étrangler à l'entendre discuter d'un ton emphatique avec Nell sur l'architecture gothique en Italie. Que pouvait-elle bien trouver à ce jeune premier ?

— Ce jeune homme est tellement intelligent ! glissa Eva à l'oreille de Theo. Il nous a été recommandé par son père, Lord Finchingfield, au cours de notre dernier voyage en Angleterre. Il fait des merveilles dans notre bibliothèque qui avait grand besoin d'ordre et de classement. J'étais sûre qu'Elinor trouverait Phillip intéressant et il semble que je ne me suis pas trompée.

— Vraiment ? fit-il, l'œil vitreux et la moue dubitative.

Il avait remarqué que Nell riait plus volontiers aux propos de M. Finchingfield qu'aux siens, et qu'elle était plus ravissante que jamais. Tout cela n'était pas pour améliorer son humeur.

— Si vous avez terminé votre petit déjeuner, Elinor et Phillip, je vous attends dans la bibliothèque, intervint Eva. Il est un point que j'aimerais discuter avec vous deux.

Theo leva les yeux vers le miroir face à lui et comprit pourquoi, ce matin, Nell lui préférait Phillip. Le teint blême, les yeux cernés, le visage mal rasé et tailladé par endroits, il n'avait en effet rien d'attirant.

Sebastian n'était guère plus présentable, mais au moins il avait eu le bon goût de se placer à une table éloignée, espérant passer inaperçu.

— Milord, une dame vous demande à l'entrée, le prévint le chambellan d'un ton solennel.

Il lui tendit un plateau sur lequel se trouvait un bristol et ajouta :

— Elle a présenté sa carte que voici.

Sebastian la prit et la parcourut du regard, puis leva les yeux vers son invité.

— La *Marquesa* de Cordovilla ! s'exclama le maître de maison. A votre avis, Theo, vient-elle pour vous ou pour moi ?

— Cette dame a demandé miss Ravenhurst, milord, précisa le chambellan. Apparemment, elle est porteuse d'un message de sa mère, Lady James.

— Miss Ravenhurst est dans la bibliothèque avec Sa Gracieuse Sérénité, et je ne crois pas que l'on puisse la déranger. Faites entrer la *Marquesa* ici, Heribaut.

Sebastian ajouta à l'intention de Theo :

— Je me demande si elle a vraiment un message de tante Louisa ou si c'est encore une de ses ruses pour s'introduire ici ?

— Dans quel but le ferait-elle ? questionna Theo. Quoi qu'il en soit, je suis impatient d'assister à la confrontation d'Ana et d'Eva.

Il savait mieux que n'importe qui qu'Ana était plus venimeuse qu'un serpent et aussi difficile à apprivoiser qu'une meute de chats sauvages. Il se demandait d'ailleurs pourquoi il avait tissé des liens aussi étroits avec cette femme. La nature extravertie de la *Marquesa* et ses tenues extravagantes la signalaient à l'attention de tous, tel un rubis parmi des pierres de pacotille. Il aurait dû se douter dès leur première rencontre que cette femme n'était pas comme les autres.

Aujourd'hui, elle était en beauté.

— Lord Sebastian, monsieur Ravenhurst !

Ana exécuta une révérence irréprochable dans sa robe de voyage dernier cri.

— Je suis très honorée d'être reçue dans cette noble demeure. Mais je vois que j'interromps votre petit déjeuner et vous prie d'accepter mes excuses.

— Je vous en prie, *Marquesa*, repartit le maître de maison. Veuillez vous asseoir.

— Je prendrai simplement une tasse de café, précisa-t-elle avant même qu'on l'y invite.

— Donc vous venez de Beaumartin ? s'enquit Theo. J'espère que ma chère tante Louisa va bien ?

— Elle se porte à merveille, monsieur Ravenhurst. Toutefois, votre lettre a mis la maisonnée en émoi. Mais peut-être devrais-je attendre que miss Ravenhurst nous rejoigne avant d'évoquer tout ceci ?

— Heribaut, veuillez demander à Sa Sérénité et à miss Ravenhurst de venir.

— Bien, Milord.

Le silence s'installa alors dans la pièce. Il semblait qu'aucun des trois ne parvenait à trouver un sujet de conversation.

Eva arriva enfin pour les délivrer de leur mutisme.

— *Marquesa !* Quelle surprise ! Je suis ravie de vous voir. J'ai tant entendu parler de vous. Je sais que l'on vous tient pour experte dans le domaine de l'art. En tout cas, c'est une vraie joie de vous rencontrer.

— Votre Sérénité est trop bonne ! J'aime les belles choses, tout simplement.

Eva adressa un clin d'œil complice à son époux qui lui sourit avec malice.

Elinor entra alors sur les pas du chambellan.

— Ah, miss Ravenhurst ! s'exclama Ana avec un enthousiasme suspect. Je suis porteuse d'un message de votre chère maman.

— Très aimable à vous, murmura Nell, à peine aimable. Nos cousins sont au courant des événements survenus au château avant notre départ. Ainsi, vous pouvez parler sans crainte.

— Comme vous l'imaginez, reprit la *Marquesa*, la découverte de votre fuite a mis la maison sens dessus dessous. Lady James s'est reproché de vous avoir parlé trop durement, affirmant que vous avez préféré la fugue aux rigueurs d'un mariage conventionnel. Nous étions tous très affligés par votre disparition, bien sûr. Le lendemain matin au petit déjeuner, Hythe, l'homme de confiance de Theo, est arrivé avec une missive destinée au comte Léon.

La *Marquesa* s'interrompit un instant

Dans l'attente de la suite du récit d'Ana, la tension se fit soudain palpable dans la pièce.

— Hythe est venu se placer auprès de Lady James, ce que j'ai trouvé étrange, continua l'Espagnole. C'est alors que j'ai vu qu'il portait deux pistolets à la ceinture. Le comte Léon a lu la lettre deux fois, pâlissant un peu plus à chaque ligne. Sa lecture achevée, il a demandé à Lady James et à M. Castelnau de le rejoindre dans son bureau. Nous étions tous impatients de savoir ce qui allait se passer, bien sûr. En attendant, nous avons bavardé de tout et de rien pour passer le temps, jusqu'à ce que Léon revienne et demande à sa mère et à Julie de venir à leur tour dans son bureau.

Ana s'interrompit de nouveau pour avaler une gorgée de café, probablement dans l'intention de prolonger le suspense. Elle aimait bien ménager ses effets.

— Nous venions de reprendre notre conversation en nous gardant bien de commenter l'attitude de notre hôte, quand les premiers cris ont retenti.

— Et, bien entendu, votre parfaite éducation vous interdisait d'aller voir ce qui se passait ? intervint Eva avec malice. Comme ce devait être frustrant !

— Comment aurions-nous pu résister, repartit Ana en haussant les épaules. Nous nous sommes tous levés d'un même élan pour nous précipiter dans l'escalier tandis que les cris se faisaient plus aigus. Au premier étage, dans le couloir menant aux appartements familiaux, nous avons trouvé Léon qui fermait à clé la porte de sa mère et celle de Julie, lesquelles poussaient des cris hystériques. Les serviteurs affolés accouraient de toutes parts, ne sachant que faire. Vous imaginez la confusion !

Ana reprit une gorgée de café et continua :

— Enfin, pour abréger mon histoire, je vous dirai simplement que l'on a envoyé chercher le docteur de la famille. Les serviteurs nous ont dit que la comtesse avait été prise d'un étrange délire et que Julie hurlait de terreur en la voyant ainsi.

— Et tout le monde s'est contenté de cette explication ? questionna Theo.

— Les serviteurs l'ont prise pour argent comptant, en tout cas. Il paraît que la pauvre femme se lamentait sur la mort de son mari jusqu'à ce que ses cris deviennent insupportables. Les deux jeunes filles qui étaient là n'ont rien compris à toute cette affaire. Léon les a renvoyées chez elles en compagnie d'un vieil oncle. Quant à moi et aux Tracey nous n'avons pas cru un mot de tout cela, bien sûr. Nous ne sommes pas stupides.

— Mais alors que s'est-il passé en réalité ? s'enquit Elinor, impatiente.

— Enfin le comte est venu nous raconter l'histoire par le menu, car à mon avis il n'avait pas le choix. Il nous a tous conduits dans les souterrains où nous avons découvert la pièce dans laquelle vous aviez été emprisonnés et le pichet de poison. C'était horrible !

— Et qu'est devenu le reste du trésor ?

— Léon nous l'a montré avant de l'enfermer dans le coffre en nous faisant jurer sur la Bible de n'en souffler mot à personne.

Ana se tourna alors vers l'assistance et ajouta avec un sourire suave :

— Je fais une exception pour vous, bien sûr.

— Mais que vont devenir Julie et la comtesse ? s'enquit Elinor.

— Le docteur de la famille a déclaré que la comtesse était folle de chagrin et qu'il valait mieux la tenir enfermée dans sa chambre. Quant à Julie elle sera renvoyée chez sa mère avec une pension. Celle-ci lui sera supprimée si elle tente de nouveau d'entrer en contact avec les Beaumartin ou si elle quitte le domicile de sa mère.

— Comme il est facile de dissimuler un assassinat et une tentative de meurtre, commenta Nell à mi-voix.

— Nous vous remercions de vous être détournée de votre route pour venir nous raconter tout cela, *Marquesa*, nota Eva. Bien entendu, vous restez avec nous pour la nuit ?

— Je vous remercie, Votre Gracieuse Sérénité. En fait, je ne me suis pas détournée de mon chemin puisque je me rends sur la côte pour prendre le bateau pour l'Italie. Lady James a déjà pris des dispositions pour réserver un logement en Avignon de sorte qu'elle n'a pas pu venir jusqu'ici.

Theo observait Nell qui ne paraissait pas autrement inquiète du sort de sa mère. Elle était sagement assise, les mains croisées sur son giron. Mais, lorsque la *Marquesa* évoqua l'Italie, elle leva soudain les yeux vers elle. Il se dit que sa compagne allait peut-être prendre une décision sans le consulter ? Partir sans lui ? Pourquoi ? Ne lui avait-il pas fait l'amour comme elle l'avait exigé de lui ? Mais… lui avait-il donné pour autant ce qu'elle attendait ?

— Theo ?

C'était Sebastian qui tentait de capter son attention depuis quelques instants.

— Oui. Oh, pardon, j'avais la tête ailleurs.

— Je vous demandais si vous accepteriez de venir voir mes nouvelles expériences dans le domaine de l'agriculture ? C'est très intéressant, vous savez

— Oui, je n'en doute pas. Toutefois, je tiens à vous prévenir : je ne sais pas distinguer un navet d'une pomme de terre.

Theo se tourna alors vers Nell et s'enquit :

— Nell, pourquoi ne viendriez-vous pas avec nous ?

Elle se tenait près de la porte et bavardait avec Eva qui s'apprêtait à conduire la *Marquesa* à sa chambre.

— Non merci, Theo. M. Finchingfield m'attend dans la bibliothèque.

— Maudit soit-il ! marmonna Ravenhurst qui soudain se retrouva seul avec Sebastian dans la pièce.

— Vous n'aimez pas notre bibliothécaire, n'est-ce pas ? questionna son cousin. Pourtant, Finchingfield est très compétent, de bonne famille, etc. Et il semble apprécier la compagnie de Nell. Je me demande si Eva n'essaierait pas de les marier, ces deux-là ?

Indifférent à la détresse qu'inspirait à Theo cette remarque, Sebastian ajouta :

— Voyons si mon fils Freddie serait d'accord pour nous accompagner. J'aimerais avoir votre avis sur le poney que je viens de lui acheter.

Un bibliothécaire pour Nell ? songea Theo, furieux. Un beau jeune homme issu d'une respectable lignée et muni d'une solide culture classique. Mais elle s'ennuierait à mourir avec un tel homme ! Certes, sa vie serait calme et sans problèmes : pas de cachots humides, pas de pistolets ni de scandaleuses aventures amoureuses. Mais qu'allaient devenir la fantaisie de Nell, sa gaîté, son courage ? Tout ce qui faisait d'elle une femme exceptionnelle ?

— Je vais prendre mon manteau et mes gants, annonça Theo en se dirigeant vers l'escalier.

Il monta les marches deux à deux vers sa chambre en songeant à ce bibliothécaire auquel il rêvait de casser le nez !

Cette journée passée dans la bibliothèque lambrissée de chêne fut un plaisir pour Elinor. Il y faisait clair, les livres étaient parfaitement rangés dans les rayonnages et elle admirait l'enthousiasme du jeune bibliothécaire pour son travail.

— Il y a encore beaucoup à faire ici, soupira Phillip en montrant le fond de la pièce où quantité de livres étaient encore empilés.

Il reprit, un brin déçu :

— Le Grand Duc précédent ne s'intéressait pas à la littérature, il préférait les ouvrages de sport et quelques volumes… un peu spéciaux, dirons-nous. Mais il achetait beaucoup de livres, presque autant que d'œuvres d'art. L'ennui, c'est qu'il a oublié de remplacer son bibliothécaire quand celui-ci est mort voici vingt ans. Quant aux archives, je n'y ai même pas encore touché. Ce serait un travail à plein temps.

Il ouvrit une porte qui donnait sur une autre pièce voûtée de croisées d'ogives et aux murs de pierres. Des tas de documents et rouleaux de parchemins occupaient les coffres de chêne et de gros livres couvraient la table centrale.

— Juste ciel, que de trésors ! s'exclama Elinor. C'est absolument fascinant.

— Je suis heureuse de vous l'entendre dire, intervint Eva qui venait d'entrer. Je me demandais si vous accepteriez un emploi d'archiviste chez nous pour quelque temps ? Cela vous laisserait du temps pour faire le point et choisir à tête reposée votre futur compagnon de route.

M. Finchingfield s'effaça avec tact et retourna à son bureau tandis qu'Eva attendait la réponse d'Elinor.

— Naturellement vous recevriez le même salaire que Phillip, précisa la maîtresse de maison. Vous pourrez rester aussi longtemps que vous le souhaitez. En fait, juste assez pour me laisser le temps de trouver un nouvel archiviste. C'est tout ce que je demande.

Un peu surprise tout d'abord, Elinor considéra cette proposition.

— Cette solution me paraît acceptable, répondit-elle enfin. En outre, elle conviendrait à maman. Nul doute qu'elle préférerait me savoir ici que de me voir prendre mon indépendance ou partir pour Dieu sait quelle destination. Il lui suffirait de chercher une nouvelle secrétaire pour ses travaux, c'est tout.

Elinor se dit qu'elle pourrait même voir Theo de temps à autre s'il daignait venir lui rendre visite.

— Cela me plaît, Eva, conclut-elle. Je vous remercie d'avoir eu cette idée.

— Parfait ! Je suis très heureuse que vous acceptiez. Nous allons vous trouver un bureau et vous pourrez commencer dès que possible.

L'hôtesse s'avança jusqu'à la porte qui donnait sur la bibliothèque et annonça :

— Phillip, vous avez une collègue !

Au dîner, Elinor se trouva placée entre Phillip Finchingfield et le chapelain anglican du château. Peut-être était-ce une initiative d'Eva pour l'éloigner d'Ana ?

La maîtresse des lieux avait invité plusieurs personnes parmi lesquelles une veuve, Mme Massingham, susceptible d'accompagner Elinor dans ses futurs voyages.

Ainsi, Nell était assise loin de Theo. En fait, elle n'avait pas vraiment l'intention de prendre ses distances avec lui. Toutefois, son intuition lui disait qu'il n'approuverait pas son emploi d'archiviste et elle n'avait pas envie de se chamailler avec lui dans l'immédiat. Elle préféra donc ne pas lui adresser la parole au cours du repas.

A la fin du repas, quand les messieurs rejoignirent les dames, Theo s'approcha d'elle et l'entraîna discrètement à l'écart.

— Elinor, je comptais justement vous dire un mot.

Il semblait passablement irrité, mais par bonheur elle seule s'en était aperçue.

— Pourquoi ne venez-vous pas plutôt vous joindre à nous, Theo ? proposa-t-elle. M. Finchingfield nous expliquait justement son nouveau système de classification pour les livres de la bibliothèque. Cela me semble personnellement plus logique, cependant je ne vois pas comment il va procéder pour les ouvrages de théologie ?

Elle se tourna vers le chapelain et s'enquit :

— Qu'en pensez-vous, monsieur Herriot ?

— En vérité, mademoiselle Ravenhurst, les religions sont souvent la pierre d'achoppement des idées…, commença le chapelain.

Theo lança un regard courroucé à Elinor, comprenant qu'elle tentait de faire diversion pour éviter le tête-à-tête avec lui.

— La théologie n'est pas ma spécialité, dit-il. Veuillez m'excuser.

Il tourna brusquement les talons et s'en alla rejoindre les autres invités rassemblés auprès de la cheminée.

Les émotions que Nell venait de surprendre dans les yeux de Theo la hantaient encore. Elle imaginait déjà de graves complications dans leurs relations. Il ne semblait pas content et paraissait tendu, même dans ses discussions avec Sebastian, et il ne badinait plus avec Ana. Que lui arrivait-il donc ?

Elle l'observait tout en écoutant le chapelain d'une oreille distraite et sentait son cœur se serrer. Oui, Theo était l'homme qu'elle aimait, le cousin drôle, courageux, séduisant, terriblement sensuel. Et elle était sur le point de se détourner de lui.

Bien sûr, elle se disait que c'était la meilleure chose à faire, mais elle se rendait bien compte que cela les rendait malheureux l'un et l'autre.

Quand la pendule sonna minuit — un épisode interminable à Maubourg, en dépit des efforts de l'horloger du château pour accélérer les choses — Elinor ne dormait toujours pas. Elle était montée vers 11 heures, avait fait sa toilette, enfilé sa robe de chambre, puis s'était installée dans un fauteuil avec l'un des nombreux romans qu'Eva avait fait monter à son intention. La journée avait été longue, aussi était-elle confiante sur ses chances de trouver le sommeil dès qu'elle se coucherait. Mais, malgré les aventures palpitantes de l'héroïne de son livre emprisonnée dans une tour par un méchant tuteur, Elinor ne parvenait pas à se concentrer sur le texte ni même à s'endormir.

Elle songeait à Theo.

Lui qui avait passé la nuit précédente à boire avec Sebastian n'avait pas cru bon de renouveler cet exploit. A cette heure, il était dans sa chambre, quelque part au-dessus d'elle. Dormait-il déjà ou lisait-il ? Peut-être préparait-il son voyage en Angleterre pour livrer le calice à son propriétaire, ou bien sa prochaine tournée d'Europe à la recherche d'autres objets d'art ? En fait, peut-être était-il tout bonnement assis dans son fauteuil, occupé à lire un roman tout comme elle ?

Elle se demanda si le regard de son compagnon était toujours aussi sombre. Avait-il enfin compris qu'il devait cesser de s'inquiéter pour elle ?

Ce qu'elle désirait plus que tout en cet instant, c'était être auprès de lui. Même sans prononcer un seul mot. Etre auprès de lui, tout simplement.

Elle ouvrit sa malle pour y chercher un manteau qu'elle enfila à la hâte avant de chausser ses pantoufles. Alors, elle entrouvrit la porte et vit à l'extrémité du couloir le garde en faction. Il lui tournait le dos. Elle se dirigea sur la pointe des pieds vers la porte qui ouvrait sur l'escalier en colimaçon et conduisait aux remparts.

Là haut, c'était le silence de la nuit. Seul un rapace nocturne hululait au loin. Tout était noir autour d'elle à l'exception d'un rai de lumière sous la porte d'une chambre donnant sur les remparts. Celle de Theo.

Donc, il ne dormait pas encore !

Elinor plaqua l'oreille contre la porte et écouta. Pas un bruit ne provenait de l'intérieur. Bien sûr, elle ne pouvait passer la nuit sur le pas de la porte, tel un page attendant le lever de son maître, mais elle entendait ne pas quitter les lieux.

Entre deux merlons des remparts, un siège autrefois réservé aux gardes s'offrait à elle. Resserrant son manteau sur sa poitrine, elle s'assit sur la pierre froide. De là, elle pourrait garder un œil sur la porte de Theo.

Aurait-elle le courage de frapper chez lui ? Incapable de répondre à cette question, elle décida de rester au moins jusqu'à ce qu'il éteigne ses chandelles. Après quoi elle redescendrait sagement dans sa chambre et essaierait de s'endormir.

Combien de temps Elinor demeura-t-elle sur son siège de pierre à guetter la lumière de Theo ? Elle aurait été bien incapable de le dire !

Ce fut un bruit de pas sur les dalles du chemin de ronde qui la sortit de ses pensées. Elle se redressa sur son siège, mais le bruit avait cessé et le silence de la nuit était retombé sur le château. Quelques instants plus tard, elle devina une silhouette dans l'obscurité et perçut le frou-frou d'une robe.

La porte de Theo s'ouvrit et une femme entra dans la chambre. Par la porte entrebâillée elle vit luire la lame d'un couteau dans la clarté des chandelles.

L'inconnue était armée et Theo était en danger !

Chapitre 22

— Ana !

Theo avait reconnu celle qui venait d'entrer, mais il n'avait pas vu le couteau qu'elle tenait en main.

— Ana, mais que diable… ?

Elinor ôta prestement son manteau, le prit sous son bras et quitta son refuge pour voler au secours de son cousin. Elle entra dans la chambre comme une furie, bousculant la *Marquesa* qui perdit l'équilibre.

Profitant de l'effet de surprise, elle lui jeta son manteau sur la tête et cria :

— Attention, Theo, elle a un couteau !

— Dans ce cas je vous conseille de vous ôter de là, Nell, dit-il en la repoussant vers la porte.

Il tira alors sur le manteau et la *Marquesa* apparut, les cheveux en désordre et les yeux brillants de fureur.

— Petite sotte ! ricana-t-elle. Si vous veniez pour vous glisser dans son lit, c'est raté. D'ailleurs, je m'en moque. Il a déjà été mon amant et je vous le laisse bien volontiers. Mais ne vous avisez pas de vous approcher de moi car vous pourriez le regretter.

La *Marquesa* s'avança vers eux, son couteau en main, terriblement menaçante.

— Ana…

Theo tenta de s'interposer entre elles et de calmer la pétulante Espagnole.

— Ana, lâche ce couteau ! Je ne veux pas de drame dans cette maison.

— Vraiment ? fit la *Marquesa*, l'air goguenard.

Elle eut un petit rire sarcastique, puis jeta le couteau sur le lit. Le manche de l'arme, orné de pierres précieuses, brilla de tous ses feux.

C'était à première vue une dague ancienne, provenant peut-être de sa collection personnelle. La *Marquesa* repoussa ensuite du pied le manteau d'Elinor avec une moue de dégoût.

— Vous, les Anglais, vous êtes fous ! lâcha-t-elle avec mépris. Theo, je suis venue dans cette maison pour te remettre cette dague dont le comte Léon te fait don. Il a dit que tu méritais une partie du trésor pour te dédommager des outrages que tu as subis à Beaumartin. J'ai quelque chose pour vous aussi, Elinor. Seulement je ne m'attendais pas à vous trouver dans cette chambre près des remparts.

Theo prit la dague dans sa main et en examina le manche en hochant la tête.

— Il s'agit d'une dague de théâtre, c'est très probable, soupira-t-il.

Il passa le doigt sur le fil de la lame et ajouta :

— D'ailleurs, elle ne coupe pas. Cet accessoire devait servir aux rituels diaboliques des ancêtres des

Beaumartin. Cependant, si ces pierres sont véritables, j'ai dans la main une véritable fortune.

Ana s'avança alors jusqu'au dressoir où se trouvait la carafe et se servit un verre de vin.

— Je suppose que c'était trop attendre de toi que tu me la remettes en plein jour ? lui dit Theo.

— Je ne tenais pas à me faire remarquer, répondit la *Marquesa* avant d'avaler d'un trait son verre de vin. A dire vrai, je ne suis pas sûre que tu puisses faire confiance à tes chers cousins.

— Qu'est-ce à dire ?

— Oh, rien, repartit Ana en affectant un air mystérieux.

— Merci de m'avoir apporté ce présent, malgré tout. Qu'a envoyé le comte à l'intention d'Elinor ?

— Un plateau d'argent. De petites dimensions, certes, mais de belle facture.

Elle se tourna vers l'intéressée en ajoutant :

— Vous l'aurez dès demain.

— Je ne veux rien qui provienne de Beaumartin, protesta vivement Elinor.

Elle frissonna en pensant aux scènes d'orgies au cours desquelles ces objets étaient utilisés et aux souffrances des jeunes victimes.

— Alors vendez cet objet, suggéra la *Marquesa* en reposant son verre. Le comte se sent coupable après ce qui vous est arrivé dans les souterrains du château. Peut-être veut-il s'assurer aussi que vous saurez tenir votre langue. A mon avis M. de Beaumartin tient à faire croire que rien ne s'est passé sous son toit et que sa mère a été tout bonnement victime d'un évanouissement.

Ana les regarda tous deux, puis conclut :

— Maintenant je vais me coucher. Je vous laisse à votre charmant badinage.

Elle s'arrêta un instant devant Elinor en ajoutant avec un clin d'œil malicieux :

— Apprenez, très respectable demoiselle, qu'il est plus facile de faire l'amour quand on est tous les deux du même côté de la porte !

La *Marquesa* sortit dans un tourbillon de soie sans refermer la porte derrière elle.

Theo échangea un regard perplexe avec Nell.

— Je me demande bien ce qu'elle entendait par là, dit-il en hochant la tête d'un air songeur.

— Pourquoi me regardez-vous ainsi ? rétorqua Nell. Je n'ai pas la moindre idée de ce qu'elle a voulu dire. Comment le saurais-je ?

Theo, qui s'apprêtait à se coucher au moment où Ana était entrée, se tenait maintenant debout au milieu de la chambre. A demi dévêtu, la chemise ouverte sur son torse et les pieds nus, il semblait indécis quant à la réponse à donner à Nell.

A le voir aussi désemparé, celle-ci eut envie d'achever de déboutonner sa chemise, et de caresser du bout des doigts sa poitrine d'homme.

— Pourquoi avez-vous suivi la *Marquesa* jusqu'ici ? questionna-t-il soudain.

— Je ne l'ai pas suivie.

Brusquement, elle s'interrompit, se rendant compte de ce que sous-entendait cette réponse.

— Est-ce à dire que vous étiez là avant elle ? Tapie dans l'obscurité ?

— Je… je n'arrivais pas à m'endormir et j'avais besoin de prendre l'air. Eva m'avait montré l'escalier en colimaçon qui mène aux remparts, et…

Elle s'interrompit, devinant un rien de scepticisme dans le regard de Theo.

— Enfin, regardez-moi, reprit-elle. Ai-je l'air d'une femme qui vient retrouver son amant dans sa chambre ? J'étais simplement assise sur les remparts entre deux merlons et je prenais le frais. Rien de plus. Ne vous faites pas d'idées, Theo !

— Depuis combien de temps étiez-vous là, Nell ? s'enquit Theo d'une voix douce en lui prenant les mains. Vous êtes glacée.

— Je ne sais pas, murmura-t-elle en baissant les yeux. J'ai dû somnoler un moment, je suppose ?

— Pourquoi ne pouviez-vous trouver le sommeil ?

Et lui ? songea-t-elle. Pourquoi n'était-il pas couché ?

— Je pensais à mon avenir. A ce que j'allais faire dans les jours qui viennent.

— Moi, je vais vous le dire, Nell. Vous allez rejoindre votre mère à Avignon, ordonna-t-il en affectant soudain un ton sévère. Et cette question ne mérite pas plus de réflexion : c'est ce que vous êtes convenue avec votre mère.

— Non. Je n'irai pas à Avignon. J'ai réfléchi. J'ai l'intention de faire un long voyage. J'ai de l'argent bien à moi, assez pour être indépendante… très indépendante, même. Je me demande pourquoi je n'ai pas pensé avant à tous les pays que je pourrais visiter.

Elle s'interrompit un instant, puis reprit :

— Je vais choisir un bon compagnon et visiter l'Italie, la Grèce et la France, pour commencer. Et, en attendant de choisir la personne qui va m'accompagner, je compte rester ici quelque temps. Eva cherche un archiviste et je suis assez qualifiée pour occuper ce poste.

— Maudits soient les voyages ! gronda Theo en lâchant brusquement les mains de Nell.

Il fit quelques pas dans la chambre, l'air pensif, puis reprit :

— Eva est une intrigante, une marieuse. Ce qu'elle veut, c'est vous marier à cette poule mouillée de bibliothécaire, c'est tout.

— Phillip n'est pas une poule mouillée ! rétorqua vertement Elinor. C'est un jeune homme très agréable et d'une grande culture. Inutile de vous moquer de lui parce qu'il n'escroque pas les gens comme vous le faites en mettant en danger ceux qui vous entourent.

— Voilà donc ce que vous osez me reprocher ! Ce n'est pas moi qui vous ai invitée à explorer les cachots de Beaumartin ni à vous aventurer en pleine nuit sur les remparts, que je sache ? Et moins encore à pénétrer dans ma chambre à grand fracas !

— Vous n'aviez pas à vous plaindre de moi dans les souterrains de Beaumartin, je crois ? Si je n'avais pas été là quand la comtesse nous a enfermés, vous seriez peut-être mort à l'heure qu'il est ?

Elinor sentait les larmes sourdre sous ses paupières,

mais elle était si furieuse qu'elle était incapable de pleurer. Elle avait envie de hurler.

De son côté, Theo semblait pris d'une fureur inexplicable et soudain elle crut comprendre pourquoi.

— Theo… seriez-vous jaloux ?

Il se détourna sans un mot et prit la carafe de vin.

— Pourquoi serais-je jaloux de ce blanc-bec de bibliothécaire ?

— Je l'ignore, et c'est bien là ce qui m'intrigue, confessa-t-elle tandis que sa colère s'estompait un peu.

Comme il se servait un verre, elle ajouta :

— Puisque vous prenez du vin… j'en prendrais bien aussi.

Il lui tendit son verre, puis, de nouveau, se détourna d'elle. Elle avait surpris son regard ombrageux qu'elle connaissait bien, de même que cette pointe de cynisme dans le ton de sa voix.

— Je ne comprends pas pourquoi vous refusez de partir en voyage avec moi, Nell. Pourquoi rechercher la compagnie d'un étranger ? Pourquoi ne pas me choisir s'il vous faut un compagnon. Ce bibliothécaire est-il beaucoup plus intelligent que moi au point de m'évincer ? Ne suis-je pas digne d'une intellectuelle comme vous ?

Devant tant de sottises, Elinor avala la moitié de son verre de vin d'un coup pour tenter de se calmer. Comment Theo pouvait-il penser ce genre de choses ?

— Je n'ai que faire de Phillip Finchingfield, assura-t-elle. C'est un charmant jeune homme certes, doté de tout l'enthousiasme de son âge, mais il m'indiffère. Par ailleurs, Eva n'essaie pas de nous marier, elle s'amuse et trouve là un moyen de passer le temps.

Elle avala une nouvelle gorgée de vin et reprit :

— En outre, comment pourriez-vous m'accompagner dans mes voyages sans m'épouser ? C'est inconcevable, vous le savez bien. Or, je vous ai dit que je ne vous épouserais pas, tout simplement parce que je suis incapable de m'unir à un homme qui ne m'aime pas.

Theo la considéra d'un air stupéfait, puis il s'assit au bord du lit en silence.

— Elinor, m'épouseriez-vous si je vous déclarais que je vous aime ?

— Oui, bien sûr. Mais je n'ai jamais entendu pareille déclaration de votre bouche.

Elle comprit trop tard que, par cette réponse, elle confessait son amour pour cet homme.

— Je vous ai dit que je vous aimais, Nell, et que je voulais être l'homme de votre vie. Soit vous ne vous en souvenez pas, soit votre mauvaise foi vous égare. C'était un matin après vous avoir donné du plaisir toute la nuit. Mais vous m'avez fait taire. Vous m'avez mal compris, croyant que je vous aimais comme un ami, et m'avez clairement avoué que vous ne m'aimiez pas !

— Etiez-vous vraiment sincère quand vous m'avez dit que vous m'aimiez ?

Elinor ne pouvait y croire. C'était tellement merveilleux et inattendu que cela lui semblait impossible.

— Oui. Je n'ai jamais été aussi sincère qu'à ce moment-là, Nell. Je vous aime et je veux que vous soyez ma femme.

Même si vous ne m'aimez pas, peu m'importe. Je vous aimerai pour deux !

Theo était maintenant à genoux devant elle et tenait les mains de Nell dans les siennes.

— Nell, je vous aime, je vous désire, et je ferai tout ce qui est en mon pouvoir pour vous rendre heureuse. Je sais que vous appréciez nos moments d'intimité et nos instants de complicité. Si je parviens à vous convaincre que nous sommes faits l'un pour l'autre, accepterez-vous de m'épouser ?

— Je crois en vous, Theo… et je vous aime, confessa-t-elle dans un souffle.

L'ombre qui voilait le regard de Theo se dissipa soudain et ce fut comme s'il atteignait le plus profond de l'âme d'Elinor. Alors, il s'assit sur ses talons et ferma les yeux dans une sorte de méditation.

— Pour deux êtres aussi intelligents que vous et moi, nous avons bien failli passer à côté de notre destin, n'est-ce pas ? murmura-t-il enfin.

— Je ne suis pas habituée au langage de l'amour, Theo, avoua-t-elle en caressant la joue de son compagnon. Je n'en comprends ni la grammaire ni le vocabulaire. J'espère que nous l'apprendrons ensemble.

Il déposa un baiser sur la main de Nell et lui sourit tendrement.

— Je crois que ce langage a perdu de son sens dans la traduction, Nell. Laissez-moi vous le dire en anglais : *I love you !* Je ne sais trop depuis combien de temps je vous aime parce que je n'ai jamais aimé auparavant et je ne savais pas vraiment ce que je ressentais pour vous.

J'étais, en revanche, sûr d'une chose : je voulais être avec vous en permanence, sentir votre présence, vous protéger, vous caresser, vous donner du plaisir… Etre le seul homme de votre vie.

Il étreignit un peu plus fort sa main et reprit :

— Quand nous étions sur cette colline qui dominait le château, j'ai compris ce que j'éprouvais vraiment. Quand j'ai dit que je ne me marierais jamais, c'était parce que j'estimais ne pas vous mériter. En vérité il n'y a pas d'autre femme que vous dans ma vie, chérie. Maintenant, je peux vous le dire sans crainte : je veux que vous soyez ma femme, je veux passer ma vie à vos côtés et avoir de nombreux enfants de vous.

— Et… nous voyagerons ensemble ?

Elle avait à peine la force de parler tant son cœur chavirait de joie !

— Enfants ou pas, je ne compte pas passer mon existence enfermée chez moi, reprit-elle en effleurant les lèvres de son futur époux.

— Nell, j'ai cru que j'allais vous perdre, que vous ne pourriez jamais être à moi. Dès lors, comment puis-je imaginer vous laisser seule, ne serait-ce qu'une journée ? Je vais donner des ordres afin que l'on apprête notre caravane de voitures, celle que nous avons dessinée sur nos carnets de croquis. Vous vous en souvenez, je pense ? J'ai conservé ces dessins.

— Et moi qui me demandais ce qu'ils étaient devenus ! Je les ai cherchés partout. La femme que je représentais sur ces croquis, c'était moi, Theo.

— Oh, Nell ! murmura-t-il en l'attirant à lui.

Il prit ses lèvres avec ferveur, puis lui murmura à l'oreille :

— Quand pourrons-nous nous marier, mon amour ?

— Je ne…

Elle s'interrompit un instant et leva les yeux vers lui. Une question la tourmentait.

— Votre famille tient-elle absolument à un grand mariage ? Il ne fait guère de doute qu'oncle Augustus voudra nous unir, n'est-ce pas ? Et dans la cathédrale ?

Soudain, Elinor sentit son cœur se serrer, persuadée que la préparation de la cérémonie prendrait des mois.

— Non. Tout cela prendrait trop de temps, Nell. Je veux que nous ayons des enfants le plus tôt possible.

Theo se leva, la prit par la main pour l'entraîner vers le lit.

— Asseyez-vous ici, Nell, et écoutez-moi.

Il s'avança vers sa table de travail, déroula une carte et l'examina attentivement.

— Avant tout il faut absolument que je rapporte ce maudit calice en Angleterre. Je compte partir dès demain.

— Theo…

— Je vous en prie, écoutez la suite. Vous allez demander à Eva de vous faire conduire à Avignon, de vous adjoindre une servante et deux cavaliers. Annoncez la nouvelle de notre mariage à votre mère et allez voir le chapelain de l'église anglicane. Il doit y en avoir une à Avignon. Je serai de retour dès que possible et dans moins d'un mois nous serons mariés. Je vous le promets solennellement, Nell.

Il fit une courte pause, puis ajouta, les sourcils froncés :

— Vous savez, je me dis parfois que votre mère a été bien imprudente de nous jeter dans les bras l'un de l'autre. Sans même en avoir l'intention, peut-être ?

— Theo…

— Oui, mon amour ?

Il leva les yeux de la carte et lui sourit.

— Il me semble que je suis en train de rêver.

— Je crois que nous faisons le même rêve, Nell chérie. Je n'ai jamais partagé pareil émoi avec personne. J'ai partagé des idées, des moments de joie, des rires, mais jamais de sentiments aussi profonds. Et je ne pense pas que ce soit votre cas non plus. Nous nous sommes cherchés longtemps sans nous trouver parce que nous nous protégions l'un et l'autre des blessures de l'âme. Nous n'avons pas su nous dire ce que nous avions dans le cœur, au plus profond de nous-mêmes. Alors, il faut maintenant que nous nous parlions sans détour. En ce qui me concerne, j'y veillerai.

— Moi aussi, Theo. Il faut nous dire en toute sincérité ce que nous avons sur le cœur.

— Je suis heureux que nous soyons du même avis, mon amour. Ce que je désire le plus ardemment maintenant, c'est m'étendre auprès de vous dans ce lit et vous faire l'amour. Je veux que vous vous donniez à moi sans réserve, comme une épouse doit se donner à son mari.

— Theo, ne vaut-il pas mieux attendre notre nuit de noces ? questionna-t-elle du bout des lèvres.

— Non. Mais si vous…

— Si je ?

— Nell, si vous le souhaitez, nous pouvons rester assis

sur ce lit toute la nuit à bavarder aimablement de notre avenir. Mais nous pouvons aussi accomplir ce dont je n'ai cessé de rêver depuis le jour où nous nous sommes étendus sur l'herbe au bord de la rivière. Quand je vous ai coiffée à ma façon. Vous en souvenez-vous ?

— Oui, je n'ai pas oublié, Theo. Ce jour-là j'ai ressenti quelque chose de nouveau entre nous. Quelque chose dont je n'avais pas idée !

Theo s'avança vers elle, la prit dans ses bras et ils savourèrent ensemble ce moment d'intimité dans le silence de la nuit.

— Je n'osais imaginer que je vous délivrerais ce soir de cet affreux manteau, Nell. Je crois que je vais en arracher les boutons une bonne fois pour toutes. Qu'importe, vous n'en aurez plus besoin désormais.

Le manteau d'Elinor tomba à leurs pieds, puis il fit glisser les bretelles de sa chemise de nuit sur ses épaules et elle se retrouva nue dans ses bras.

— Nell Ravenhurst, vous êtes une dévergondée ! Vous ne portiez presque rien sous ce manteau.

Elle ne ressentit aucune honte.

— J'avais tellement hâte de venir vous rejoindre, Theo, avoua-t-elle sans rougir. Je désirais tant être auprès de vous…

Elle acheva de déboutonner sa chemise et ajouta en caressant son torse nu :

— Très près de vous. Le plus près possible.

Elle avait presque oublié le frisson que lui procuraient les caresses de Theo, le feu intense de ses baisers. Elle sentait son cœur battre à tout rompre tandis que les lèvres de son compagnon parcouraient sa gorge, avides du parfum de sa peau.

— Nell, avez-vous peur ? murmura-t-il en s'interrompant un instant.

— Oui, un peu, je l'avoue. Mais ce n'est pas ce que je crains vraiment…

— Nous allons franchir un grand pas, mon amour, et je comprends votre appréhension. Mais, ne craignez rien, je saurai agir en douceur !

— Oh, Theo, aimez-moi maintenant. Ne me faites plus attendre !

Le poids du corps de Theo sur le sien lui parut étrangement léger. Il n'avait pas menti. Nell le caressa avec délice, savoura le galbe de ses muscles et s'enivra de l'odeur de sa peau. Elle s'ouvrit à lui pour l'accueillir, et cela sans la moindre réserve tant ils semblaient faits pour s'unir l'un à l'autre.

Theo l'attira tout contre lui avec une douceur exquise, sans la heurter en aucune façon. L'étreinte des corps unis dans un désir ardent se resserra, prélude à cette langoureuse danse de l'amour, ce crescendo du plaisir de se donner l'un à l'autre comme ils se l'étaient promis.

Mais, soudain, Nell se raidit malgré elle, persuadée que cette union charnelle était impossible, qu'elle serait un échec…

— Theo, je ne pense pas que…

— Miss Ravenhurst, pour l'amour du ciel, une fois dans votre vie, cessez de penser, murmura-t-il en butinant ses lèvres. Abandonnez-vous sans crainte, laissez-moi vous guider, vous ne le regretterez pas, je vous l'assure. Détendez-vous, mon amour.

Il glissa la main sous les reins de Nell et la prit sans plus attendre, lui faisant oublier dans sa hâte cette douleur de la première fois.

— Theo… je vous aime, murmura-t-elle en s'abandonnant à lui.

Theo l'emporta dans un tourbillon vertigineux, lui arrachant un cri d'amour par la force de son désir d'homme.

— Nell, maintenant ! souffla-t-il. Venez avec moi. Je vous emmène à la découverte d'un monde nouveau.

Le plaisir la prit par surprise. Il l'inonda sans qu'elle s'en rende compte. Elle fut enveloppée en un instant par une sensation de bien-être insoupçonné, comme si tout son corps s'épanouissait soudain. Et, cela, elle le partageait avec Theo pour la première fois.

Nell cria son nom au moment de l'extase suprême.

— Theo !

Alors, ce fut une tempête qui ébranlait tout son corps, puis un éventail de sensations exquises qui s'ouvrait à elle tandis que les bras de Theo l'enveloppaient dans l'apaisement qui suivait l'orage.

Secouée par cette vague de désir, Nell semblait comme absente, loin de tous les tracas de sa vie, heureuse, complètement heureuse pour la première fois de sa vie de femme…

— Oh, Nell ! Comme je vous aime, murmura Theo en enfouissant ses lèvres dans ses cheveux épars et en la serrant contre lui.

Sans un mot, elle se blottit tout contre lui, puis elle

prit dans ses mains le visage de l'homme qui lui avait donné tant de bonheur. Plongeant son regard dans le sien, elle murmura :

— Je vous aimerai toute ma vie, Theo Ravenhurst, vous êtes l'homme dont j'ai toujours rêvé, le seul à me rendre heureuse et à faire de moi une vraie femme…

— Madame, madame !

Quelqu'un tambourinait à la porte de la Grande Duchesse qui était en train de se faire coiffer. D'un geste de la main, elle ordonna à son coiffeur d'aller ouvrir. Il resta quelques minutes sur le seuil de la porte puis revint vers elle, l'air perplexe.

— C'était Annette, madame. Elle dit que Mlle Ravenhurst n'a pas dormi dans son lit cette nuit et qu'elle n'est nulle part dans le château.

Eva acheva de mettre ses boucles d'oreilles de diamants, nullement troublée par cette révélation, et prit le temps de se mirer dans la glace de sa coiffeuse avant de répondre avec un grand sourire :

— Dieu soit loué ! Dites à Annette de ne surtout pas déranger M. Ravenhurst avant le dîner.

Postface

Délaissée tout au long du XVIIIe siècle, la basilique de Vézelay tomba dans l'abandon total au moment de la Révolution. L'année où Theo et Elinor la visitèrent pour la première fois, ils la trouvèrent dans un état de délabrement inquiétant.

En 1819, la tour clocher fut ravagée par un incendie. En 1834, Prosper Mérimée, inspecteur des Monuments historiques, se rendit à Vézelay et fut consterné par l'état de la basilique. Hélas, il ne trouva personne pour prendre en charge sa restauration. Finalement, un jeune architecte inconnu de 26 ans, Eugène Viollet-le-Duc, releva le défi et en moins de vingt ans rendit toute sa splendeur à ce prestigieux édifice.

En 1979, l'église dans laquelle saint Bernard prêcha la deuxième croisade fut inscrite par l'UNESCO au patrimoine mondial de l'humanité.

N.D.A. Le vers de Pétrarque est extrait du sonnet 28 : *A Laura*, traduit en 1795 par un poète inconnu.

DÈS LE 29 OCTOBRE

L'éveil d'une passion - Nora Roberts

Quelles mystérieuses raisons ont poussé Lindsay Dunne, danseuse étoile adulée du public, à quitter New York pour venir vivre à Cliffside, une paisible bourgade du Connecticut ? Est-ce simplement afin d'y ouvrir une école de danse et transmettre son savoir à de jeunes ballerines ? Seth Bannion, architecte réputé récemment installé à Cliffside, ne croit guère à cette explication. Séduit par la jeune femme depuis le premier jour où il l'a croisée, fasciné par sa grâce et sa beauté, il est bien décidé à faire tomber les murailles qu'elle semble avoir érigées pour protéger les secrets de son cœur.

Aimer, danser passionnément… Un roman intense, bouleversant, signé par la référence incontournable de la littérature féminine.

Petits secrets et grand mariage - Louise Allen

Elinor se fiche bien que la saison batte son plein à Londres. Pendant que les autres filles dansent dans les salons en espérant y ferrer un mari, elle trouve son bonheur à la campagne et dans la peinture… Jusqu'à sa rencontre avec le séduisant lord Ravenhurst, qui se moque de ses airs revêches et l'attire par sa drôlerie et sa conversation. Sans compter que, grand amateur d'art comme elle, il est à la recherche d'un objet précieux qu'on lui a volé. Et ça, se lancer dans une folle aventure pleine de rebondissements avec un jeune gentleman juste un peu débauché et vraiment très séduisant, l'intrépide Elinor n'est pas sûre de pouvoir y résister !

Tasse à thé, mousseline, redingote et gossip. Tout l'esprit de la Régence anglaise hérité de Jane Austen.

Coup de foudre sous la neige - Sarah Morgan et Kate Hoffmann

Evie n'avait pas prévu de mettre son patron sur sa liste au Père Noël : le prince charmant milliardaire qui embrasse la femme de chambre, il y a longtemps que ça ne se fait plus, si ? Mais quand un paparazzi les photographie ensemble et qu'Evie se retrouve au bras de son irrésistible patron à jouer la comédie des fiançailles sous le sapin, elle se met à rêver du plus beau des cadeaux : l'amour…

Une romance façon « Coup de foudre à Manhattan ».

Pendant ce temps, Julia, elle, a décidé que l'amour, Noël et autres illusions, on ne l'y prendrait plus. Mais Sam, son fils de huit ans, veut sa part de magie : il se lance, tout seul, à la recherche du Père Noël, et se cache dans un petit avion en partance pour le Grand Nord… Un coup de fil furieux prévient Julia : à l'autre bout de la ligne, le pilote — il vient de trouver Sam et somme Julia de venir immédiatement récupérer son fils…

Un très joli conte de Noël entre deux personnages que tout oppose.

Un prince charmant, s'il vous plaît ! - Jill Shalvis

Se lancer dans une véritable relation ? Trop risqué, merci ! **Cami** préfère accepter les blind-dates organisés par sa mère, déterminée à la caser…, et se consacrer à son job de décoratrice. Pour l'aider, elle vient d'embaucher un entrepreneur, Tanner James. Le hic, c'est que celui-ci la regarde avec un petit sourire en coin chaque fois qu'elle se pomponne pour ses rendez-vous arrangés… et qu'il a l'air habile de ses mains pour un tas d'autres choses que le bricolage…

« Les hommes, c'est terminé ! » lance **Dimi**, excédée par sa vie amoureuse… avant de se rendre compte de sa gaffe : elle est déjà à l'antenne et les milliers de téléspectateurs de sa célèbre émission de cuisine l'ont entendue. Y compris le nouveau directeur des programmes, Mitch Knight, qui a un tout autre avis sur la question : pour relancer l'audience, il exige au contraire que Dimi ajoute deux ingrédients à ses recettes – de l'humour… et une bonne pincée de sexe.

La comédie sentimentale contemporaine telle qu'on l'aime : tendre, mutine et sexy.

GRAND FORMAT - 9,50€ LE ROMAN

Dans la même collection

Par ordre alphabétique d'auteur

LOUISE ALLEN	*Petits secrets et grand mariage*
KATE HOFFMANN	*Noël en Alaska* (dans le volume *Coup de foudre sous la neige)*
SARAH MORGAN	*Un Noël dans ses bras* (dans le volume *Coup de foudre sous la neige)*
NORA ROBERTS	*L'éveil d'une passion*
JILL SHALVIS	*Un prince charmant, s'il vous plaît !*

Composé et édité par les

éditions HARLEQUIN

Achevé d'imprimer en Allemagne
par GGP Media GmbH, Pößneck
en septembre 2013

Dépôt légal en octobre 2013